U0504816

中国包装产业的新方位

ZHONGGUO BAOZHUANG CHANYE DE
XINFANGWEI

唐未兵 等 著

人民出版社

序

　　未兵同志将书稿交给我的时候，中国包装联合会正在全行业广泛组织《关于加快我国包装产业转型发展的指导意见》的宣贯活动，也正在全行业深入推进《中国包装工业发展规划（2016—2020 年）》的落地实施。说实话，面对经济新常态、时代新要求和竞争新态势，如何实现包装产业从被动适应向主动适应、要素驱动向创新驱动、传统生产向绿色生产的根本转变，全行业尤其是包装企业正面临着诸多压力与挑战，也在一定程度上存在着思想上的迷茫和策略上的困扰，作为我国目前第一部系统研究包装产业转型发展的学术专著，《中国包装产业的新方位》付梓出版，可谓适逢其时，意义深远。

　　我国是世界第二包装大国，特别是经过改革开放 40 年来的奋发图强和创新求索，包装工业取得了健康、稳定和可持续发展，在国家主导产业体系中的地位越来越突出，在国际包装产业舞台上的影响越来越广泛。本书提出的"新方位"，确切地说，就是经济新常态背景下产业的新态势、前行的新方向、转型的新路径和发展的新高度，是从理念、模式、策略等维度对包装产业未来发展的一种系统设计和全新思考。

　　《中国包装产业的新方位》重点论述了宏观经济背景对包装产业发展走向的重大影响、国家战略布局为包装产业发展形成的重大机遇、包装强国建设对包装产业发展提出的重大任务，从包装产业如何主动适应五大发展新理念、如何紧密对接"中国制造 2025"战略、如何有效推动供给侧结构性改革、如何全面实现创新驱动和转型升级、如何构建保持中高速增长和迈向中高端

1

水平的新思路和新模式等方面进行了系统阐述和深入研究，对确定我国包装产业发展的新走向和新方位具有重要的理论指导意义和实践应用价值。本书对我国包装产业发展的重大贡献和深远影响主要体现在三个方面：一是从理论体系上对"服务型制造业"的定位依据进行了深刻阐释，并创新设计了包装产业对接"中国制造2025"的技术路线图；二是将"绿色包装、安全包装、智能包装"作为包装产业转型发展的战略重点，以建设"包装强国"作为目标引领，从理念、思路、模式、任务等方面提供了包装产业转型发展的整体战略和实施方案；三是提出了我国包装产业实现"三去一降一补"和有效推动供给侧结构性改革的总体思路和一揽子方案，填补了目前我国包装产业供给侧结构性改革问题的研究空白。

未兵同志是中国包装联合会的副会长，也是我国包装教育的龙头高校——湖南工业大学的党委书记，作为一名经济学教授，他始终站在社会经济的大范畴内关注和思考我国包装工业和包装产业的发展，他率领的研究团队牵头编制了《关于加快我国包装产业转型发展的指导意见》和《中国包装工业发展规划（2016—2020年）》，他凝聚校内外的高端人才资源和科技创新资源，将湖南工业大学打造成我国包装行业发展的"国家智库"。这本专著作为他旗下团队的集体智慧结晶，所形成的理论成果和对策建议，必将对我国包装产业实现转型升级发展产生重要的导向和引领作用。

中国包装联合会会长

2018年4月

前　言

　　包装工业作为我国工业体系的重要组成部分和国民经济的重要支撑力量，已经走过基础巩固、成长促进、品质提升三个历史阶段，实现了从无到有、从小到大、从弱到强的重大跨越。今天，我国已经成为世界第二包装大国，包装工业呈现出产业体系不断完善、科技水平不断提升、贡献能力不断增强、国际地位不断凸显的总体走向，逐步积累了可持续发展的综合优势，形成了包装强国建设的坚实基础。

　　实现从包装大国向包装强国的本质跨越，既是党和国家对包装工业发展的殷切期盼，也是我国全体包装人的共同追求。作为产业链长、配套性强、服务领域广、跨界关联度高的包装工业，其发展指数在一定程度上能够反映出国民经济的整体发展水平，正因为如此，包装工业被列为国民经济 38 个主要工业门类，我国第十二个、第十三个《国民经济与社会发展纲要》也对包装工业的发展提出了明确要求；也正因为如此，2016 年，工业和信息化部、商务部联合出台了《关于加快我国包装产业转型发展的指导意见》（全书统称《指导意见》），明确了包装产业的"服务型制造业"属性，并将其纳入"中国制造"体系予以重点支持。包装工业发展迎来了前所未有的历史机遇，包装强国建设也开启了高歌猛进的全新篇章。

　　《指导意见》是我国政府针对包装产业出台的第一个系统性指导文件，是国家层面引领包装产业发展的行动纲领。贯彻和落实好《指导意见》，必须在深入分析包装产业发展现状的基础上，根据国际趋势、中央精神和产业需求，系统开展包装产业转型发展和包装强国建设的前瞻性研究和战略性设计。

本书是工信部委托的重大课题"我国包装行业转型发展政策与措施研究"的阶段性研究成果，也是《指导意见》的系统解读。全书立足经济新常态背景，在深入分析我国包装产业现有基础和国际包装产业未来走向的基础上，对我国包装产业转型发展和包装强国建设的总体战略展开系统研究，确定包装产业在"服务型制造业"定位中的发展方向、发展思路、发展重点和发展对策，为整个包装行业提供战略分析、路径选择和政策建议。

全书共分为八章，采用串珠连线、前后贯通、递进深入的构思方式进行研究与阐述，既有宏观层面的思路探析，又有中观层面的体系构架，也有微观层面的方案设计。其中，第一章结合国际经济发展的新趋势和国内经济发展的新常态，重点研究我国包装产业的发展走向；第二章立足国家重大战略为包装产业带来的历史机遇，重点研究新时期我国包装产业如何进行战略选择；第三章针对"创新、协调、绿色、开放、共享"五大发展理念的新要求，重点研究我国包装产业如何进行理念调适；第四章基于包装产业的"服务型制造业"定位，重点研究我国包装产业在《中国制造2025》实施中的因应对策；第五章围绕经济社会综合改革的总体走向，重点研究我国包装产业适应经济新常态的改革思路；第六章、第七章、第八章融合上述各章节在不同层面上的宏观研究成果，坚持问题导向、重点突破，就我国包装产业如何提升技术创新水平、如何实现转型发展目标、如何推进包装强国建设，分别提出具体的战略构想、实施路径和解决方案，整体形成提升产业核心竞争力的顶层系统设计。

本书坚持理论研究的原创性突破，以《指导意见》解读作为研究主线，以建设"包装强国"作为目标引领，从理念、思路、模式、任务、措施等方面提供了包装产业转型发展的系统战略和整体方案。但愿本书的出版，能为我国包装产业实现更高质量、更有效率、更可持续发展提供有益支撑。

目　录

第一章　宏观经济背景与包装产业发展的新走向 1

第一节　国际经济发展的新趋势 2

一、世界主要经济体经济发展的新动向 2

二、主要发展中国家经济发展的新变化 4

第二节　我国经济发展的新常态 6

一、经济新常态的形成背景 6

二、新常态下的改革发展成就 9

第三节　包装产业发展的新取向 14

一、国际包装产业发展的新动向 15

二、我国包装产业发展的新思路 17

第二章　国家战略布局与包装产业发展的新机遇 22

第一节　国家总体战略布局 22

一、"五位一体"总体布局 24

二、"四个全面"战略布局 25

三、国家重大战略举措 26

第二节　国家区域发展战略 31

一、区域发展战略的实施背景 31

二、促进区域发展的重点战略 33

第三节 国家产业发展战略 37

一、制造业的发展 38

二、战略性新兴产业的发展 39

三、现代服务业的发展 40

第四节 我国包装产业发展的战略机遇 41

一、包装产业的战略地位不断提升 42

二、包装产业的发展环境不断优化 44

三、包装产业的发展空间不断拓展 47

四、包装产业的发展动能不断增强 50

第三章 五大发展理念与包装产业发展的新要求 53

第一节 五大发展理念的系统理解 54

一、科学发展的关键在于"创新" 54

二、均衡发展的手段在于"协调" 56

三、持续发展的方向在于"绿色" 58

四、合作发展的出路在于"开放" 60

五、良性发展的要旨在于"共享" 62

第二节 五大发展理念的基本要求 63

一、理解五大发展理念必须明确问题导向 63

二、落实五大发展理念必须落实以人为本 65

三、践行五大发展理念必须坚持有机统一 66

第三节 包装产业发展的理念调适 68

一、在自主创新中提升技术层级 69

二、在协调发展中构建产业生态 70

三、在绿色转型中实现持续发展 72

四、在全面开放中拓展产业空间 74

　　五、在共建共享中增强社会贡献 ………………………………… 76

第四章　《中国制造 2025》与包装产业发展的新定位 ……………… 78

　第一节　《中国制造 2025》的体系构建 …………………………… 79

　　一、世界制造业发展的总体态势 ………………………………… 80

　　二、中国制造强国的战略部署 …………………………………… 86

　　三、"中国制造 2025"的规划重点 ……………………………… 92

　第二节　包装产业的角色定位 ……………………………………… 98

　　一、现代包装产业的服务型制造属性 …………………………… 98

　　二、适应新定位的包装产业转型战略 …………………………… 102

　第三节　我国包装产业的因应之策 ………………………………… 104

　　一、持续发展绿色包装 …………………………………………… 105

　　二、深入发展安全包装 …………………………………………… 113

　　三、快速发展智能包装 …………………………………………… 117

第五章　经济社会改革与包装产业发展的新出路 …………………… 128

　第一节　经济社会改革与产业转型发展 …………………………… 129

　　一、经济社会改革的时代要求 …………………………………… 129

　　二、经济社会改革的深远影响 …………………………………… 130

　　三、经济社会改革中的产业转型动力 …………………………… 132

　第二节　经济社会改革与包装产业发展 …………………………… 135

　　一、准确把握包装产业的发展要求 ……………………………… 135

　　二、着重增强包装产业的价值取向 ……………………………… 139

　　三、主动拓宽包装产业的发展视野 ……………………………… 141

　第三节　我国包装产业的改革发展重点 …………………………… 143

　　一、构建适应绿色理念的包装产业发展新路径 ………………… 143

　　二、塑造着眼民生需求的包装产业发展新优势 ………………… 145

三、形成借力改革机遇的包装产业发展新格局 147

第六章　创新驱动战略与包装产业发展的新动能 151

第一节　国家创新驱动战略的科学内涵 151

一、创新驱动战略的理论基础 151

二、创新驱动战略的实施背景 152

三、创新驱动战略的主要目标 154

第二节　包装产业创新体系的构建路径 155

一、构建包装产业技术创新体系 155

二、构建包装创新团队培育体系 162

三、构建包装产业融合发展体系 163

第三节　包装产业发展的创新动能培育 167

一、实施"包装材料绿色化工程" 168

二、实施"食品药品包装安全化工程" 171

三、实施"包装产业信息化工程" 172

四、实施"包装制品高端化工程" 173

五、实施"包装装备智能化工程" 175

六、实施"包装印刷数字化工程" 178

七、实施"军民融合一体化工程" 178

第七章　转型升级目标与包装产业发展的新征程 180

第一节　包装产业转型升级的紧迫形势 181

一、国际经济环境要求包装产业转型升级 181

二、内在发展短板倒逼包装产业转型升级 183

第二节　包装产业转型升级的模式设计 185

一、产业转型升级的思路设计 185

二、产业转型升级的方向设计 187

　　　三、产业转型升级的目标设计 ……………………………… 191

　　　四、产业转型升级的策略设计 ……………………………… 194

　第三节　包装产业转型升级的技术路线 …………………………… 204

　　　一、产业转型升级的发力重点 ……………………………… 205

　　　二、产业转型升级的支点选择 ……………………………… 212

　　　三、产业转型升级的政策运用 ……………………………… 216

第八章　包装强国建设与包装产业发展的新高度 ……………… 222

　第一节　包装强国建设的主体要素 ………………………………… 222

　　　一、现代产业体系 …………………………………………… 223

　　　二、市场主导能力 …………………………………………… 223

　　　三、自主创新水平 …………………………………………… 224

　　　四、先进生产技术 …………………………………………… 224

　　　五、产业规模优势 …………………………………………… 224

　　　六、集群发展效应 …………………………………………… 225

　　　七、绿色生产模式 …………………………………………… 225

　　　八、教育体系支撑 …………………………………………… 225

　第二节　包装强国建设的评价体系 ………………………………… 226

　　　一、包装产业的技术先进性评价 …………………………… 226

　　　二、包装产业的结构合理性评价 …………………………… 228

　　　三、包装产业的可持续发展性评价 ………………………… 228

　　　四、包装产业的总体经济效率评价 ………………………… 229

　　　五、包装产业的国际竞争力评价 …………………………… 229

　第三节　包装强国建设的推动策略 ………………………………… 230

　　　一、人才发展策略 …………………………………………… 230

　　　二、规模调控策略 …………………………………………… 231

　　　三、创新引领策略 …………………………………………… 231

四、品质提升策略 232

五、开放合作策略 233

六、品牌建设策略 234

七、政府扶持策略 234

附录一　关于加快我国包装产业转型发展的指导意见 236

附录二　中国包装工业发展规划（2016—2020 年） 249

附录三　立足战略高位　力推转型发展 278

附录四　立足转型发展的顶层设计与前瞻战略 285

后　记 290

第一章　宏观经济背景与包装产业发展的新走向

自 2008 年美国次贷危机引发世界金融灾难以来，全球经济很长时期陷入了停滞与衰退、调适与复苏的混沌胶着状态。尽管各国政府、相关国际组织与区域联盟采取强力措施进行应对，世界金融危机得到了一定程度的化解，但其对实体经济剧烈冲击留下的阴影至今仍挥之不去。尤其是面对气候变化日益加剧，区域地缘政治冲突日趋复杂，恐怖主义肆虐横行，贸易保护主义不断加剧的国际环境，经济发展的不确定性也日益凸显。纵观全球，即便是以金砖国家为代表的世界新兴经济体沉着应对、化危为机，有效减轻了金融危机带来的负面影响，但无论是西方发达国家还是整个国际社会，至今仍笼罩在经济复苏乏力和衰退的阴影之中，国际经济整体上处于增长停滞甚或负增长的境地。

在这样的后金融危机时期，世界各国都在对本国的产业进行深度调整。美欧等重灾区在实施应急救援取得一定成功后，正在大力实施创新驱动战略，着手国内的经济调整、产业转型和实体经济回归，通过促进产业转型升级抢占产业高端，主导国际市场秩序，重新垄断世界经济和国际市场话语权。发展中国家也正在利用自身独特的资源禀赋与劳动成本优势，主动承接发达国家产业和中低端技术转移，推动产业经济快速成长。世界经济在新一轮改革与创新中呈现出新的发展趋势。

第一节 国际经济发展的新趋势

一、世界主要经济体经济发展的新动向

美国：金融危机应急救援计划告一段落，一方面，美联储继续实行货币量化宽松政策挽救金融业，刺激国内消费，提振国内经济；另一方面，美国联邦政府于2009年9月出台了《政府的创新议程》，将新能源、生物医药、智能电网、信息与互联网、交通、航空航天、海洋开发等列为重大优先发展领域和先进技术创新方向，明确新能源、生物医药两大领域为基础研究的重中之重，并期待以新能源革命作为整个工业体系革命转换的标志性驱动力，发动一场新的经济、技术、环境和社会的整体变革。与此同时，美国还采取措施缩减海外投资，吸引跨国公司将海外实体产业迁回美国本土兴业，鼓励政府、企业、机构、民间等建立多元创新投入机制，支持创新成果尽快实现产业化。经过几年的努力，美国经济复苏步伐不断加快，重大创新成果不断涌现，在新材料、新能源（页岩气开采）、人工智能（无人机、阿尔法狗）、3D打印、远程传输、网络技术、遥感控制、虚拟现实、基因破译等领域取得了重大突破，创新成果迅速得到推广应用，创新产品迅速投放市场，新产业、新业态快速成长，就业机会逐年增多，失业人数大幅下降，经济景气指数稳步提升。从2013年开始，美国经济摆脱了衰退阴影，自2015年下半年开始，经济、就业持续呈现双回升势头，形成了长期向好的局面。基于此，2016年4月，奥巴马签署了巴黎世界气候大会《巴黎协定》，一举改变了自小布什执政以来美国在历次世界气候大会出现的不合作态度，成为继中国之后遵循巴黎世界气候大会决议最重要的缔约方之一。由此可见，以创新驱动为基石的美国经济长期向好的局面业已形成。

德国：作为全球第四大经济体，其先进装备制造，尤其是高端装备制造一直处于世界前列。金融危机对欧洲金融业与产业经济造成重创，作为欧盟

领头羊的德国，一方面要领导欧盟开展对欧盟成员国的紧急救助计划，另一方面又要积极应对本国的经济低迷状况，因而在出台提升国内产业经济的创新驱动战略方面较美国稍晚。2014 年，德国政府以其一贯的务实风格在汉诺威德国工业博览会上发布了《2020 年高新技术发展方向》（简称"德国工业4.0 版"），其中重点阐述了德国《制造业信息化、智能化第四代发展方向》，核心是推进制造产业信息化建设，实行实时化、精确化管理、控制和检测，对相关制造业企业、园区、车间进行智能化改造和产品智能化开发，并把数码软件、新药研发、智能传感器确定为重点发展领域，全面提升全德国制造产业与制造产品的智能化水平，保持德国产品的高品质与竞争力。

法国：作为世界第六大经济体的法国，也是全球先进装备制造强国之一，在航空、舰船、轨道交通装备制造方面居于世界前列，特别在核电装备制造领域一直领跑全球。浪漫的法国和严谨的德国一样，同是欧盟创始国成员和领导者，也是欧盟金融危机应急救助的推动者。在应对金融危机冲击方面，法国政府坚持立足自身优势，以激活创新为手段，将优势转化为胜势，刺激国内的经济增长。2011 年以来，法国在不断巩固传统的先进装备制造业的基础上，以促进日用消费品、轨道交通装备与核能应用领域的基础研发和创新为突破口，重点关注生态经济、绿色化工、再生能源、数字化技术等领域。利用自身的轨道交通装备制造和运营技术优势，完善了通达全国城市的高速铁路网络，成为世界上第一个高铁网络连接国内主要城市的国家，并依托高速铁路通达便捷的优势，打造城乡共享的高铁沿线经济带，从而有效消减了金融危机带来的冲击和影响。与此同时，由法国主导的核聚变实验装备建设（我国为主要参与国）进展顺利，其成功将标志着新一轮能源革命的到来。

日本：作为当今全球第三大经济体，世界金融危机爆发后，日本曾长期笼罩在经济增长停滞的阴影之中。但即便如此，日本一直坚持"创新立国"的理念，明确将信息通信、新材料（纳米材料）、系统新制造、能源、软件、整体战略作为未来发展的主攻方向，多年以来，科技研发投入比率一直位居世界主要经济体的榜首，在技术创新与技术应用领域仍然享有很高的地位和声誉，尤其是在节能环保、智能制造与应用方面稳居世界前列。近年来，尽管日本依然未能走出经济发展持续低迷的怪圈，但其在节能环保装备制造、清洁生产、产业信息化智能化和智能装备创新制造及其应用方面，仍然不失为世界强手。

表1-1 世界部分主要经济体重点新兴产业①

美　国	新能源的开发和利用；混合动力汽车；生物医药；航天；海洋开发；信息与互联网；气候应对
英　国	生物产业；创意产业；数字产业；通信产业；绿色能源；先进制造；重启核电发展计划
法　国	生态经济和绿色化工；再生能源；未来城市建设；未来交通工具；数字内容
德　国	数码软件创新；药物与新药安全；成像诊断；智能传感器；用户友好与环境友好的创新技术；未来物流；核电重启
日　本	信息通信；纳米材料；系统新制造；生物及医疗护理；环保型汽车；能源；软件；融合战略

二、主要发展中国家经济发展的新变化

世界经济发展总是呈现出差别化与不均衡特征，为缩小与主要经济体国家之间的差距，长期以来，发展中国家也总是在毫不松懈中紧追慢赶。在这个过程中，尽管发展中国家在发展战略上基本秉持着合作互赢的理念，但在发展的战术层次与发展方式上也难免发生相互摩擦和挤压，加上国际地缘政治对抗、国内政治社会纷争、自然灾害与爆发性疫病、恐怖主义等各种干扰因素，导致其发展不均衡的状况较发达国家更为明显。总体而论，发展中国家经济发展趋于前列的是以我国为代表的"金砖五国"和越南、斯洛文尼亚

---

① 万军：《发达经济体新兴产业发展的态势、特点和启示》，《中国市场》2012年第33期。

与印度尼西亚，其中印度、俄罗斯、越南等国经济发展的新动向特别值得引人关注。

印度：自20世纪以来，印度经济增长速度很快，目前已超过欧洲部分发达经济体，位居全球第九。软件开发、外包服务、有色金属冶炼加工是印度令世人瞩目的三大支柱产业，软件产业、生态能源、文化旅游、医药产业、信息产业是其未来经济发展的主攻方向。值得注意的是，印度在网络技术开发应用方面走出了一条自主、独特的道路，尤其在网络支付等方面已跻身于世界前列，2016年10月，印度政府宣布全国废除现金流通，所有商业贸易行为均只能通过网络平台支付，目前虽然遇到较大阻力，但只要完善了全国网络支付平台和网络安全体系，取得民众的普遍认可，这种支付模式必将对金融业和商业贸易产生深远影响，并将引发世界性的支付革命。

俄罗斯：世界上地域最大的国家俄罗斯，横跨亚欧两大洲，自然资源十分丰富，人均水资源占有量全球第一，油气与森林资源保有量均居世界前列。俄罗斯是全球屈指可数的科研创新强国，空间技术与军事工业实力强劲，在政治、军事上具备与美国抗衡的实力。俄罗斯产业经济发展不太均衡，军事工业、舰船装备与空间技术、网络技术、油气开发是其产业发展的重要领域，近年来文化创新产业和旅游服务业发展很快，已逐步成为俄罗斯经济重要的支柱产业。目前，俄罗斯因乌克兰危机正遭受美欧的经济制裁，经济发展仍然处在停滞甚至下滑的状态，但2016年底经济下滑的势头已得到初步遏制。俄罗斯是一个好胜的民族，正在从开发西伯利亚和国内基础设施建设等方面谋求与中日韩周边国家的合作，并已确定将重大装备与军事装备制造、油气输送设施、信息、空间技术和健康产业作为产业振兴的重要领域。

越南：东盟重要的成员国之一的越南，南北统一后经济发展一直较为缓慢。自阮仲富担任越共总书记以来，越南加大了对外开放的力度，采取有力措施吸引海外投资，承接国际产业转移，建立工业园区引进跨国公司入驻，支持和鼓励国内企业为外国品牌代工或贴牌加工，并借此契机引进国外先进技术发展民族加工业。目前，越南将产业发展的重点放在农渔产品、服装、木制家具等方面，并对能源开发和船舰、钻井平台制造等产业进行了重点关注。

表1-2　世界部分发展中国家重点新兴产业[1]

印　度	教育产业；生态能源；软件创意；文化旅游；农业旅游；医疗旅游；医药产业；信息产业；交通装备制造
巴　西	发展以乙醇为中心的产业；生物燃料汽车；体育旅游；风能、核能产业；电动汽车产业
俄罗斯	能源开发与输送工程；重大装备制造；航空航天；信息通信；军事装备产业；生态旅游；森林开发；现代农业
越　南	服装加工；能源装备；海洋开发；电子产品加工；生态旅游；农产品加工；木制家具

第二节　我国经济发展的新常态

我国自改革开放以来，经济形势一直向好趋稳，经济增长也始终处在世界前列，为金融危机后时代全球经济的复苏和增长作出了巨大贡献。随着综合国力与国际影响的不断提升，我国肩负的国际义务和大国责任也不断加重，如何主动实现传统增长方式的转变，促进产业的转型升级发展，已经成为一个负责任大国必须直面的重大课题。

一、经济新常态的形成背景

我国的经济从1951年制定第一个五年计划以来，已经在党中央运筹帷

---

① 万军：《发达经济体新兴产业发展的态势、特点和启示》，《中国市场》2012年第33期。

幄下完成了十二个五年规划期。改革开放 40 年来，我国经济始终保持高速增长状态，但长期依靠资源消耗、环境污染、生态牺牲形成的粗放增长方式和发展格局也成为我国经济发展的明显痛处和巨大隐患。鉴于此，党中央立足我国基本国情，对世界经济发展趋势作出了科学准确的研判，决心下大力气甩掉经济低效益、高增长的包袱，通过增速调挡，走出一条具有中国特色的经济发展之路。

党的十八大以来，在国际国内经济发展变数增多的复杂环境下，针对我国经济增长资源消耗多、环境污染重、生态破坏大、增长质量差、增速成本高等问题，党中央果断作出调速增效的战略决策，提出经济中高速发展"新常态"。2014 年 5 月，习近平总书记在河南考察时指出：我国发展仍处于重要战略机遇期，我们要增强信心，从当前我国经济发展的阶段性特征出发，适应新常态，保持战略上的平常心态；2014 年 7 月 29 日，在同党外人士的交流座谈会上，习近平总书记再次强调要正确认识我国经济发展的阶段性特征，进一步增强信心，适应新常态，共同推动经济持续健康发展。在 2014 年 11 月的亚太经合组织（APEC）工商领导人峰会上，习近平总书记系统阐述了新常态，并且明确了新常态的基本特点：经济增速从高速增长转变为中高速增长；经济组成结构从要素驱动、投资驱动转向创新驱动。2015 年 11 月 10 日，在中央财经领导小组第十一次会议上，习近平提出要适应经济发展新常态，坚持稳中求进，坚持改革开放，实行宏观政策要稳、产业政策要准、微观政策要活、改革政策要实、社会政策要托底的政策，战略上坚持持久战，战术上打好歼灭战。同年 12 月 1 日，在党外人士座谈会上，他再次强调要继续坚持稳中求进工作总基调，稳的重点要放在稳住经济运行上，进的重点是深化改革开放和调整结构。

"新常态"是以习近平同志为核心的中国共产党领导集体对经济形势的正确判断和定义，对未来中国宏观经济政策的发展方向有着决定意义。新常态的"新"，意味着与以往不同；新常态的"常"，意味着相对稳定；步入新常态，意味着我国经济发展的环境和条件已经或即将发生重大转变，基本告别过去 30 多年 10% 左右的高速度经济增长模式，也将基本与传统经济的不平衡、不协调、不可持续的粗放型发展模式告别。[①]

为有效把握和引领新常态，"十二五"以来，我国相继推出了一系列重大发展战略，主要包括：在不断协调和深化有差别的区域发展战略基础上，提出并实施具有中长期指导意义的"一带一路"建设倡议以及"长江经济带"、"京津冀协调发展"等战略。大力推进"中国制造 2025"，促进工业提升信息化、智能化水平。全面实施"互联网 +"行动，推动产业跨界融合，大力促进和培育新业态的形成。提出并鼓励"大众创业、万众创新"行动，激发全民族创新创造热情，增强全社会创新创业能力。大力推进供给侧结构性改革，淘汰落后产能，盘活存量资源，优化市场环境，增加有效供给。继深圳经济特区和上海浦东新区之后，建设具有全国意义的雄安新区，努力打造贯彻落实新发展理念的创新发展示范区。通过一系列的战略安排和有效推进，我国紧紧抓住世界经济变革的重大战略机遇，主动推动新的经济周期性调整，成功实现了经济由高速增长向中高速增长的软着陆，形成了引导经济社会长期良性健康发展的新常态。

步入经济社会发展"新常态"以来，在一系列重大国家战略的引领下，我国经济发展实现了稳中向好、稳中求进，特别是在降低资源消耗、减少污染排放、提升资源利用效益、壮大实体经济、净化市场环境等方面取得了重大突破。2017 年，全国全年国民生产总值达 827121 亿元，按可比价格计算，比上年增长 6.9%；全年全国居民人均可支配收入为 25974 元，比上年名义增长 9.0%，扣除价格因素后实际增长 7.3%；全年全社会消费品零售总额 366262 亿元，扣除价值因素后，比上年实际增长 10.2%。[②]

---

① 曾培炎：《经济新常态下宏观经济调控应有新思路》，《全球化》2016 年第 2 期。
② 国家统计局网站，http://data.stats.gov.cn。

表1-3　2012—2016年我国国民生产总值及增长率情况一览表①

年　度	GDP（亿元）	增长率（%）	分季度增长率（%）			
			一季度	二季度	三季度	四季度
2016	744127	6.7	6.7	6.7	6.7	6.7
2015	676708	6.9	7.0	7.0	6.9	6.8
2014	636463	7.4	7.4	7.5	7.3	7.3
2013	568845	7.7	7.7	7.5	7.8	7.7
2012	519322	7.8	8.1	7.6	7.4	7.9

从表1-3可以看出，在经济下行压力加大的背景下，我国经济发展进入转型升级的关键时期，增长方式从高速增长到中高速增长，发展方式转为高效率、低成本、可持续。

二、新常态下的改革发展成就

（一）新型城市化试点全面铺开

2015年2月，我国启动新型城镇化建设试点，建设目标为城市化率每年提高1个百分点；主要推进手段是全面推进户籍制度改革，实现就地城镇化、推进统筹城乡社会保障与公共服务，实行技能培训与就业保障等。试点工作铺开以来，户籍制度改革破除了城乡二元户籍登记与管理结构，城乡统筹社会保障与公共服务实现了全覆盖，城市就业渠道得到了有效疏解和拓宽，劳动力素质大幅提高，城镇化率年均提高1个百分点以上，近八千万农业转移人口成为城镇居民。

---

① 曾培炎：《经济新常态下宏观经济调控应有新思路》，《全球化》2016年第2期。

（二）长江经济带建设稳步推进

中央批准的"长江经济带"发展规划，旨在以上海市和长江三角洲为龙头，以重庆市为龙尾，湘、鄂、赣、皖、苏、浙等省区为龙身，在经济产业、城市群建设、优势资源配置等方面推进长江经济带广泛而深入地协调合作，建立跨区域的物流、信息、人才、网络联动互享机制，多方深度联动，打造以长江黄金水道为轴、纵贯东西，既各具特色又包容互动的长江经济走廊，培育出世界级的创新产业企业与全球创新品牌，并在云计算、智能制造方面跻身世界前列。

目前，长江三角洲城市群、武汉城市群、环长中南城市群、环鄱阳湖城市群、重庆城市群联动机制初步形成，资源互动、功能互补成效初显，全社会创新活力进一步释放，创新动力进一步增强。依托上海自贸区建设，对外开放由东向西格局业已成型，经济优势正在由单点开花向整体绽放转变，整体合力有效形成。

（三）京津冀协同发展进展顺利

2015 年正式启动以疏解北京非首都功能为重点的京津冀区域协同发展战略，旨在依托北京市创新人才云集，优质教育、文化、科技、金融等资源丰富的有利条件，大力发挥天津市产业高端引领、自贸区开放、滨海新区创新产业集聚以及金融资源集聚等功能优势，充分利用河北省土地、生态等自然资源丰富以及产业承接能力强的特点，实行"三位一体"的统筹协作，打造集科技研发、教育、文化、创意、高端服务、先进装备制造、信息网络、出版印刷等产业于一体的区域经济协作圈，成为全国重要的经济增长极。

两年多来，京津冀区域协同全面推进，北京工业产业外迁速度加快，文化创意、医疗卫生、教育、科技研究等优质资源转移加速，非首都功能得到有效疏解。天津高端产业配套功能区拓展，自贸区辐射半径增长，产业资源保障增强。河北省产业转型升级步伐加快，承接新型产业能力显著增强，创新水平大幅提升，对外开放步伐显著加快，区域配套服务功能迅速拓展，产能化解成效显著，雄安新区筹备工作正在紧锣密鼓地推进。

（四）自贸区示范效应日益凸显

为进一步扩大对外开放，推进我国的市场化进程，2015 年国家启动了自由贸易区示范试点建设，第一批选择了对外贸易比例相对较高的上海市、天津市、广东省和福建省。自贸区示范试点建设主要是按照世界市场经济的自由贸易法则开展全方位、立体性的对外开放，赋予自贸区在遵循国家法律基础上代行行政审批、司法、海关、外汇、税收等管理权，简化审批程序，实行清单式管理，并享受税收等优惠政策，以此吸引外资、外企、国际机构和国内对外投资贸易机构入驻。2016 年 11 月，在上述四个自贸示范区建设取得成功经验的基础上，在辽、浙、豫、鄂、渝、川、陕又批准建立了 7 个自由贸易试验区，进一步拓展了中国与世界互相开放、相互交流的窗口和平台。自贸区对国际资本、跨国公司吸引力日益增强，助推中国资本、企业迈出海外力度加大，已建成多个自由贸易区与产业园区，对内对外双向推动作用明显。随着自贸区建设试点向中西部布局，全国对外开放全方位、立体化格局渐现雏形，为国内经济增长、产业转型和"一带一路"倡议实施提供了服务窗口和平台载体。

（五）"一带一路"构想有效布局

2013 年 9 月 7 日，习近平主席在哈萨克斯坦纳扎尔巴耶夫大学演讲中提出"共建丝绸之路经济带"的伟大构想，2015 年，我国发布了《推动丝绸之路经济带和 21 世纪海上丝绸之路的愿景与行动》。作为一项永久性造福我国、造福全人类的浩大战略工程，在短短三年时间里已得到 100 多个国家的响应和参与，目前，中巴经济走廊建设、与哈萨克斯坦"光明行动"对接等行动正式启动；丝路基金、亚投行两大国际金融机构已挂牌运营；义乌至欧洲、广州至欧洲快班专列相继开通；亚欧大陆桥建设新通道布局基本完成，项目实施指日可待；我国与中亚五国、巴基斯坦、孟加拉国等丝绸之路沿线国家签署了第一批基础设施、工业园区建设的工程项目投资协议，产业跨境转移已成现实。2017 年 5 月 14—15 日，来自 130 多个国家的约 1500 名代表汇聚北京参加"一带一路"国际合作高峰论坛，习近平主席发表了《携手推进"一带一路"建设》的主旨演讲，形成了涵盖政策沟通、设施联通、贸易畅通、资金融通、民心相通 5 大类，共 76 大项、270 多项具体成果。

（六）供给侧结构性改革持续推进

2016 年 1 月，中央财经工作领导小组第 12 次会议决定全面推进供给侧结构性改革。供给侧结构性改革是经济新常态下宏观调控新思路的具体体现，是依据"问题导向"提出的改革措施，是针对我国经济长期以来投资旺盛、供给过剩、需求不足采取的有效化解手段。供给侧结构性改革的核心内容是"去产能、去库存、去杠杆、降成本、补短板"，与需求侧有机衔接，提高供给的有效性，以满足人民大众刚性需求为根本，净化市场环境，抑制投机行为，提高供给品质。推进供给侧结构性改革可以从根本上矫正投资的冲动与误判，解决投资边际效益递减问题，促进产业升级转型，加快创新成果转化，提高有效投资，实现总体供需平衡。

一年多来，在相关配套政策的驱动下，推进供给侧结构性改革取得了明显效果。具体表现在：

在去产能上：2016 年全国钢铁煤炭产能化解近 40%，钢铁 5000 万吨左右，煤炭 2.5 亿吨以上，超额完成年度计划，其他领域去产能也正在提速。

在去库存上：全国库存最严重的房地产业，正在根据住房属性以满足刚性需求为主的发展回归，克服地王频出、房价虚高与投机房地产的弊端，目前，房地产交易的热点正由一线城市向二三线城市与小城镇转移。

在去杠杆上：通过对证券期货市场的规范和民用投融资市场的清理整顿，有力打击了投融资市场的投机与欺诈行为，净化了金融与投资市场环境，保护了人民群众的财产安全。

在降成本上：通过税制改革、费用取消、审批简化等改革措施，2017 年，为企业减税 10000 多亿元，审批程序由以前的 20 多个工作日缩减到 7 个工作日以内，为企业降低成本近 3 个百分点。

在补短板上：通过技术创新、服务提升和产业绿色转型等手段，增加了有效供给；通过脱贫致富、增加就业等手段提振了消费需求；通过规范市场、对外开放，增强了民族自信。

（七）整体创新活力不断增强

2016 年，我国国际发明专利申报与获得授予均较上一专利申报授予年度有了很大提升，提高幅度接近二成，连续三年稳居世界发明专利授予量第二大国。科技创新投入多元化格局已经形成，社会民间资本参与科研创新投入呈现逐年增长趋势，随着科研创新成果转化步伐的加快，科研创新投入产出比明显上升，对社会与民间资本投入产生强大的吸引力。在不断深化科技体制改革中，党中央、国务院一方面加大对基础科学研究与重大领域科技创新的支持力度，另一方面着力推进"大众创业、万众创新"的"双创"行动，在航空航天、生物医药、深空深海探索、新能源技术、轨道交通、巨型计算工程和业态融合创新等领域均有重大突破。如大型商用飞机试飞、全球最大地面射电望远镜建成、天宫二号载人在轨实验、北斗导航系统启用、青蒿素制备与临床应用、高速铁路与城市轨道交通装备制造、核聚变实验项目核心装置研制，以及月球探测工程、天河 2 号计算机工程、蛟龙号深海探测工程、二代半华龙 I 号核反应堆技术、风电与太阳能装备研制、世界首颗量子通信卫星发射升空、阿里巴巴等网上购物与支付，等等。目前，有的创新成果已经走出国门，甚至进入了欧美发达国家市场，如华龙 I 号、风电与太阳能发电装备、高铁工程技术与装备制造技术等。

（八）绿色发展模式逐步形成

史上最严环保法的颁布和 GDP 统计方法的改革，极大地调动了地方政府与企业推动绿色转型的积极性，国家环保部推行的"监管、约谈、追责"

连环环保新政，给地方官员和企业法人的经济增长任性套上了"紧箍咒"。党的十八大以来，我国加速建设生态文明制度体系，大幅减少能源资源消耗强度，通过多重手段持续提高森林覆盖率，生态环境得到明显改善，对全球生态文明建设作出了越来越重要的贡献。据环保部长陈吉宁介绍，近三年来我国废气排放强度逐年递减，2016 年二氧化硫、PM2.5 排放强度均较三年前下降了 30% 左右，2016 年 12 月监测数据显示，PM2.5 在每立方米空气中的含量，京津冀地区为 71ug，长三角地区为 40ug，珠三角地区为 30ug，其中珠三角地区已经达到了国家规定的排放标准（资料来源：CCTV 新闻联播 2017 年 1 月 7 日）。据各地通报的情况显示，2017 年各地排放强度较 2016 年都有不同程度的下降。与此同时，各级地方政府正在探索流域综合治理方式，推行流域内"河长"制治理模式，明确了治山治水的责任主体，探索出一条金山银山与绿水青山两者兼得的发展道路。

（九）发展成果得到全民共享

十八大以来，我党始终坚持以人民为中心的发展理念，从中央到地方都越来越注重民生问题，在住房安置、社会保障、就业创业、医疗卫生、健康养老、教育文化、公共服务、技能培训、减灾救灾、扶贫攻坚等方面推行了一系列改革举措和惠民政策，中央财政年度预算安排近 70% 以上用于民生发展，人民群众收入增加，生活稳定，幸福指数不断提高，贫困人口稳定脱贫数量显著增加，贫困发生率大幅下降，部分地区已宣布将在 2017 年全面消除贫困，提前实现全面建成小康社会的目标。人民群众对党和政府的信任度、对党和国家的制度自信和民族自信与日增强。

第三节 包装产业发展的新取向

包装产业是经济社会发展的晴雨表，对宏观经济发展趋势和社会发展需求趋势能及时作出强烈响应。当前世界包装产业发展格局表明，后金融危机时期美欧发达国家在包装国际市场所占份额正在不断下降，而发展中国家特别是新兴经济体的占比正在逐年上升，随着世界各国应对金融危机采取的各种举措，包装产业发展出现了一些新变化，呈现出许多新特征。

一、国际包装产业发展的新动向

美欧在继 20 世纪八九十年代包装产业第一次转型后，正在推动包装产业的第二次转型，修订和完善包装法规与技术标准体系，强化包装减量化与回收循环再利用技术研发及其绿色标志认证，加快提升包装材料制备与包装制品生产、经营、管理的智能化水平，推进先进的检测技术和检测设备加强包装制品检测，确保包装产品对包装物和消费者不会构成任何危害，并以此限制发展中国家和新兴经济体包装产品进入国际市场。与此同时，美欧发达国家以政府支持、专利交易等多种方式，将重点领域的创新成果引入包装产业，强劲推动包装新材料与包装高端装备的研发，并运用各种手段加强技术封锁，牢牢把控着世界包装产业转型发展所需的新材料、新装备、新技术和市场准入的命脉，防止后发国家的技术追赶与超越，牵制发展中国家与新兴经济体包装产业的发展，牢固掌握对包装国际市场话语权的垄断，继续领跑全球包装产业。

在包装产业转型发展方面，美欧虽然略有差异，但基本方式趋同，在总体动向上主要有四个共同点。

(一) 绿色包装制度体系越来越全

首先是明确包装材料与制品的相应指标体系，如包装制品、包装材料必须注明产地、规格、性能，并具备绿色标识、二维码验证等内容；具体包装制品必须明确包装材料使用量和减量指标，不达标者将被列入黑名单予以制裁，要求从包装设计开始就坚持"减量化"方向，从源头上杜绝包装生产的资源浪费，对过度包装行为加以更为严厉的制裁和处罚。改革运输包装的运输方式，大力推行可多次复用的托盘式包装，尽可能节约运输包装制品的材料使用量，建立完善并严格实施包装物分级回收制度体系。美欧各国都明确规定从包装生产商—分销商—商场—消费者的使用后包装品分级回收体系的循环利用指标，明确回收责任主体与循环再利用比重，促进包装废弃物的资源化再利用。

（二）智能包装技术发展越来越快

当前，世界正处于第四次工业革命的变革浪潮中，智能化已成为世界各国尤其是欧美国家产业创新政策的支持重点，如美国的《政府的创新议程》，德国的"工业 4.0 版"等，都把数字产业、智能技术列为优先发展方向。就包装产业来说，通过以智能机器人为代表的包装装备，加快无人车间、无人工厂的发展，实现产品生产制造过程的自动化；通过智能包装技术打通和联结产品生命全周期，实现包装产品的设计、采购、运输、管理、品控等一体化集成服务；通过应用新一代信息技术，大力发展智能标签、智能容器、智能产品等，实现产品包装的定位跟踪、轨迹记录、定时提醒和安全警示等，已成为包装产业提升智能化水平的重要技术方向。

（三）安全包装标准要求越来越严

美欧的法制体系非常完备，在日益健全的包装法规中，对包装材料、包装生产、包装制品的安全性也有着十分明确的标准与要求。比如规定：包装制品必须"准确而真实地反映包装内容物的信息"，特别是不得存在对老人和幼童安全带来威胁的可能隐患，否则就不能进入市场流通或销售，违规行为将被处以巨额罚款并需对消费者进行赔偿。包装材料所含有害物质（气体和放射元素）必须低于允许值，纸包装箱不能使用尖锐的订针，外角必须形成一定曲度，大型塑料包装袋必须开设透气孔，对饮料容器尤其是啤酒瓶和汽水瓶，都必须进行内压力测试以防止瓶体爆炸造成危害等。任何包装材料，都必须符合克重、厚度、强度、密度、封闭性、透明度、防潮性、脆值、寿命周期、耐腐蚀性等多种技术参数，任何包装制品，都必须经过严格的在线检测和专门的技术检测，通过安全性评估后才能获得投放市场的身份证。

（四）进口商品包装门槛越来越高

不可否认，前一阶段美欧发达国家对从发展中国家进口的包装制品相对较为宽容，针对不同国家经济发展水平，不同程度地降低了技术标准门槛。但近年来政策在不断收紧，门槛在不断提高，外国输入的包装制品一旦不符合其规定的技术标准，制裁处罚十分严厉，包括：禁止产品上架、课以重税和巨额罚款、责令输出地限期召回产品、超过召回期限的按日累进计收储存费与环境污染费，以此建立一道无形的贸易壁垒，牢牢占据包装产业链和包装国际市场高端，始终掌握世界包装话语权。

二、我国包装产业发展的新思路

由于认识的偏差，在我国，人们长期将包装产业定义为"附属于商品生产的配套型工业"，认为其功能主要为商品配套，因此，自20世纪80年代以来，包装产业的国家主管部门也在轻工、外贸、国资等部门之间多次变更。囿于当时的经济环境，产业主要集中于外贸出口量大的广东、上海等地区，多为规模小、家族式、手工作坊型的小微企业。尽管改革开放40年来，我国包装产业已建立起从设计到材料、装备、制品等门类齐全的工业体系，2016年总产值已超1.8万亿元，连续6年居世界第二位，但自2005年我国正式提出建设"包装强国"的构想以来的十多年时间里，包装产业大而不强的局面没有得到根本改观，创新能力弱、环境污染强、产业效益低、核心竞争力差等结构性矛盾始终存在，产业转型升级步伐缓慢。可喜的是，党的十八大以来，我国经济进入新常态，深入推进与密集出台的国家战略和各项改革，为包装产业在创新驱动中加快绿色化转型步伐，建立覆盖全生命周期的一体化服务型制造体系，提供了难得的战略机遇。尤其是 2016 年底工信部、商务部联合发布《指导意见》提出了促进包装产业转型发展的系统性解决方案，确定了我国包装产业发展的新思路、新目标、新任务、新模式和新走向。

（一）坚持创新引领未来

我国包装产业长期以来存在自主创新能力不足的瓶颈，必须尽快提升包括技术创新、管理创新、生产方式创新、经营模式创新等在内的总体创新水平。要以大力引进培养自有创新人才为基础，解放思想，更新观念，大胆采用借助外力的方式来解决创新中的重点与难点。要主动加强与相关高等院校、科研院所合作，建立新型的政产学合作关系，组建多元的内部无障碍开放的产校所科技创新研发战略联盟，采用利益共享、成果共享等方式聘请高校、科研院所以及社会的科研创新团队，参与企业科研创新项目。要明确规定包装企业逐年增大研发创新投入的要求，使全行业到"十三五"末研发经费投入不低于主营收入的 1.6%。要鼓励并支持包装企业与产业上下游相关产业开展广泛的科研协作，加强联合攻关与协同创新关系，打破相互间的技术壁垒，结成紧密的利益共同体。要大力支持包装中小企业走科技兴企、科技兴产道路，积极参与各级地方政府高新技术企业评审认定工作，促进企业严格按照评审认定标准不断补齐短板，提升自主创新的能力与水平，大幅增强我国包装企业的核心竞争力。

（二）提升绿色发展水平

包装产业是我国建设现代化强国的重要基础性支柱性产业，但目前，包装对生态环境的破坏与污染一直饱受社会诟病，实现包装绿色化是其根本的解决之道。首先，要着眼包装产业的绿色转型，建立包装绿色化指标体系，开展绿色标识与绿色认证，严格按照绿色指标体系加强检测监管，并建立包装材料与制品市场准入绿色门槛，对不达标者关上市场的大门，如以不合法手段流入市场者要严令其召回，并给予相应的经济处罚和行政处罚。要严格把好包装设计、生产、流通、回收等各个环节的绿色关，建立并全面推行绿色设计规划、清洁生产制度、产品召回制度、包装分级回收体系，加大回收包装循环利用技术研发，在包装减量化与回收再利用方面逐步甚至超越欧美发达国家水平，并通过改进和创新工艺流程，全面降低包装制造中的能源消耗，减少"三废"排放，构建起覆盖包装全生命周期的绿色化体系。

（三）增强两化融合能力

要适应世界经济和我国产业经济发展大势，摆脱我国包装产业数字化、信息化、智能化程度偏低、人力成本高的困局，主动对接《中国制造2025》，主动引入数字产业，改造和提升生产经营模式，建立全覆盖的信息化生产、经营、管理体系，加大对装备、车间、办公室、配送场的更新改造，尽快全面提升包装产业数字化、信息化、智能化水平。要着重抓好规模以上包装企业的智能提升，采用明确目标任务、强化检查监督、建立奖惩机制、严格市场准入等多种手段，倒逼规模以上企业完成数字化、信息化、智能化改造提升工程，在取得成功的基础上，在中小微包装企业中全面铺开，力争到2020年底，包装产业数字化、信息化、智能化水平达到55%以上。

（四）注重民生安全需求

包装质量关系到每个消费者的健康安全，是国计民生的重要组成部分，必须抓好包装的每一个环节、每一件产品的质量保障。首先，要以推进供给侧结构性改革为抓手，切实加强包装的技术检测，引进国外先进的在线技术检测设备与技术，在制造流程的每个环节加强检测，制品完成后进行总体的综合检测,变免检为必检,变抽检为普检,严格把好产品技术检测关。其次,要着力推进各级包装技术标准的修订完善,对颁布的技术标准大力宣传贯彻,积极推行,并逐步使我国包装技术标准体系与国际标准对接,最终超过国际标准水平,成为国际技术标准的参考体系。最后,要通过品质提升,打造我国包装产业的品牌体系,要鼓励并扶持包装企业推进品牌培育工程,通过创新与质量检测培育一批产品、技术、企业品牌,通过品牌培育强化包装安全意识,提高我国包装的国际声誉与市场占有率,真正实现包装强国建设目标。

(五)抢占高端国际市场

根据包装产业的服务型制造业属性,我国包装产业转型发展必须注重加强与上下游产业的有机衔接,在包装设计、包装内容物信息表达、包装安全提示、特种包装、个性化(定制化)包装、包装一体化解决方案、包装消费者信息反馈、包装废弃物回收等方面提供优质服务,助推包装产业占据全球包装产业链和包装产业价值链高端(见图 1-1、图 1-2),通过包装制品的品质提升与优质包装产业服务,积极进军国际包装高端市场,有效跻身国际包装市场规则制定体系。

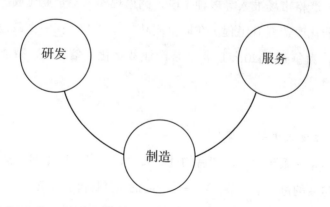

图 1-1 包装产业服务与包装产业链的关系

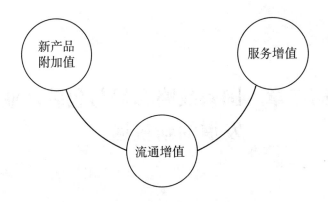

图 1-2　包装产业服务与产业价值链的关系

　　全球经济发展规律表明，尽管世界的发展始终充斥着不确定性和复杂性，但也总是能找到消除危机、向前发展的方法和举措。实现以创新驱动为引领的转型发展，是刚刚走出国际经济危机困扰的世界各国保障经济社会发展稳定向好的必要选择。包装产业作为我国国民经济的重要组成部分，也必然要顺应经济社会发展的大趋势，通过转型发展走出困境，寻求出路。近年来，我国经济发展正在步入由高速增长向中高速增长的调挡期和由要素驱动向创新驱动、由数量扩张向质量提升转变的新常态，我国包装产业要顺应宏观经济发展的大趋势，主动适应经济新常态，抢抓国家重大战略和综合改革中的新机遇，以重大需求为己任，以惠泽民生为宗旨，以转型发展为目标，在重点领域实现重点突破，力争在"十三五"末实现初步建成包装强国的总体目标。

第二章 国家战略布局与包装产业发展的新机遇

"不谋万世者，不足谋一时；不谋全局者，不足谋一域"，古人陈澹然的这一名言反映了战略布局的极端重要性。战略的共性特征是全局性、长远性和系统性，其本质则是维护和增进战略主体的利益。

为应对和化解 2008 年美国次贷危机引发的全球性金融灾难，世界各国都在对经济增长方式进行深度调整，国际产业格局也正在转型升级中实现有效重塑，我国的经济发展正从过去的高速增长转为中高速增长，从要素驱动、投资驱动转为创新驱动，形成一种新常态，寻求一种新方位。在这样的经济新常态背景下，许多牵涉面广、耦合性强的深层次问题逐渐凸显。因此，加强国家层面的顶层设计，显得尤为重要。

第一节　国家总体战略布局

国家战略是指为实现某种目标（如政治、军事、经济或国家利益方面的目标）而制定的大规模、全方位的长期行动计划，是为维护和增进国家利益、实现国家目标而合理布局、配置，并有效利用国家力量和资源的总体方略。国家战略概念最早出自美国，20 世纪 80 年代初引入我国后，除少数学者在学术研究中使用外，在其他话语权体系中很难寻觅到它的踪影。1985

年，根据邓小平同志对国际战略环境的判断，我国国防建设指导思想实现从临战体制向和平时期建设的战略性转变，军内明确提出和使用国家战略、国防战略等概念①。此后，国内一些学者开始研究国家战略问题。近几年，随着战略研究和战略思维的空前活跃，"国家战略"的概念不仅被学术界以及媒体等所接受，国家领导人的讲话中也开始使用这一概念，并将其应用到国家的经济、政治、文化等领域。

战略思维是习近平总书记反复强调的重要思维方法。如何进行谋篇布局、确立国家战略成为本届中央领导治国理政的重要内容。以习近平同志为核心的党中央高瞻远瞩，治国理政中处处闪耀着战略思维的智慧。2013年1月，习近平总书记在主持中共中央政治局集体学习时首次提到"战略思维"一词。2014年8月，习近平总书记在纪念邓小平同志诞辰110周年座谈会上明确指出，"战略问题是一个政党、一个国家的根本性问题。战略上判断得准确，战略上谋划得科学，战略上赢得主动，党和人民事业就大有希望。"②2012年11月29日，十八大刚刚闭幕，习近平总书记在参观"复兴之路"展览时，第一次向世界提出了实现中华民族伟大复兴的图景——中国梦，并描绘了实现这一愿景的具体时间和线路图，即"两个一百年"奋斗目标。

为实现社会主义现代化强国建设目标和中华民族伟大复兴的中国梦，党的十八大以来，我国相继推出了一系列重大的国家发展战略和国家战略布局。其中，"五位一体"总体布局和"四个全面"战略布局确立了新形势下党和国家各项工作的顶层设计和战略方向，成为我国经济社会发展的战略引领和行动指南。

---

① 军事科学院计划组织部：《战争与战略问题研究》，军事科学出版社1998年版，第15页。

② 《在纪念邓小平同志诞辰110周年座谈会上的讲话》，2014年8月21日，见 http://www.wxyjs.org.cn/ddwxzzs/wzjx/201405/201410/t20141013_161567.htm。

一、"五位一体"总体布局

工业文明推动了人类社会的巨大进步，经济全球化催生了无数个以工业文明为骄傲的现代化进程，但同时也加剧了人与自然之间的危机，迫使人类开始反思工业文明发展中的不足之处。西方发达国家率先提出了应对工业文明的"生态文明"式的求解路径。党的十一届三中全会后，我国开始实行改革开放政策，极大地促进了经济的快速增长，使我国一跃成为世界"第二大经济体"。但在长期的发展过程中，由于思想观念、发展理念滞后，我国经济发展也不可避免地陷入了片面追求经济增长的发展阶段，走上了发达资本主义国家以资本积累为前提的"先污染、后治理"和"唯GDP论"的老路。在经济发展的同时，水污染、空气污染、食品安全等事关民生的生态问题亦全面爆发出来，由此引发了一系列的群体性事件和生态悲剧，影响了改革发展的成果。

2012年11月，党的十八大在对生态文明建设经验及教训进行全面总结的基础上，明确提出了全面推进经济建设、政治建设、文化建设、社会建设和生态文明建设的"五位一体"总体布局，明确了生态文明建设在中国特色社会主义建设中的突出地位，并指出要将其融入其他"四位"的各方面和全过程[1]。2013年11月，党的十八届三中全会进一步强调"深化生态文明体制改革"的核心及目标是建设"美丽中国"，强调要"紧紧围绕建设美丽中国深化生态文明体制改革，加快建立生态文明制度"，"推动形成人与自然和谐发展的现代化建设新格局"，并重点部署"系统完整的生态文明制度体系"[2]。2014年11月，习近平总书记在APEC领导人峰会开幕式上进一步阐述了我国经济将迎来"增速换挡、结构优化升级、创新驱动"的新常态[3]，为我国

---

① 《坚定不移沿着中国特色社会主义道路前进　为全面建成小康社会而奋斗》，人民出版社2012年版，第38—40页。

② 《中共中央关于全面深化改革若干重大问题的决定》，人民出版社2013年版，第52—54页。

③ 《谋求持久发展　共筑亚太梦想——在亚太经合组织工商领导人峰会开幕式上的演讲》，《人民日报》2014年11月10日。

不断创新发展理念、实现经济发展和环境保护的协调指明了方向，引领着全社会范围内的生态文明建设实践。

二、"四个全面"战略布局

当前，我国正处于一个重要的战略机遇期和社会矛盾凸显期，迫切需要从国家层面进行顶层设计和系统布局，以提高有效治理国家的能力。2014 年 11 月，习近平总书记在福建考察调研时提出"协调推进全面建成小康社会、全面深化改革、全面推进依法治国"的"三个全面"战略布局。12 月，习总书记在江苏调研时又进一步强调，要"协调推进全面建成小康社会、全面深化改革、全面推进依法治国、全面从严治党，推动改革开放和社会主义现代化建设迈上新台阶"，将"三个全面"上升到了"四个全面"。"四个全面"战略布局确立了新的历史条件下党和国家各项工作的战略目标和战略举措，明晰了当前和今后一个时期党和国家各项工作的关键环节、重点领域、主攻方向，是在中国发展起来以后，为应对现代社会发展风险，更加注重发展和治理系统性、整体性、协同性的必然选择，是我们党在新形势下治国理政的总方略，是事关党和国家长远发展的总战略，为实现"两个一百年"奋斗目标、实现中华民族伟大复兴的中国梦提供了重要保障①。

"四个全面"战略布局，既有战略目标又有战略举措，每一个"全面"都蕴含着重大战略意义。全面建成小康社会是重大战略目标，在"四个全面"战略布局中居于引领地位；全面深化改革、全面依法治国、全面从严治党等三大战略举措，是如期全面建成小康社会的重要保障。"四个全面"战略布局，立足于我国发展的现实需要，顺应人民群众的愿望期盼，坚持问题导向，扭住了党和国家事业发展中根本性、全局性、紧迫性的重大问题，擘画了推进

① 《习近平总书记系列重要讲话读本》，学习出版社、人民出版社 2016 年版，第 41 页。

改革开放和现代化建设的顶层设计，集中体现了党和国家事业长远发展的战略目标和举措，为我们运用新发展理念，主动适应、把握、引领经济发展新常态，加快供给侧改革步伐，加快转方式、调结构、促创新，推动改革开放和现代化建设迈上新台阶等方面提供强劲动力。

三、国家重大战略举措

（一）创新驱动发展战略

创新是指利用现有的知识和物质，在特定的环境中，本着理想化需要或为满足社会需求，而改进或创造新的事物（包括但不限于各种方法、元素、路径、环境等），并能获得一定有益效果的行为[①]。经济学上，创新概念最早由美籍经济学家熊彼特提出，他在 1912 年出版的《经济发展理论》中指出，创新是指把一种新的生产要素和生产条件的"新结合"引入生产体系[②]。创新是一个民族进步的灵魂，是一个国家兴旺发达的不竭动力。

面对新的形势与挑战，党的十八大提出实施创新驱动发展战略，把创新驱动作为立足全局、面向全球、聚焦关键、带动整体的国家重大发展战略。该战略把科技创新放在国家发展全局中的核心位置，强调通过科技创新提高社会生产力和综合国力。

2016 年 5 月 19 日，中共中央、国务院印发了《国家创新驱动发展战略纲要》（以下简称《纲要》）。《纲要》指出，在我国加快推进社会主义现代化、实现"两个一百年"奋斗目标和中华民族伟大复兴中国梦的关键阶段，必须始终坚持抓创新就是抓发展、谋创新就是谋未来，让创新成为国家意志和全社会的共同行动。当前我国经济发展进入新常态，传统发展动力不断减弱，粗放型增长方式难以为继，必须依靠创新驱动打造发展新引擎，培育新的经

---

① 《创新》，见 http://baike.so.com/doc/5350099-5585555.html。

② ［美］熊彼特：《经济发展理论》，孔伟艳、朱攀峰、娄季芳译，北京出版社 2008 年版，第 73—74 页。

济增长点，持续提升我国经济发展的质量和效益，开辟我国发展的新空间，实现经济保持中高速增长和产业迈向中高端水平"双目标"①。

创新驱动是国家命运所系，是世界大势所趋，是发展形势所迫。《纲要》强调创新驱动就是创新成为引领发展的第一动力，要把创新驱动发展作为国家的优先战略，以科技创新为核心带动全面创新，以体制机制改革激发创新活力，以高效率的创新体系支撑高水平的创新型国家建设，推动经济社会发展动力根本转换，为实现中华民族伟大复兴的中国梦提供强大动力②。

《纲要》确立了分三步走的创新驱动发展战略目标：到 2020 年进入创新型国家行列，基本建成中国特色国家创新体系，有力支撑全面建成小康社会目标的实现；到 2030 年跻身创新型国家前列，发展驱动力实现根本转换，经济社会发展水平和国际竞争力大幅提升，为建成经济强国和共同富裕社会奠定坚实基础；到 2050 年建成世界科技创新强国，成为世界主要科学中心和创新高地，为我国建成富强民主文明和谐的社会主义现代化国家、实现中华民族伟大复兴的中国梦提供强大支撑③。

《纲要》指出，实现创新驱动是一个系统性的变革，必须按照"坚持双轮驱动、构建一个体系、推动六大转变"进行布局，构建新的发展动力系统。《纲要》围绕重点领域和关键环节，明确了创新驱动发展的 8 个方面的战略任务：推动产业技术体系创新，创造发展新优势；强化原始创新，增强源头供给；优化区域创新布局，打造区域经济增长极；深化军民融合，促进创新互动；壮大创新主体，引领创新发展；实施重大科技项目和工程，实现重点跨越；建设高水平人才队伍，筑牢创新根基；推动创新创业，激发全社会创造活力④。

---

① 《国家创新驱动发展战略纲要》，《人民日报》2016 年 5 月 20 日。
② 《国家创新驱动发展战略纲要》，《人民日报》2016 年 5 月 20 日。
③ 《国家创新驱动发展战略纲要》，《人民日报》2016 年 5 月 20 日。
④ 《国家创新驱动发展战略纲要》，《人民日报》2016 年 5 月 20 日。

（二）《中国制造 2025》

制造业是国民经济的主体，是立国之本、兴国之器、强国之基。没有强大的制造业，就没有国家和民族的强盛。打造具有国际竞争力的制造业，是我国提升综合国力、保障国家安全、建设世界强国的必由之路[①]。

新中国成立后，我国制造业发展迅速，建成了门类齐全、独立完整的产业体系，其规模已跃居世界第一位，成为支撑我国经济社会发展的重要基石和促进世界经济发展的重要力量。但是与发达国家比，我国制造业仍然大而不强，在自主创新能力、资源利用效率、产业结构水平、信息化程度、质量效益等方面还存在较大差距。

当前，一场以人、机器和资源间实现智能互联为特征，以信息技术和互联网技术协同创新和应用为基础，由新一代信息技术与先进制造技术双向融合发展并推动的新工业革命正在兴起。新工业革命是推动制造业向信息化、智能化和网络化发展的一次工业技术创新和变革，将是工业文明史上继蒸汽机和电力技术之后的又一次重大技术革命。

面对新工业革命带来的发展机遇和挑战，2016 年 9 月，G20 杭州峰会上通过了《二十国集团新工业革命行动计划》（以下简称《行动计划》）。《行动计划》明确提出将推进新工业革命的顺利实施作为经济增长的主要动力，并倡议二十国集团成员共同行动，增强沟通协作，在研究、就业促进、教育和劳动力技能、标准、新型工业基础设施、知识产权保护和执行以及发展中国家工业化等方面加强合作，帮助应对所有成员面临的共同挑战。近年来，二十国集团成员纷纷出台了制造业中长期发展战略，如德国的"工业 4.0"、法国的"新工业法国"、欧盟的"欧洲工业数字化战略"、韩国的"制造业创新 3.0"、印度的"印度制造战略"、西班牙的"工业连接 4.0"、俄罗斯的"国家技术计划"、日本的"机器人新战略"、意大利的"意大利制造业"、阿根

[①] 《关于印发〈中国制造 2025〉的通知》，2015 年 5 月 19 日，见 http://www.gov.cn/zhengce/content/2015-05/19/content_9784.htm。

廷的"国家生产计划"等，通过这些战略举措推进新工业革命，并有力地推动了本国制造业的发展。[①]

就我国而言，新工业革命与我国加快转变经济发展方式、构筑发展新动能形成历史性交汇，为我国制造业实现转型升级和创新发展，向产业链和价值链中高端攀升带来重大机遇；同时，我国制造业面临发达国家和其他发展中国家"双向挤压"的严峻挑战，实现经济发展新常态下制造业的转型升级和跨越发展的任务紧迫而艰巨。

因此，为有效应对新工业革命所带来的机遇和挑战，我国必须加强战略部署，实施制造强国战略，切实解决制造业大而不强、自主创新能力弱、关键核心技术与高端装备对外依存度高等突出问题，抢占制造业新一轮竞争制高点，缩小与发达国家之间的差距，实现我国由制造大国向制造强国的转变。

2015 年 5 月 19 日，国务院印发《中国制造 2025》（国发〔2015〕28 号），部署全面推进实施制造强国战略。这是我国实施制造强国战略的第一个十年行动纲领，是在新的国际国内环境下，中国政府立足于国际产业变革大势、推进新工业革命发展所作出的重大战略部署。其根本目标在于全面提升中国制造业发展质量和水平，改变中国制造业"大而不强"的局面，通过十年的努力，使中国迈入制造强国行列，为到 2045 年将中国建成具有全球引领和影响力的制造强国奠定坚实基础[②]。

（三）"互联网＋"行动计划

"互联网＋"是指利用互联网的平台、信息通信技术，充分发挥互联网在生产要素配置中的优化和集成作用，把互联网的创新成果与经济社会各领

---

① 《二十国集团领导人杭州峰会公报》，2016 年 9 月 6 日，见 http://news.xinhuanet.com/fortune/2016-09/06/c_1119515149.htm。

② 《关于印发〈中国制造 2025〉的通知》，2015 年 5 月 19 日，见 http://www.gov.cn/zhengce/content/2015-05/19/content_9784.htm。

域深度融合，推动技术进步、效率提升和组织变革，提升实体经济创新力和生产力，形成更广泛的以互联网为基础设施和创新要素的经济社会发展新形态[①]，它代表了一种新的经济形态。

当前，面对全球新一轮科技革命和产业变革，互联网与各领域的融合发展具有广阔前景和无限潜力，已成为不可阻挡的时代潮流，正对各国经济社会发展产生着战略性和全局性的影响。积极推进"互联网+"发展，有利于重塑创新体系、激发创新活力、培育新兴业态和创新公共服务模式，对打造大众创业、万众创新和增加公共产品、公共服务"双引擎"，主动适应和引领经济发展新常态，形成经济发展新动能，实现我国经济提质增效升级具有重要意义[②]。

2015 年 3 月，全国人大代表马化腾在全国两会上提出，应以"互联网+"为驱动，促进产业创新、跨界融合，推动我国经济和社会的创新发展，并希望这种生态战略能够被国家采纳，成为国家战略。3 月 5 日，李克强总理在第十二届全国人大三次会议的政府工作报告中首次提出"互联网+"行动计划。强调要通过"互联网+"行动计划，推动移动互联网、云计算、大数据、物联网等与经济社会各领域的深度融合，促进电子商务、工业互联网和互联网金融健康发展，引导互联网企业拓展国际市场。

2015 年 7 月 1 日，国务院印发《关于积极推进"互联网+"行动的指导意见》（国发 ［2015］ 40 号），强调要顺应世界"互联网+"发展趋势，充分发挥我国互联网的规模优势和应用优势，推动互联网由消费领域向生产领域拓展，构筑经济社会发展新优势和新动能；大力拓展互联网与经济社会各领域融合的广度和深度。该指导意见围绕转型升级任务迫切、融合

[①] 《关于积极推进"互联网+"行动的指导意见》，2015 年 7 月 4 日，见 http://www.gov.cn/zhengce/content/2015-07-04/content_10002.htm。

[②] 《关于积极推进"互联网+"行动的指导意见》，2015 年 7 月 4 日，见 http://www.gov.cn/zhengce/content/2015-07-04/content_10002.htm。

创新特点明显、人民群众最关心的领域，确立了"互联网+"创业创新、协同制造、现代农业、智慧能源、普惠金融、益民服务、高效物流、电子商务、便捷交通、绿色生态、人工智能等11个方面的重点行动，提出了"互联网+"的发展目标：到2018年，互联网与经济社会各领域的融合发展进一步深化，基于互联网的新业态成为新的经济增长动力，互联网支撑大众创业、万众创新的作用进一步增强，互联网成为提供公共服务的重要手段，网络经济与实体经济协同互动的发展格局基本形成；到2025年，网络化、智能化、服务化、协同化的"互联网+"产业生态体系基本完善，"互联网+"新经济形态初步形成，"互联网+"成为经济社会创新发展的重要驱动力量[①]。

国家实施的"互联网+"行动计划，将重点促进以云计算、物联网、大数据为代表的新一代信息技术与现代制造业、生产性服务业等的融合创新，推动互联网由消费领域向生产领域拓展，加速提升产业发展水平，增强各行业创新能力，构筑经济社会发展新优势和新动能[②]，对稳增长、促改革、调结构、惠民生、防风险具有重要和深远意义。

第二节　国家区域发展战略

一、区域发展战略的实施背景

由于我国地域辽阔，资源禀赋等自然条件各异，地区间经济发展模式不尽相同，不同地区在自然资源、区域特征、经济基础、技术实力、市场与信

[①]　《关于积极推进"互联网+"行动的指导意见》，2015年7月4日，见 http://www.gov.cn/zhengce/content/2015-07/04/content_10002.htm。

[②]　《在十二届全国人大三次会议上的政府工作报告》，2015年3月5日，见 http://www.chinanews.com/gn/2015/03-05/7103283_4.shtml。

息状况等方面存在很大的差异，加之我国过去长期实行的计划经济体制造成了经济结构、生产力布局的不合理性，导致了各地区经济发展的不平衡性，形成了东、中、西三大不同的经济发展区域，三大区域的经济发展呈现明显的阶梯状分布。改革开放以来，东部地区利用改革开放的优厚政策，在我国经济发展的大潮中脱颖而出，形成明显的先发优势，东、中、西三大区域经济发展的差距进一步扩大，经济发展的不平衡性进一步加剧。从长期来看，区域发展的不平衡不仅制约着我国经济发展总体水平的进一步提高，而且关系到社会稳定和国家统一。

经济学相关理论表明，任何国家在发展的某一阶段，都会不同程度地受到主客观因素的影响，优先发展基础较好的地区，将人力、物力、财力等资源，优先投向具有最优发展效率的区域，形成某些地区的"极化效应"，而当这些"成长极"达到经济高度发展阶段时，就会产生"扩散效应"，使生产力的分布趋于均衡化[1]。

改革开放以来，我国实行非均衡发展战略，按照"效率优先，兼顾公平"的原则，率先在东部沿海地区实行开放政策，不仅把东部沿海地区作为基本建设投资重点，而且对东部的发展实行优惠政策。东部地区基于自身地理优势和国家政策的支持，形成了自身独特的经济增长方式和经济增长点，从而迅速促进了东部地区的崛起，导致东西部地区的经济差距不断扩大，东、中、西部地区经济呈现出明显的由高到低的梯度发展态势，广大中西部地区的经济发展出现了前所未有的困境[2]。由此，决定了我国区域经济发展的梯度转移路径是东部向中西部以及东北地区辐射，发挥东部地区对中西部以及东北地区的示范带动作用，促进落后，提升先进，形成均衡的区域发展格局，缩小区域发展差距。

---

① 陈秀山、张可云：《区域经济理论》，商务印书馆 2003 年版，第 62—63 页。

② 黄伟、张阿玲、张晓华：《我国统筹区域发展之路探索研究》，《科学·经济·社会》2005年第 2 期。

二、促进区域发展的重点战略

针对当前我国区域发展差距持续扩大的现实，国家创新区域发展政策，完善区域发展机制，形成了新的区域发展战略。其目的是缩小东西部地区发展差距，促进各区域协调、协同和共同发展，保持社会稳定和民族团结，建设和谐社会。

党的十八大以来，中央根据对国际国内经济发展形势的判断，基于"西部开发、东北振兴、中部崛起、东部率先"的区域发展总体战略，提出了重点实施以"一带一路"建设、京津冀协同发展和推动长江经济带发展为引领的三大国家级区域发展战略，形成以沿海沿江沿线经济带为主的纵向横向经济轴带，塑造要素有序自由流动、主体功能约束有效、基本公共服务均等、资源环境可承载的区域协调发展新格局①。这三大国家级区域发展战略勾画出了"四大区域＋经济支撑带＋陆海统筹"的总体区域发展战略框架，为"十三五"期间推动形成东西部地区联动、全面改革开放、区域协同发展以及陆海统筹发展的新型区域发展格局奠定了基础。

（一）"一带一路"倡议

"一带一路"指"丝绸之路经济带"和"21世纪海上丝绸之路"，贯穿欧亚大陆，东边连接亚太经济圈，西边进入欧洲经济圈，涉及中亚、东南亚等沿线的数十个国家。"一带一路"旨在借用古代"丝绸之路"的历史符号，高举和平发展的旗帜，充分依靠我国与有关国家既有的双多边机制，借助既有的、行之有效的区域合作平台，积极主动地发展与沿线国家的经济合作伙伴关系，共同打造政治互信、经济融合、文化包容的利益共同体、命运共同体和责任共同体②。

---

① 《全国人民代表大会常务委员会公报：中华人民共和国国民经济和社会发展第十三个五年规划纲要》，见 http://www.wxyjs.org.cn/zxwxzl_580/201603/t20160318_211207.htm。

② 《一带一路》，见 http://baike.so.com/doc/7487210-7757266.html。

"一带一路"战略构想由习近平总书记于 2013 年 9 月提出，同年 11 月，正式写入十八届三中全会的《中共中央关于全面深化改革若干重大问题的决定》，成为国家战略[①]。2014 年以来，"一带一路"正从战略构想逐步向具体项目转移。

"一带一路"建设强调内外联动，在更大的经济发展空间格局内，充分调动国际国内两个市场、两种资源，构建起新常态下全方位对外开放的全新格局。加快推进"一带一路"建设，是我国经济发展的一个重大战略性选择，它的实施不仅为我国经济、政治发展带来好处，也将带给"一带一路"沿线、沿边国家和地区新的发展机遇，对促进各个国家的产业转型与发展带来重大利好[②]。

(二) 京津冀协同发展

京津冀地区同属京畿重地，战略地位十分重要。当前区域总人口已超过 1 亿人，正面临着生态环境持续恶化、城镇体系发展失衡、区域与城乡发展差距不断扩大等突出问题。推进区域发展体制机制创新，实现京津冀协同发展、创新驱动，是解决京津冀地区发展所面临问题的现实需要。

2013 年 5 月，习近平总书记在天津考察时提出，要谱写新时期社会主义现代化的京津"双城记"。同年 8 月，习总书记在北戴河主持研究河北发展问题时提出，要推动京津冀协同发展。2014 年 2 月 26 日，习总书记主持座谈会，把京津冀协同发展上升为重大国家战略[③]。2014 年 3 月 5 日，李克强总理在全国两会的政府工作报告中，提出要"加强环渤海及京津冀地区经

---

① 《中共中央关于全面深化改革若干重大问题的决定》，2013 年 11 月 15 日，见 http://www. wxyjs.org.cn/zyldrhd_547/201311/t20131116_146024.htm。

② 《推动共建丝绸之路经济带和 21 世纪海上丝绸之路的愿景与行动》，2015 年 3 月 28 日，见 http://zhs.mofcom.gov.cn/article/xxfb/201503/20150300926644.shtml。

③ 《习近平在听取京津冀协同发展专题汇报时强调：优势互补互利共赢扎实推进，努力实现京津冀一体化发展》，《光明日报》2014 年 2 月 28 日。

济协作"，京津冀协同发展战略首次被写进政府工作报告①。2015 年 4 月 30 日，中央政治局审议通过《京津冀协同发展规划纲要》②。2015 年 7 月 24 日，京津冀协同发展工作推动会议召开。2016 年 2 月，全国首个跨省市的区域"十三五"规划——《"十三五"时期京津冀国民经济和社会发展规划》印发实施。

京津冀协同发展，就是要将京津冀地区打造成以首都为核心的世界级城市群、区域整体协同发展改革引领区、全国创新驱动经济增长新引擎、生态修复环境改善示范区，形成京津冀目标同向、措施一体、优势互补、互利共赢的协同发展新格局，辐射带动环渤海地区和北方腹地发展，打造中国经济发展新的支撑带③。

（三）长江经济带建设

1992 年，党的十四大提出"以上海浦东开发为龙头，进一步开放长江沿岸城市，尽快把上海建成国际经济、金融、贸易中心城市之一，带动长江三角洲和整个长江流域地区经济的新飞跃"④。1995 年，党的十四届五中全会进一步明确"建设以上海为龙头的长江三角洲及沿江地区经济带"。由此，长江经济带建设开始进入实质性启动和加速发展的新阶段。2014 年，国务院首次提出覆盖全流域的经济带规划与建设意见，李克强总理在 3 月 5 日全国两会的政府工作报告中指出，"依托黄金水道，建设长江经济带"。6 月，在国务院常务会议上李克强总理进一步指出："建设长江经济带，是新时期

---

① 《在十二届全国人大二次会议上的政府工作报告》，2014 年 3 月 14 日，见 http://www.gov.cn/guowuyuan/2014-03/14/content_2638989.htm。

② 《政治局会议审议通过〈京津冀协同发展规划纲要〉》，2015 年 4 月 30 日，见 http://news.xinhuanet.com/fortune/2015-04/30/c_1115147507.htm。

③ 《政治局会议审议通过〈京津冀协同发展规划纲要〉》，2015 年 4 月 30 日，见 http://news.xinhuanet.com/fortune/2015-04/30/c_1115147507.htm。

④ 《在中国共产党第十四次全国代表大会上的报告》，2004 年 4 月 29 日，见 http://news.xinhuanet.com/zhengfu/2004-04/29/content_1447497.htm。

中国区域协调发展和对内对外开放相结合、推动发展向中高端水平迈进的重大战略举措"。9月25日，国务院发布《关于依托黄金水道推动长江经济带发展的指导意见》（国发［2014］39号），明确了长江经济带建设的战略定位和发展方向。随后，沿线相应省市也纷纷编制和出台了本区的实施方案。2016年1月5日，习近平总书记在重庆召开长江经济带发展座谈会时指出，推动长江经济带发展是国家一项重大区域发展战略。[①]2016年9月，《长江经济带发展规划纲要》正式印发，确立了长江经济带"一轴、两翼、三极、多点"的发展新格局[②]。

推动长江经济带发展，是中央在经济新常态下，为应对国内优化产业与空间结构、创新发展，国际政治经济格局变动，推动全面建成小康社会而提出的国家战略。长江经济带的发展，有利于走出一条生态优先、绿色发展之路，让中华民族母亲河永葆生机活力，真正使黄金水道产生黄金效益；有利于挖掘中上游广阔腹地蕴含的巨大内需潜力，促进经济增长空间从沿海向沿江内陆拓展，形成上中下游优势互补、协作互动格局，缩小东中西部发展差距；有利于打破行政分割和市场壁垒，推动经济要素有序自由流动、资源高效配置、市场统一融合，促进区域经济协同发展；有利于优化沿江产业结构和城镇化布局，建设陆海双向对外开放新走廊，培育国际经济合作竞争新优势，促进经济提质增效升级，对于实现"两个一百年"奋斗目标和中华民族伟大复兴的中国梦，具有重大现实意义和深远历史意义[③]。

[①] 虞孝感、王磊、杨清可、叶士琳：《长江经济带战略的背景及创新发展的地理学解读》，《地理科学进展》2015年第11期。

[②] 《关于依托黄金水道推动长江经济带发展的指导意见》，2014年9月25日，见 http://www.gov.cn/zhengce/content/2014-09/25/content_9092.htm。

[③] 《推动长江经济带发展领导小组办公室负责人就长江经济带发展有关问题答记者问》，2016年9月11日，见 http://news.xinhuanet.com/politics/2016-09/11/c_1119546883.htm。

第三节　国家产业发展战略

产业发展战略是指从产业发展的全局出发，分析构成产业发展全局的各个局部、各个因素之间的关系，找出影响并决定经济全局发展的局部或因素，而相应作出的筹划和决策。我国产业发展战略主要体现在国家制定并发布的"五年规划"中。

随着经济发展步入新常态，我国经济发展所面临的国内、国际环境发生了巨大的变化。未来五到十年，是全球新一轮科技革命和产业变革从蓄势待发到群体迸发的关键时期。信息革命进程持续快速演进，物联网、云计算、大数据、人工智能等技术广泛渗透于经济社会各个领域，信息经济繁荣程度成为国家实力的重要标志。当前，增材制造（3D打印）、机器人与智能制造、超材料与纳米材料等领域技术的重大突破，正推动着传统工业体系分化变革，并将重塑制造业国际分工格局。基因组学及其关联技术的迅猛发展，精准医学、生物合成、工业化育种等新模式正加快演进推广，生物新经济有望引领人类生产生活迈入新天地。为应对全球气候变化，绿色低碳发展方兴未艾，清洁生产技术应用规模持续拓展，新能源革命正在改变现有国际资源能源格局。数字技术与文化创意、设计服务深度融合，数字创意产业逐渐成为促进优质产品和服务有效供给的智力密集型产业，创意经济作为一种新的发展模式正在兴起。由于创新驱动而催生的新兴产业，正逐渐成为推动全球经济复苏和增长的主要动力，并引发国际分工和国际贸易格局的重构，全球创新经济发展进入了新的时代[①]。

"十三五"时期是我国全面建成小康社会的决胜阶段，创新驱动所需的体制机制环境更加完善，人才、技术、资本等要素配置持续优化，新兴消费升级速度不断加快，新兴产业投资需求持续旺盛，部分领域国际化拓展进程

[①]《关于印发"十三五"国家战略性新兴产业发展规划的通知》，2016年12月19日，见 http://www.gov.cn/zhengce/content/2016-12/19/content_5150090.htm。

加速，产业体系日趋完善，市场空间日益拓展，为我国产业转型升级带来了重要机遇。因此，"十三五"时期，国家产业发展将重点聚焦三个方面：一是推进"两化"融合，促进制造业朝高端、智能、绿色、服务方向发展，提高制造业的创新能力和基础能力；二是瞄准技术前沿，支持战略性新兴产业发展，拓展新兴产业增长空间；三是加快发展现代服务业，推动生产性服务业向专业化和价值链高端延伸、生活性服务业向精细和高品质转变①。

一、制造业的发展

为有效应对新工业革命给制造业发展带来的机遇与挑战，顺应制造业智能化、绿色化、服务化、国际化发展趋势，我国正在实施制造强国战略。随着《中国制造2025》的深入实施，将不断推进信息技术与制造技术的深度融合，促进制造业朝高端、智能、绿色、服务方向发展，提升制造业的创新能力和基础能力，培育制造业竞争新优势。

围绕《中国制造2025》战略实施，我国制造业将加快突破关键技术与核心部件，推进重大装备与系统的工程应用和产业化，促进产业链协调发展，塑造中国制造新形象，带动制造业水平全面提升。根据《中国制造2025》和国家《"十三五"规划纲要》，未来五到十年，我国制造业将在以下六方面取得新的突破，并逐步迈入制造强国行列②。

一是实施工业强基工程，重点突破关键基础材料、核心基础零部件（元器件）、先进基础工艺、产业技术基础等"四基"瓶颈，系统解决"四基"工程化和产业化关键问题，全面提升工业基础能力。

---

① 《全国人民代表大会常务委员会公报：中华人民共和国国民经济和社会发展第十三个五年规划纲要》，见 http://www.wxyjs.org.cn/zxwxzl_580/201603/t20160318_211207.htm。

② 《关于印发〈中国制造2025〉的通知》，2015年5月19日，见 http://www.gov.cn/zhengce/content/2015-05/19/content_9784.htm；《全国人民代表大会常务委员会公报：中华人民共和国国民经济和社会发展第十三个五年规划纲要》，见 http://www.wxyjs.org.cn/zxwx-zl_580/201603/t20160318_211207.htm。

二是加快发展新型制造业。实施高端装备创新发展工程，明显提升自主设计水平和系统集成能力；实施智能制造工程，加快发展智能制造关键技术装备，推动"中国制造＋互联网"取得实质性突破；培育推广新型智能制造模式，推动生产方式向柔性、智能、精细化转变；实施绿色制造工程，推进产品全生命周期绿色管理，构建绿色制造体系；推动制造业由生产型向生产服务型转变，引导制造企业延伸服务链条、促进服务增值。

三是实施制造业重大技术改造升级工程，推动传统产业改造升级，全面提高产品技术、工艺装备、能效环保等水平。

四是实施质量强国战略，加强质量品牌建设，开展质量品牌提升行动，全面强化企业质量管理，解决一批影响产品质量提升的关键共性技术问题，加强商标品牌法律保护，打造一批有竞争力的知名品牌。

五是综合运用市场机制、经济手段、法治办法和必要的行政手段，加大政策引导力度，实现市场出清，积极稳妥化解产能过剩。

六是开展降低企业成本行动。通过降低制度性交易成本、企业人工成本、企业税费负担、企业财务成本、企业能源成本和企业物流成本等，降低实体经济企业成本。

二、战略性新兴产业的发展

战略性新兴产业代表新一轮科技革命和产业变革的方向，是培育发展新动能、获取未来竞争新优势的关键领域。战略性新兴产业的发展，是重大科技突破和新兴社会需求的有机结合。在经济发展新常态下，战略性新兴产业将突破传统产业发展瓶颈，为我国抢占国际竞争制高点形成强劲支撑[1]。

"十三五"时期，我国将实施"战略性新兴产业发展行动"，瞄准技术前

---

① 《形成5个规模10万亿元级新支柱——解读"十三五"国家战略性新兴产业发展规划》，2016年12月19日，见 http://www.gov.cn/zhengce/2016-12/19/content_5150272.htm。

沿，把握产业变革方向，围绕重点领域，优化政策组合，拓展新兴产业增长空间，抢占未来竞争制高点。根据《"十三五"国家战略性新兴产业发展规划》，到 2030 年，我国战略性新兴产业将在以下三个方面取得重大突破，成为推动我国经济持续健康发展的主导力量，我国成为世界战略性新兴产业重要的制造中心和创新中心，形成一批具有全球影响力和主导地位的创新型领军企业[①]。

一是战略性新兴产业规模持续壮大，成为经济社会发展的新动力。"十三五"末，战略性新兴产业增加值占国内生产总值的比重达到 15%，形成新一代信息技术、高端制造、生物、绿色低碳、数字创意等 5 个产值规模10 万亿元级的新支柱。

二是创新能力和竞争力明显提高，形成全球产业发展新高地。攻克一批关键核心技术，建成一批重大产业技术创新平台，产业创新能力跻身世界前列，在若干重要领域形成先发优势，产品质量明显提升。

三是产业结构进一步优化，形成产业新体系。发展一批原创能力强、具有国际影响力和品牌美誉度的行业排头兵企业。中高端制造业、知识密集型服务业比重大幅提升，支撑产业迈向中高端水平。形成若干具有全球影响力的战略性新兴产业发展策源地和技术创新中心，打造特色鲜明、创新能力强的新兴产业集群。

三、现代服务业的发展

发展现代服务业是经济结构战略性调整的重要突破口。服务业是国民经济的重要组成部分，是现代产业的构成主体和现代经济的重要标志。服务业的发展水平既衡量一个国家和地区的现代化程度，又能反映一个国家

---

① 《关于印发"十三五"国家战略性新兴产业发展规划的通知》，2016 年 12 月 19 日，见 http://www.gov.cn/zhengce/content/2016-12/19/content_5150090.htm。

和地区的综合实力。在三大需求中，消费需求是最大的潜力所在，居民消费的扩大，主要依靠服务业来实现。在三大产业中，服务业是最大的潜力所在，增加服务业供给，能够拉动经济增长、平衡供求关系、稳定市场价格。特别是在知识经济时代，服务业具有高人力资本含量、高技术含量、高附加值等特征，是提升现代产业水平的助推器。加快发展现代服务业，对调整优化我国的产业结构，引导产业结构升级和经济发展转型具有重要意义。

根据《国民经济和社会发展第十三个五年规划纲要》，"十三五"时期，我国将主要从三个方面着手，以产业升级和提高效率为导向，扩大服务业对外开放，优化服务业发展环境，加快发展现代服务业[①]。

一是发展工业设计和创意、工程咨询、商务咨询、法律会计、现代保险、信用评级、售后服务、检验检测认证、人力资源服务等生产性服务业，推动生产性服务业向专业化和价值链高端延伸转变。

二是加快教育培训、健康养老、文化娱乐、体育健身、旅游等领域发展，推动生活性服务业向精细和高品质转变。

三是完善服务业发展体制和政策，面向社会资本扩大市场准入，加快开放电力、民航、铁路、石油、天然气、邮政、市政公用等行业的竞争性业务，扩大金融、教育、医疗、文化、互联网、商贸物流等领域开放，支持各类社会资本公平参与医疗、教育、托幼、养老、体育等服务领域。

第四节　我国包装产业发展的战略机遇

我国包装产业在改革开放 40 年发展历程中取得了巨大成就，但也存在

---

① 《全国人民代表大会常务委员会公报：中华人民共和国国民经济和社会发展第十三个五年规划纲要》，见 http://www.wxyjs.org.cn/zxwxzl_580/201603/t20160318_211207.htm。

诸多问题，面临巨大的挑战。纵观包装发展史，我国之所以能快速发展成为世界第二包装大国，正是得益于在国民经济快速发展过程中紧紧把握住了不同历史时期的重大历史机遇。

基于当前世界经济陷入停滞与衰退，以及我国经济发展步入新常态的历史背景，在建设中国特色社会主义的"五位一体"总体布局和全面建成小康社会的"四个全面"战略布局的指引下，国家相继推出实施的以"一带一路"建设、京津冀协同发展和长江经济带发展为引领的国家区域发展战略，以提高制造业创新能力和基础能力、支持战略性新兴产业发展、加快发展现代服务业为重点的国家产业发展战略，以及"创新驱动发展战略"、"中国制造2025"、"互联网+"等行动计划，将从各个方面提振我国经济的发展，给包装产业的转型升级释放出了大量的政策红利，为包装产业实现新的跨越式发展形成了新的重大发展机遇。

一、包装产业的战略地位不断提升

工业和信息化部、商务部发布的《指导意见》明确指出，包装产业是与国计民生密切相关的服务型制造业，在国民经济与社会发展中具有举足轻重的地位。这一定位，进一步明确了包装产业在国民经济与社会发展中的重要作用，提升了我国包装产业的战略地位。

首先，包装产业是国民经济的重要组成部分，它的发展关系到国计民生。我国包装产业的发展从20世纪80年代初期起步，经过30多年的建设发展，已经建成涵盖设计、生产、检测、流通、回收利用等产品全生命周期的较为完善的体系，包括包装材料、包装制品、包装装备等三大类别和纸包装、塑料包装、金属包装、玻璃包装、竹木包装等五大子行业，包装产业在服务国家战略、适应民生需求、建设制造强国、推动经济发展中作出了重要贡献。目前，我国已经发展成为世界第二包装大国，包装工业已位列国民经济38个主要工业门类中的第14位，成为中国制造体系的重要组成部分①。

其次,包装产业属于服务型制造业。包装产业作为与国计民生密切相关的服务型制造业,具有特色非常鲜明的配套属性和服务属性。一方面,包装产业在整个产业链中,主要是为上游的生产领域或下游的流通、消费领域提供产品包装服务,以满足产品生产、流通、消费过程中对包装的需要,实现包装的保护、便利和销售等功能。包装产业的这种属性,体现了包装产业的服务性。包装产业在为其他产业和消费者服务的过程中实现自身的功能和价值,并提高配套商品的附加值。在"十二五"期间,我国包装产业累计为110万亿元国内商品和9.98万亿美元出口商品提供了配套服务,配套商品附加值达到10%以上。另一方面,包装产业又属于制造业,是我国制造业的重要组成部分。作为制造业,目前我国包装产业与世界先进水平相比,同样存在着自主创新能力差、资源利用效率低、产业结构落后、信息化程度低、质量效益差等我国制造业普遍存在的突出问题,面临着转型升级的巨大压力②。包装产业属于服务型制造业的这一特点,决定了包装产业不管是在国民经济与社会发展中,还是在百姓的日常生活中都扮演着极其重要的角色。

《指导意见》对我国包装产业的这一新定位,将进一步提高人们对包装产业的认识,改变长期以来人们把包装产业作为其他产业的配套产业的认识,表明国家已经认识到了包装产业在整个国民经济体系中的重要地位与作用。此次发布的《指导意见》,第一次把包装产业的发展纳入国家产业发展战略,从国家层面来统筹规划、协调、指导我国包装产业的长远发展问题。

随着人们对我国包装产业在国民经济中重要地位认识的不断提升,国家及其有关部门、各级地方政府将更加重视包装产业的发展,将在政策、资金

---

① 《关于加快我国包装产业转型发展的指导意见》,2016 年 12 月 19 日,见 http://www.miit.gov.cn/n1146295/n1652858/n1652930/n3757019/c5426038/content.html。

② 《关于加快我国包装产业转型发展的指导意见》,2016 年 12 月 19 日,见 http://www.miit.gov.cn/n1146295/n1652858/n1652930/n3757019/c5426038/content.html。

投入、技术创新、人才培养等方面为我国包装产业创造更好的发展环境和条件，同时也将促使整个社会更加重视包装和包装产业的发展，促使更多的人关注、关心和研究我国包装产业的发展问题。这些都将为我国包装产业带来新的发展机遇。

二、包装产业的发展环境不断优化

（一）经济环境的优化

党的十八大以来，基于我国社会经济发展的新常态和国际政治经济形势给我国发展带来的新挑战和新机遇，中央统筹推进"五位一体"总体布局和协调推进"四个全面"战略布局，全面做好稳增长、促改革、调结构、惠民生、防风险各项工作，为保持我国经济平稳健康发展和社会和谐稳定创造了良好的条件，也进一步优化了促进我国包装产业转型发展的宏观经济环境。

一是坚持稳中求进的工作总基调，为经济筑底创造条件。党的十八大以来，中央把稳中求进工作总基调作为治国理政的重要原则，把稳增长、稳预期、稳市场作为各项经济政策的着力点，强调要在保持社会稳定的前提下，推进关键领域工作取得突破。面对更加复杂多变的国内外环境，在稳中求进工作总基调下，国家宏观政策将保持稳定性和连续性，用稳定的政策稳住市场预期，用重大改革举措落地增强发展信心，将持续保持战略定力①。

二是把供给侧结构性改革为当前我国经济工作的主线，增强改革的系统性和协同性。当前，我国全面深化改革已进入深水区，涉及很多重大利益的调整，为破解发展难题，确保经济运行更加健康、平稳、可持续，当前，国家正在加快推进供给侧结构性改革，将供给侧结构性改革与相关领域的改革有机结合，不断深化一些重点和关键领域的基础性关键性改革，包括深化国

---

① 《中央政治局会议传递 2017 年经济发展六大信号》，2016 年 12 月 10 日，见 http://www.ce.cn/xwzx/gnsz/szyw/201612/10/t20161210_18573214.shtml。

有企业改革、正确处理中央和地方关系、深化土地制度改革、完善社会保障制度等，以更好发挥经济体制改革的牵引作用，为全面深化改革助力。

三是大力振兴实体经济，培育壮大新动能。中国经济正在向形态更高级、分工更复杂、结构更合理的阶段演化，做好实体经济是我国经济转型的重要举措。在经济下行压力之下，资本"脱实向虚"令实体经济发展面临更多挑战，中央提出要大力振兴实体经济，并出台了创新驱动、"互联网+"、军民融合、两化深度融合等重大战略以及包括财政资金支持和引导等在内的配套改革措施，振兴以制造业为主战场的实体经济，成为国家振兴产业经济的重中之重①。

四是多措并举扎实推进"一带一路"建设，进一步扩大对外开放。面对世界经济复苏乏力的发展大环境，为进一步我国提高对外开放水平，促进中国以更快步伐更深融入世界，国家将进一步完善法治建设，改善投资环境，释放消费潜力，扩大开放领域，积极吸引外资。推进"一带一路"建设，扩大对外开放的一系列举措，不仅有助于夯实自己的增长基础，提高资源优化配置能力，为中国经济发展提供新的动力，也将在共商共建共享中与国外投资者实现互利共赢，为促进世界经济恢复良好发展态势做贡献②。

(二) 法治环境的优化

法治是净化经济发展环境的基础。经济发展环境的改善，取决于法治建设的速度和国家法制的完善程度。从目前看，在影响经济发展环境的诸多因素中，政府和市场的界限不清晰，有法不依、执法不严、违法不究的现象时有发生，依法推进改革不到位是重要因素之一。

为推进我国经济转型发展，改善经济发展环境，在统筹推进"五位一体"

---

① 《中央政治局会议传递 2017 年经济发展六大信号》，2016 年 12 月 10 日，见 http://www.ce.cn/xwzx/gnsz/szyw/201612/10/t20161210_18573214.shtml。

② 《中央政治局会议传递 2017 年经济发展六大信号》，2016 年 12 月 10 日，见 http://www.ce.cn/xwzx/gnsz/szyw/201612/10/t20161210_18573214.shtml。

总体布局和协调推进"四个全面"战略布局进程中，党和国家正在加快推进法治市场经济进程，为走向公平可持续发展提供法律保障。

一是加快法律体系建设，用法律释放社会资本活力。近年来，国家加快了经济立法工作，完善了与市场经济相关的法律法规，市场经济法律体系进一步完善。比如，修改完善企业国有资产法律法规、公共资源配置法律法规等，为拓宽社会资本发展空间提供法律保障；用法律倒逼垄断行业改革，促进服务业发展和制造业转型升级。例如，把反行政垄断纳入《反垄断法》，对国有垄断行业等相关行业监管内容进行清理、修改，推动垄断行业竞争环节对社会资本全面开放；用法律提高市场监管的权威性、有效性。推动市场监管由行政监管为主向法治监管为主转变，形成市场监管的法律框架。

二是坚持依法行政，推进政府职能转变。近年来，为加快转变政府职能、提高行政效能，各级政府主动适应改革和经济社会发展的需要，健全政府依法决策机制，深化行政执法体制改革，全面加强政府自身建设，推进简政放权、放管结合，加快建立权力清单、责任清单和负面清单，全面推进政务公开，提高了行政效能和服务水平，政府公信力得到不断增强。

国家法治建设的加快和法制的不断完善，极大地改善了我国的经济发展环境，在降低经济运行成本、提高经济发展效率中发挥了巨大的作用，也为我国包装产业的转型发展提供了良好的法治环境条件。

（三）技术环境的优化

随着国家"一带一路"倡议、"创新驱动发展战略"、"中国制造2025"、"互联网＋"等战略的实施，为提升科技创新能力，国家在完善对基础研究和原创性研究的长期稳定支持机制，建设国家重大科技基础设施和技术创新中心，打造科技资源开放共享平台，落实科研经费和项目管理制度改革，完善知识产权创造、保护和运用体系，深化人才发展体制改革等诸多方面，出台了许多鼓励和支持技术创新的政策和措施，这些都将为我国包装产业推动技术创新、促进现代包装技术进步创造许多有利条件。同时，通过"一带一路"建设，将有利于我国包装行业与国外开展技术交流与合作，引进国外先进的包装装备、包装技术，提高包装行业技术水平。

三、包装产业的发展空间不断拓展

国家各项战略的实施，特别是以西部开发、东北振兴、中部崛起、东部率先的区域发展总体战略为基础，以"一带一路"建设、京津冀协同发展和长江经济带发展为引领的三大国家级区域发展战略的实施，将对我国的包装产业产生积极影响，为进一步拓展我国包装产业的发展空间带来新的机遇。

"一带一路"国内覆盖的地区除上海、福建、广东、浙江之外，其他 14 个省区均为包装产业欠发达省区，而以亚洲为核心的沿线国家多为发展中国家，包装产业发展相对滞后，这种陆海内外联动、东西双向开放的全面开放新格局为我国包装产业配套延伸、产能转移和市场拓展提供了重大机遇。各地将立足区域发展总体战略，围绕推进"一带一路"建设、京津冀协同发展、长江经济带发展，根据自身产业基础和特色优势，因地制宜、因业布局、因时施策，不断调整和优化包装产业结构，拓宽产业发展领域，拓展产业发展空间，从而形成优势互补、错位发展、协调共享的包装产业发展格局。

（一）产业区域布局的调整

目前我国包装产业在区域布局上极不平衡，包装产业主要集中在东部沿海发达地区，占据了全国包装产业发展的前几位，而广大的中西部地区包装产业的发展相对滞后。因此，在三大国家区域发展战略指导下，区域间或城市间包装产业应实现分工与协调发展。具体来说，东部发达地区应进一步发挥包装产业在本区域集聚度高、发展步伐快、辐射带动作用强的先发优势，重点发展高端包装制造、包装整体解决方案提供、包装设计、包装创意文化等特色优势产业集群，建设具有示范性的国际化研发中心、总部基地和包装制造产业园区，发挥对包装、印刷产业发展的引领作用。而中西部欠发达地区则应做好承接东部发达地区产业转移的准备，利用自身自然资源、人力资源的优势以及产业转移的机会，引导包装企业根据区域资源环境承载能力，合理承接转移产能，优化市场配置，努力发展自身的包装产业[1]。三大国家区域发展战略的实施，将促进包装产业调整和优化区域布局，使我国包装产业在区域布局上更合理，推进区域之间协同发展，实现包装产业区域结构的优化。

（二）产业区域空间的拓展

正在实施的"一带一路"战略，给我国东、中、西部地区，特别是西部地区带来很好的发展机遇，也将促进包装产业实现区域空间的更大拓展。"一带一路"建设重点解决我国与周边国家，并通过周边国家实现更大范围的国际经济与产业辐射发展关系，扩大我国经济转型升级发展的国际市场纵深。一方面，我国西部一些地区，过去是边缘地区，而一旦同周边国家实现了互联互通，将突破市场、交通、技术、资金、人才等经济发展瓶颈，依托资源优势辐射东部，就会成为辐射中心，拓展发展空间，促进本地区的产业转型升级。另一方面，"一带一路"建设顺应我国经济结构转型和国际产业转移的需要，可以帮助沿线国家和地区进行道路、桥梁、港口、空港等基础设施建设，帮助沿线国家发展一些相关产业，提高沿线国家经济发展的水平和生产能力。

据国家发改委资料，仅 2015 年，我国对"一带一路"沿线 49 个国家的直接投资 148.2 亿美元，增长了 18.2%，国际产能合作和装备制造合作方面的步伐也进一步加快。通过"一带一路"的建设，促进了国际产能合作，从而带动资本输出、产能输出，从而为我国经济发展拓展了新的空间[2]。

---

① 《关于加快我国包装产业转型发展的指导意见》，2016 年 12 月 19 日，见 http://www.miit. gov.cn/n1146295/n1652858/n1652930/n3757019/c5426038/content.html；《中国包装联合会关于印发〈中国包装工业发展规划（2016—2020 年）〉的通知》，2016 年 12 月 20 日，见 http:www.cpta.org.cn/articleDetail.html?id=6821。

② 《2015 年中国对"一带一路"沿线国家直接投资额近 150 亿美元》，2016 年 5 月 19 日，见 http://news.xinhuanet.com/world/2016-05/19/c_128998784.htm。

在国内经济增长渐缓、国际经济增长乏力的大环境下，"一带一路"建设将为我国包装产业寻求国内发展新空间，抢占国际发展新市场带来了更多新机会，特别是在过剩产能转化、传统市场拓展、出口贸易增长、国际产能合作等方面形成难得机遇。因此，我国包装产业应该结合自身实际做好规划，做好准备，顺势而为，搭乘"一带一路"建设的快车，实施"走出去"战略，不断提高产业的整体发展水平和国际市场竞争力。

（三）产业发展领域的延伸

"中国制造2025"、"互联网+"、"战略性新兴产业发展"等行动计划的实施，将促进包装行业新型业态的生长与培育，为包装产业提供新的发展领域。利用现代信息网络技术，大力发展服务型制造业，推进我国包装产业的两化深度融合，可以引导包装企业重塑生产方式与制造模式，重构与用户、市场之间的关系，拓展产业领域，延伸服务链条。比如，通过对接上下游产业与终端需求，促进包装企业由传统包装制造商向包装整体解决方案提供商转型，由生产型制造向服务型制造转变；通过包装产业与生态农业、快速消费品业以及远程物流配送业等领域的跨界融合，促进现代物流包装产业的兴起；通过创新企业经营模式，构建网络营销平台和系统解决方案，促进包装电子商务的发展；通过积极推进产业集聚，以数字技术和先进理念推动包装创意与创新设计等特色产业集群，拉长产业链；通过实施增品种、提品质、创品牌的"三品"专项行动，将促进包装产业围绕供给侧结构性改革，主动适应智能制造模式和消费多样化需求，不断丰富产品品种、优化产品结构，增强为消费升级配套服务的能力；将引导包装企业从设计、选材、生产、检测、管理等各环节全面提升包装产品品质，着力打造具有较强市场竞争力的包装品牌[1]；等等。

---

[1] 《中国包装联合会关于印发〈中国包装工业发展规划（2016—2020年）〉的通知》，2016年12月20日，见 http://www.cpta.org.cn/articleDetail.html?id=6821。

四、包装产业的发展动能不断增强

(一)"新经济"蕴含的发展潜力

当今世界,新一轮科技革命和产业变革正在向经济社会各领域广泛深入渗透,呈现出多领域、跨学科、群体性突破的新态势。当前,我国经济发展进入新常态,不断涌现出了许多新的产业、新的业态,并蕴含巨大发展潜力。以技术创新为引领,以新技术新产业新业态新模式为核心,以知识、技术、信息等新生产要素为支撑的新经济,正在深刻改变我国经济社会发展格局,正在形成促进我国经济转型发展的新动能。

李克强总理指出,"新经济"的覆盖面和内涵十分广泛,涉及一、二、三产业,不仅是指三产中的"互联网+"、物联网、云计算、电子商务等新兴产业和业态,也包括工业制造当中的智能制造、大规模的定制化生产等①。

新经济是带动经济发展的重要引擎。一方面,新经济改变了整体经济的结构和素质,重塑整个经济生态系统。战略性新兴产业、新兴服务业、电子商务等新产业、新业态的加速发展,成为促进产业迈向中高端的重要引领;新经济通过"互联网+"、智能制造等新的技术路线实现了与传统经济的良性互动,加快了对传统产业的改造升级。另一方面,新经济使"人"的作用日益凸显,将转变我们认识和驾驭经济的思维方式。伴随着新经济的成长壮大,生产要素、产业链条、市场格局、组织管理模式都将发生革命性变化,助推经济驶入基础更牢、平台更高、运行更稳的发展轨道②。

当前,加快发展新经济,已经成为我国促进经济结构转型和实体经济升

---

① 《李克强答〈财经〉杂志记者问:"新经济"涉及一、二、三产业》,2016年3月16日,见 http://politics.caijing.com.cn/20160316/4089394.shtml.

② 《关于创新管理优化服务培育壮大经济发展新动能加快新旧动能接续转换的意见》,2017年1月20日,见 http://www.gov.cn/zhengce/content/2017-01/20/content_5161614.htm;郭斐然、黄文川:《发展新经济 培育新动能》,《天津日报》2016年8月23日。

级的重要途径和推进供给侧结构性改革的重要着力点。新产业、新业态等新经济的快速发展，将为我国包装产业的转型发展提升传统发展动能，培育新的发展动能。

（二）深化改革激发的发展活力

改革是发展的"最大红利"，改革深化将激发发展的新动能。习近平总书记强调，改革是推动发展的制胜法宝。通过全面深化改革来清除转方式、调结构的体制机制障碍，这是经济新常态的内在要求。全面深化改革将再造微观基础，优化宏观环境，激发市场活力，增强发展后劲[①]。党的十八大以来，面对经济新常态下的一系列突出矛盾和新的挑战，党中央着力推进全面深化改革，增强市场主体的活力和经济发展的内在动力。

为推进全面深化改革，根据十八届三中全会的决定，中央成立了全面深化改革小组，重点研究确定经济体制、政治体制、文化体制、社会体制、生态文明体制和党的建设制度等方面改革的重大原则、方针政策、总体方案；统一部署全国性重大改革等。中央全面深化改革小组自 2013 年底成立以来，我国相继推出了一系列重大改革措施，仅 2016 年就审议了 146 个重大改革文件，出台改革方案 419 个。在经济体制改革方面，国企改革、财税体制改革、金融体制改革正在不断深化，特别是大力推进商事制度改革，国务院相继取消和下放了许多行政审批事项，取消和划转了所有非行政审批项目，放宽了投资准入领域，扩大了市场主体自主生产和经营的空间，激发了市场活力。改革所带来的红利，正在逐渐地显现[②]。全面深化改革和不断推进的各项改革，为我国包装产业的转型发展再造微观基础，优化宏观环境，提供了很好的制度环境和市场环境。目前，全面深化改革正在增强全社会的发展动力，也进一步激发了我国包装产业转型发展的活力。

---

① 　人民日报评论员：《变中求进　积聚发展新动能》，《人民日报》2015 年 7 月 24 日。
② 　人民日报评论员：《变中求进　积聚发展新动能》，《人民日报》2015 年 7 月 24 日。

（三）创新驱动增添的发展动力

创新对拉动发展具有乘数效应，创新驱动将创造发展的新动能。随着创新驱动发展战略的深入实施，大众创业、万众创新蓬勃兴起，由此将提高全社会的创业创新热情，有效激发社会的创造活力，形成以创新为主要引领和支撑的经济体系、发展模式，实现从"汗水型经济"走向"智慧型经济"[1]，为我国经济转型发展提供了源源不断的内生动力。

目前，大众创业、万众创新的氛围正在全国形成，并逐步显现出良好的发展势头。据全球创业报告，目前中国的创业指数为79%，远高于全球51%和亚洲64%的平均水平[2]。"双创"活动将实现创业与创新的联动，促进各种孵化器、创新基地、创新平台的迅速发展，通过技术创新、产品创新、模式创新、服务创新改造传统经济要素，促进技术创新成果转化为现实生产力，促进生产要素的优化组合和全要素生产率的提升。在我国包装领域，随着"双创"活动的深入开展，将充分激发广大人民群众和千万科技人员开展创新的智力活力，围绕绿色包装、安全包装、智能包装等方面的关键技术开展创新活动，加快对包装新材料、智能包装装备、高端包装制品等的研发与应用，通过创新创造活动推动包装产业提质增效升级，为我国包装产业的转型发展提供坚强支撑。

总之，国家战略布局和战略举措的实施，为我国的包装工业在两化深度融合、创新驱动发展、绿色体系构建、制造强国建设和军民融合深度发展中形成转型升级的强劲动力。我国包装产业必须顺应经济社会发展的大趋势，加快产业转型升级，提升产业创新水平和发展品质，把握机遇，做大做强，加快实现由"包装大国"向"包装强国"转变的战略目标。

---

① 人民日报评论员：《变中求进　积聚发展新动能》，《人民日报》2015 年 7 月 24 日。
② 辜胜阻、何峥：《推进"双创"可持续健康发展》，《求是》2016 年第 12 期。

第三章　五大发展理念与包装产业发展的新要求

改革开放 40 年来，我国经济、社会、科技、文化等各方面都取得了举世瞩目的成就，GDP 总量跃居于仅次于美国的世界第二，人民群众生活水平得到全面改善，国际地位得到显著提升。但是，我国仍然面临着不少困难和诸多挑战，尤其是全面建成小康社会的伟大进程中，还面临着一系列的突出问题，譬如创新能力还不够强、发展方式过于粗放、城乡区域间发展不平衡、资源环境问题日益凸显、贫富差距较大、消除贫困任务艰巨等。

"发展理念是发展行动的先导，是管全局、管根本、管方向、管长远的东西，是发展思路、发展方向、发展着力点的集中体现。"① 正是立足于这样的战略高度，以习近平同志为核心的党中央在 2015 年 10 月党的十八届五中全会上通过了《中共中央关于制定国民经济和社会发展第十三个五年规划的建议》，就"十三五"时期我国发展遇到的一系列重大问题提出了若干建议。该建议首次提出：实现"十三五"时期发展目标，破解发展难题，厚植发展优势，必须牢固树立创新、协调、绿色、开放、共享的发展理念②。

党的十八大以来，以五大发展理念为引领，我党高瞻远瞩、运筹帷幄，

---

① 《关于〈中共中央关于制定国民经济和社会发展第十三个五年规划的建议〉的说明》，《人民日报》2015 年 11 月 3 日。

② 《关于〈中共中央关于制定国民经济和社会发展第十三个五年规划的建议〉的说明》，《人民日报》2015 年 11 月 3 日。

在继承与创新中不断作出适应时代需要和长远需求的战略选择，团结和带领全国各族人民在改革开放、社会主义现代化、小康社会建设和中华民族伟大复兴的道路上顺势而为、行稳致远。

第一节　五大发展理念的系统理解

五大发展理念是我国改革开放以来发展经验的集中体现，是我党在新的时代背景下对我国发展方式、发展思路和发展着力点的新认识和新选择，也是全面建设小康社会重要目标的行动指南和实现"两个一百年"奋斗目标的思想指引[①]。

一、科学发展的关键在于"创新"

将创新摆在"五大发展理念"的首要位置，说明我党更加准确把握了经济社会发展的本质规律，更加深刻认识了当今世界的发展潮流给中国特色社会主义建设带来的深刻变革，也更加清晰明了了实现全面建成小康社会、实现中华民族伟大复兴的方向和要求。

（一）创新发展是我国发展全局的核心

当今世界发展，最大的矛盾仍然是供需矛盾。解决这一矛盾的关键就在于创新。把创新发展摆在我国发展全局的核心位置和国民经济与社会发展"十三五"规划的首要位置，这在社会主义发展史上还是首次。

创新是民族复兴的灵魂。一个民族要想屹立于世界民族之林，一个国家

---

① 任理轩：《关系我国发展全局的一场深刻变革——深入学习贯彻习近平同志关于"五大发展理念"的重要论述》，《人民日报》2015 年 11 月 4 日。

要想跻身于世界强国之列，只有将创新放在发展全局的核心位置，将创新发展上升为国家意志和国家战略，才能聚焦关键、带动整体，从后发到先发，赶超世界创新发展的步伐，引领世界创新发展潮流。

创新是国家富强的根本。现代国家综合国力的竞争，从根本上来说就是创新能力的竞争。在人类发展的历史上，有些国家乘着蒸汽机革命、电气革命和信息技术革命的东风，成了世界强国；然而新中国成立前因为错失了一次又一次产业革命的良机，落后挨打。我们必须吸取古今中外的历史经验教训，将创新放在发展全局的核心位置，实施以创新驱动的发展战略，持续稳定的增强我国的综合实力。

（二）创新发展是引领发展的第一动力

由于创新发展已经在全世界范围内表现为引领发展的第一动力，我党关于"十三五"发展规划的建议稿才把创新发展放在发展全局的核心位置。"核心位置"和"第一动力"相辅相成、相得益彰。习近平同志提出的"把创新摆在国家发展全局的核心位置"、"把创新作为引领发展的第一动力"等重大论断，是"科学技术是第一生产力"的创造性发展，是马克思主义关于创新的最新理论成果，更加丰富和发展了中国特色社会主义理论[1]。

创新发展作为"第一动力"，决定着发展的思路、方向和面貌。理论创新、制度创新、文化创新、科技创新深刻影响着国家发展的全局。理论创新是"脑动力"创新，是思想和方法论的灵魂；制度创新是治理国家的创新，是"原动力"创新，能够提高各创新主体的积极性；文化创新是"软实力"创新，能够培育民族凝聚力；科技创新是"主动力"创新，是全面创新的重中之重。

创新发展作为"第一动力"，决定发展的规模、速度、结构和质量。我国人口多、资源少，走传统的发展道路已经行不通。目前我国经济发展进

---

① 　任理轩：《坚持创新发展——"五大发展理念"解读之一》，《人民日报》2015 年 12 月 18 日。

入新常态,面临着下行的压力,究其原因还是创新能力不够。我们要跨越"中等收入陷阱",实现传统产业改造升级、培育发展新兴产业,实现"两个一百年"奋斗目标,必须走创新发展之路,尤其是科技创新发展。

创新发展作为"第一动力",决定着我国能否成为超级大国。其中,科技创新是各项创新中的关键所在,是各国综合国力竞争的主战场。习近平同志特别指出:"谁牵住了科技创新这个牛鼻子,谁走好了科技创新这步先手棋,谁就能占领先机、赢得优势"①。只有依靠创新才能培育经济发展新动力,构建经济发展新优势,拓展经济发展新空间。

二、均衡发展的手段在于"协调"

协调发展理念是在正确认识我国发展存在的不平衡现状、认真总结古今中外发展经验、创造性运用马克思主义协调发展理论等基础上提出来的。我们要协调解决好发展过程中方方面面的重大关系,因为这是协调发展理念的主要目的,同样也是促进我国经济社会发展稳步前进的关键所在。

(一)协调发展是跨越"中等收入陷阱"的有效之举

"中等收入陷阱"是指一个经济体人均收入达到世界中等水平后,由于不能顺利实现发展战略和发展方式转变,导致新的增长动力不足,经济长期停滞不前;同时,快速发展中积聚的问题集中爆发,造成贫富分化加剧、产业升级艰难、城市化进程受阻、社会矛盾凸显等②。

第二次世界大战结束后不久,许多国家和地区都先后达到世界中等收入水平,但只有少部分跨越了"中等收入陷阱",大部分陷入了"中等收入陷

---

① 《谁走好了科技创新这步先手棋 谁就能占领先机赢得优势》,人民网,2014 年 5 月 25 日,见 http://scitech.people.com.cn/n/2014/0525/c1057-25061235.html。

② 高杰、何平、张锐:《"中等收入陷阱"诸观点述评》,《北京日报》2012 年 5 月 26 日。

阱"，经济发展停滞不前。2014 年 11 月 10 日，习近平同志出席亚太经合组织领导人同工商咨询理事会代表对话会时提出：对中国而言，"中等收入陷阱"过是肯定要过去，关键是什么时候迈过去、迈过去以后如何更好向前发展[①]。

只有树立协调发展理念，补短板、强整体，统筹兼顾各方面、各区域统一均衡发展，才是迈过"中等收入陷阱"行之有效的方法，才能真正全面实现中华民族复兴的伟大梦想。

(二) 协调发展是全面建成小康社会的决胜之举

2013 年 7 月 21 日至 23 日，习近平总书记在湖北考察工作时指出："我们既要有工业化、信息化、城镇化，也要有农业现代化和新农村建设，两个方面要同步发展"[②]。全面建成小康社会就是要全社会达到小康生活水平，既要城镇化，也要农业现代化；既要青山绿水，也要经济发展；既要东部率先、西部开发，也要中部崛起、东北振兴；既要物质文明，也要精神文明[③]。

全面建成并实现小康社会，是不可能自然而然建成的，我们必须正确树立协调发展理念，通过协调发展、统筹兼顾，把薄弱的短板补齐，才能解决我国发展中存在的不协调、不均衡的问题。

(三) 协调发展是促进发展关系平衡的关键之举

协调发展要求区域协同、城乡一体发展。由于自然条件、发展基础、资源禀赋的不同，我国东中西、南北方发展不平衡，特别是长期存在的城乡差

---

①　钱彤：《习近平出席亚太经合组织领导人同工商咨询理事会代表对话会》，《人民日报》2014 年 11 月 11 日。

②　张晓山：《习近平"城乡一体化"思想探讨》，2015 年 10 月 21 日，见 http://theory.people.com.cn/n/2015/1021/c40531-27723378.html。

③　任理轩：《坚持协调发展——"五大发展理念"解读之二》，《人民日报》2015 年 12 月 21 日。

距，严重制约国家发展的空间和后劲。因此，需要健全城乡一体化机制、建设社会主义新农村，实施东部率先、西部开发、中部崛起、东北振兴和"一带一路"、京津冀协同、长江经济带战略，构建区域协同、城乡一体发展新格局。

协调发展要求经济建设和社会建设同步发展。改革开放40年来，我国经济取得了巨大发展成就，人民物质生活水平得到了稳步持续提高，但不容忽视的是，教育、就业、环境、医疗、社会保障等方面的问题也不断凸显，因此，在经济发展中投入更多资源加强社会建设，着力解决好关系人民群众最直接的现实问题，是深入落实协调发展理念的重中之重。

协调发展要求物质文明和精神文明并重。一手抓物质文明、一手抓精神文明，"两手抓，两手都要硬"是我党建设中国特色社会主义的战略方针。面对日益复杂的国际环境和当前存在的精神文明抓得比较软的现实问题，以习近平同志为核心的党中央就"两个文明"协调发展提出了明确要求、作出了专门部署，对推进中国特色社会主义事业，实现中华民族伟大复兴的中国梦形成了强大的思想引领。

三、持续发展的方向在于"绿色"

绿色发展理念不仅是"十三五"期间的发展理念，更是我国经济社会发展必须长期坚持的基本理念，体现了对实现中华民族伟大复兴和永续发展的深远谋划。

实践证明，长期的经济高速增长在带来经济繁荣的同时也形成了大量矛盾和问题，其中，能源不堪重负、资源消耗逼近极限、雾霾愈演愈烈、土壤重金属超标、水体污染严重等环境问题已经成为我国经济社会持续发展的最大瓶颈，也成为我们当前面临的重要民生问题。十八大以来，党中央立足生态环境保护，回应人民内心期待，旗帜鲜明地提出了"绿色发展"理念，正确处理好经济增长与环境保护的关系。

　　事实上，经济社会发展和生态环境保护是一种"相伴相生"的关系①。经济社会发展带来环境问题，同时也为改善环境提供资金和技术条件的支持。2020 年全面建成小康社会的发展目标已经确定，至 20 世纪中叶人均GDP 预期将达到中等发达国家水平，现代化基本实现。基于这个目标，我们能够预见，未来相当长的一段时间内，随着工业化进程加深和经济发展速度加快，环境压力将会越来越大，保护环境的责任将会越来越重。既要有保护好我们赖以生存环境的压力，同时又要不断促进经济平稳较快增长，那么出路在哪里呢？党的十八大从我国特色社会主义事业建设的实际出发，强调全方位将绿色发展理念融入政治、经济、文化和社会建设的全过程中，建设资源节约型、环境友好型社会，留下绿水青山，造福子孙万代。这种"既要金山银山，又要绿水青山"的绿色发展理念，揭示了经济社会发展的客观规律，为马克思主义生态文明理论注入新的时代内涵，是我们党在新时期对发展问题的新认识，也是抓住关键矛盾、解决突出问题，确保经济社会可持续发展的新思维。

　　绿色发展是人类经济社会发展的历史共识，也是人类社会可持续发展的根本保障。根据不同时期发展的全球可持续发展报告，随着人类创新创造能力的不断提升，世界环境容量与资源保障能力也在不断增长。最新数据表明，地球的社会发展极限容量约为 100 亿人规模，已不容在生态环境开发与利用方面有着任何的失误。毕竟，地球资源是有限的、稀缺的，如果只追求当前的片面发展不顾子孙后代的资源利用，其结果就是必将自己和子孙后代推入了万劫不复的境地。因此，以史为鉴，坚持绿色发展，构建生态文明，是经济社会发展，尤其是产业发展的必由之路。

　　保护生态环境，实现绿色发展，一方面，需要通过政府履职来弥补"市场失灵"，从环境保护就是生产力保护的高度，确立推进绿色发展的基本国策，明确各级政府在国策执行中的主体责任，制定地方政府、行业

---

① 　谭伟：《环保与发展相生而非相克》，《光明日报》2010 年 3 月 26 日。

企业和其他相关主体在实施绿色发展战略上的科学评价体系和综合考核办法，形成绿色发展的国家意志和倒逼机制。另一方面，需要鼓励公众积极参与绿色发展实践，树立全民绿色发展意识，推进全民绿色发展行动，引导广大民众充分认识绿色发展与自身福祉之间的密切关系，将践行绿色理念和维护生态环境落实到生产生活中，形成全社会广泛参与绿色发展的整体氛围与行动自觉。

四、合作发展的出路在于"开放"

习近平总书记指出："各国经济，相通则共进，相闭则各退"①。古今中外历史发展的实践也充分证明：闭关锁国落后、改革开放进步。因此，顺应和平、发展、合作、共赢世界潮流，有效应对经济全球化进程的各种挑战，努力寻求与世界各国的深度融合互利合作，构建更广泛的利益联盟，是新的历史条件下我国对外开放的必然选择。

（一）构建全方位开放格局

一是主动开放。发展的内在要求是开放，开放是发展的必由之路。在统筹兼顾国际国内的基础上，以促进共同发展为基本准则，不断健全相应体制机制；做到"引进来、走出去"双管齐下，提高引资质量、吸收先进技术、管理经验以及人才，支持对外扩大投资，推动技术、装备、服务走出国门。

二是公平开放。习近平总书记强调："中国市场环境是公平的。所有在中国内地注册的企业，都是中国经济的重要组成部分"②。公平开放是指全面依法治国，构建内外资公平竞争的社会环境，改变以往土地、税收优惠的招

---

① 任理轩：《坚持开放发展——"五大发展理念"解读之四》，《人民日报》2015 年 12 月 23 日。
② 《中国市场环境是公平的》，2013 年 4 月 8 日，见 http://politics.people.com.cn/n/2013/0408/c1024-21055946.html。

商引资，构建公平、透明、可预期市场环境，促进各类市场主体依法参与公平竞争，同等受到法律保护。

三是全面开放。习近平总书记提出："中国将继续全面对外开放，推进同世界各国的互利合作，推动建设丝绸之路经济带和 21 世纪海上丝绸之路，实现各国在发展机遇上的共创共享①"。在开放举措上坚持自主开放与双边开放，在开放内容上放开制造业与扩大服务业，在开放空间上沿海内陆分工协作、互动发展。构建开放型世界经济，全方位、多层次，实现与世界各国通力合作、互利共赢。

（二）推动全球性合作发展

实施对外开放新战略。"一带一路"建设是开放发展、区域合作的重大倡议，横跨欧亚，覆盖 60 多个国家，以共商、共建、共享为原则，秉持开放包容、互学互鉴、互利共赢的理念，以经贸合作为重点、以经济走廊建设为支撑，以基础设施建设与互联互通为优先领域，共建多元共赢的开放性金融合作平台。

培育国际竞争新优势。加快从贸易大国向贸易强国的转变，以技术、品牌、质量、服务作为参与国际竞争的依靠；积极探索上海金融中心、自由贸易区的建设，提升金融国际竞争力；坚持内外统筹、破立结合，营造竞争有序、透明高效、公平正义的市场环境、政务环境、法治环境。

打造对外开放新高地。坚持统筹协调、分工合作、优势互补，构建我国开放发展的新格局。沿海地区全面参与国际分工，升级国际竞争力；内陆沿边地区加快开放步伐，推进跨境基础设施互联互通，积极探索开放型经济新模式，打造对外开放新高地；港澳地区不断深化与发达经济体的双边合作，形成协同发展的新局面。

---

① 《中国人民愿同各国人民和睦相处和谐发展》，2014 年 5 月 15 日，见 http://www.chi-nanews.com/gn/2014/05-15/6175973.shtml。

五、良性发展的要旨在于"共享"

共享发展理念，突出人民利益，是关系执政党性质和命运的理念，是一种中国当代大众化的马克思主义发展观。

发展的理念，并不是凭空就能产生，它源于人们对发展实践的经验总结和不断的自我超越。人人共建、人人共享，是经济社会发展的理想状态。国家发展过程是全体人民共享成果的过程，国家建设是全体人民共同的事业。执政目的是为了使最广大人民的根本利益得到更好的实现、维护和发展，而不仅仅是为了一部分人或少数人的利益[①]。共享发展的核心要义是：中国执政者将集中力量提高人民生活水平，逐步实现共同富裕作为首要使命。

促进共享发展的精髓和核心理念在于在社会公平正义的前提下，将促进扶贫、脱贫、缩小收入差距作为重点，将推进区域、城乡基本公共服务均等化为保障，将推进共同富裕作为目标。

共享与公平正义是互为依托、相辅相成的。在促进共享发展时，必须紧紧抓住"创造更加公平正义的社会环境"这个关键。在新的形势下，一是要加紧制度建设，让社会公平正义得到强有力的保障，让人民平等发展的相关权利得到充分保证；二是要采取举措完善分配制度，缩小收入差距，形成符合共享发展方向、体现公平正义要求的收入分配格局；三是要加强制度创新、舆论引导，营造良好的共建共享环境，让亿万人民成为中国特色社会主义事业的建设者和成果享有者。

共享发展关乎发展的成败、关乎人民的福祉、关乎国家的长治久安[②]。我国目前还处在社会主义建设的初级阶段，与发达国家相比，我们在生态水平、科技教育水平、人均 GDP 水平等方面仍存在着较大的差距。要实现共同富裕的目标，必须依靠广大人民群众，让"天下兴亡，匹夫有责"的理念

---

① 邵景均：《牢固树立以人为本、执政为民理念》，2011 年 9 月 26 日，见 http://theory.peo-ple.com.cn/GB/40537/15757849.html。

② 任理轩：《坚持共享发展——"五大发展理念"解读之五》，《人民日报》2015 年 12 月 24 日。

深入每一位国民的心中，引导他们发扬艰苦奋斗的精神，敢想敢为，脚踏实地，努力为社会进步、国家发展、民族振兴作出自己应有的贡献，努力让全体人民都能更多地更公平地享受到发展的成果，让社会发展向着共同富裕的方向稳步前进。

第二节　五大发展理念的基本要求

"五大发展理念"立足全球视野和长远需求，深刻揭示了我国全面建成小康社会的动力源泉、内在要求、必由之路、出发点和落脚点，是新常态下指导我国经济社会各行各业发展的强大思想武器。

一、理解五大发展理念必须明确问题导向

一是创新发展要着眼内涵发展、驱动转换。在经济新常态下，我国正处于"三期叠加"的现实中，即经济增长的转变期、结构调整的阵痛期、前期刺激政策的消化期。目前我们面前最紧迫的问题，就是新旧发展动力怎样成功转化。我国很多核心、关键技术跟世界一流科技强国相对比，目前还存在对外依赖性强、总体科技水平有待提高、自主创新能力有待增强、科技成果转化率有待提高等问题，因此，必须坚持以创新为动力，从要素驱动到创新驱动，从规模扩张到质量效益提升，通过创新的引导和支持，加快形成新的生产方式、发展模式和经济形式。

二是协调发展要注重补齐短板、健康发展。自20世纪70年代末开始，由于实行了对内改革、对外开放的政策，我国经济水平得到了稳步提升，与此同时也凸显出一些问题，譬如区域经济发展的不平衡、不协调等。不同区域在人均 GDP、人均财富占有等经济指标上有较大差别。不同区域的社会文明程度、公民文明素质和公共服务供给都存在较大差异，经济社会发展不

协调。平衡发展是促进中国经济社会事业全面进步的关键，这就要求我们必须从薄弱环节入手，补齐短板，促进经济社会协调发展。

三是绿色发展要着眼于长期、可持续、和谐的发展。全面建成小康社会，不仅是要解决温饱问题，更要解决在发展过程中面临的日益严峻的环境生态问题。正如习近平总书记在论述环境保护时指出的："我们既要绿水青山，也要金山银山；宁要绿水青山，不要金山银山；而且绿水青山就是金山银山"①。环境生态问题，不仅影响经济社会发展，也成为人民群众对美好生活追求的"拦路虎"，因此，解决好我国目前面临的河流污染、土壤污染、湖泊萎缩、频繁雾霾、资源枯竭、城市拥挤等环境生态问题，必须大力构建一种人与自然和谐共生的新型关系。

四是开放发展要注重内外联动、融合发展。自改革开放以来，我国与国际社会日益接轨，形成了"你中有我、我中有你"的局面。利用外资、开放搞活，大力促进了我国经济社会的蓬勃发展，但在日趋激烈的国际竞争环境中，如何提升国内发展和对外开放的整体水平，怎样实现对外贸易结构的转型升级，构建什么样的新型对外开放格局，是改革进入深水区后我们不得不直视的关键问题。开放发展，既能拓宽视野学习先进经验，又能推进国内改革，加大开放发展力度，形成更高层次上的进步动力，是实现我国更好更快发展，实现民族复兴的必然选择。

五是共享发展要注重公平正义、共享发展成果。随着社会主义建设事业的发展，党和政府高度重视民生，全力推进医疗、养老、教育、扶贫和其他事业发展，中国人民的总体生活水平离全面建成小康社会的目标越来越近。但不容忽视的是，现在我们仍处在低水平发展阶段，农村贫困人口和低收入群体仍占有相当大的比例，应当要通过共享发展来确保人民群众的切身利益，比如社会保障、收入分配、教育均衡、就业机会、环境保护、公共服务

---

① 王永昌：《绿水青山何以就是金山银山——深入学习习近平同志大力推进生态文明建设的重要论述》，《光明日报》2016年11月12日。

等方面。共享发展就是要解决人民群众最关心的利益，最直接、最现实的问题，提供更好、更平等的公共服务，维护人民平等发展权利，充分调动人民群众的积极性、主动性和创造性。

二、落实五大发展理念必须落实以人为本

人民是推动发展的根本力量，我们的目标是推动人的全面发展和为人民谋福利。党的十八届五中全会提出的"创新、协调、绿色、开放、共享"的发展理念，要求维护社会公平与正义，按照全民享有、全民参与、全民尽力的要求，让"五大发展理念"转化成人民能真切感受得到的发展成果。

坚持创新发展，要坚定树立人才引领创新的理念。只有人才是创新发展的主体，只有尊重人才，才能释放人才红利，才能让创新发展成为全社会的新风尚。"大众创业、万众创新"是培养创新发展的人才之源，是以创新推动发展的重要途径。因此，在发展过程中，要通过创新实践、创新活动、创新事业发现、培养和凝聚人才，尤其是要建设好一支素质高、规模大、能力强、结构优的高水准创新型人才队伍，引领各行各业的创新发展，通过实施人才战略形成"人才红利"。

坚持协调发展，要注重增强发展的整体性、人民性和协调性。全面小康是城镇居民与农村居民达到同等的富裕水平，是让各民族、各地域、各阶层、各群体都享受到发展成果的小康。实现中华民族的伟大复兴是全体人民的奋斗目标，但目前，我国仍有七千多万的农村贫困人口，区域发展、城乡发展之间依然存在较大差距，两亿多的外来务工人员在享有社会保障上的政策与机制还不健全等问题，这些都需要依靠协调发展来补齐短板。灵活运用"四两拨千斤"的发展手段，促进城乡、区域平衡发展，实现全民共同富裕，既是协调发展的重点，也是协调发展的目标。

坚持绿色发展，保护生态环境，要坚定走生态良好、生产发展、生活富裕的文明发展道路。目的就是惠及每一个人，让每一个人都能公平的享有。

当前民众对空气、用水、食品、环境的要求越来越高，民生问题成为绿色发展理念重点关注的对象，将人民群众对高质量生活环境的追求摆在重要位置，坚持以绿色发展的方式发展国家经济、惠民利民，为他们创造更多的改革发展成果，倡导绿色健康的发展、生活方式，共建国富民强、环境友好的家园。

坚持开放发展，要通过建立更高层次的开放型经济体系和更加紧密的利益共同体，让人民共享更多开放型发展成果。开放发展的关键是立足国内国际间的双向交流，有效优化资源配置、积极参与全球经济治理和公共产品供给、促使国际国内要素合理流动，充分吸收国际优质发展资源，为全国人民谋求更多福利。此外，开放发展要求我们要有历史观、全球观，坚持中国的国际化发展道路，加强与世界各国的紧密合作，加快与国际经济的深度接轨，推动全球治理体系的建设与优化，更好地维护平等公正的国际政治经济秩序，实现互利共赢、互促共进。

坚持共享发展，人民的主体地位要始终摆在第一位。"十二五"以来，在经济增长速度放缓的形势下，党中央以稳定就业为基础，以扶贫攻坚为重点，不断完善民生保障制度和健全公共服务体系，大大提高了人民的幸福指数。在现阶段，随着人民生活水平的不断提高和民众期待的不断提升，共享发展需要将人民普遍关注的公共服务、劳动就业、居民收入、社会保障、教育均衡等民生问题摆在优先发展的位置，通过制度完善、体制保障、改革深化等途径，不断增加民众的幸福感和获得感，更好推动人的全面发展、社会全面进步。

三、践行五大发展理念必须坚持有机统一

五大发展理念作为国家变革发展的新思想，是我国改革开放以来发展经验的集中体现，是我党在新的时代背景下对我国发展方式、发展思路和发展着力点的新认识和新选择。

"创新、协调、绿色、开放、共享"的五大发展理念是一个相互之间紧密联系、不可分割的有机整体。如果我们把中国的发展比喻为在大海里航行的一艘大船,那么创新就是提供动力的船桨,协调就是把握方向的船舵,绿色就是承载未来的船体,开放就是助力前行的风帆,共享就是确保归宿的船锚。这五大发展理念缺一不可、紧密联系、不可分割,才能确保实现"两个一百年"的奋斗目标,实现中华民族伟大复兴的中国梦。[①]

创新发展是强国之梦的永恒动力。在国际竞争日益激烈的形势下,为促进国家发展和提升我国在国际舞台的地位,必须坚定、旗帜鲜明地把创新发展摆在发展全局的首要位置,通过创新来引领发展。创新发展要在新空间、新动力、新体制等方面不断加大力度,不仅要改变原有的"三驾马车"的经济发展方式,还要拓展经济发展新的驱动形式,比如加快互联网络经济的发展,提高经济发展内生动力。创新发展要着力构建新的发展体制,通过体制的创新培育创新氛围、培养创新人才和孵化创新组织,要在创新实践中不断总结经验,凝练创新理论,弘扬创新精神,最终让创新成为一种常态,在社会上蔚然成风。

协调发展是发展的基本要求。舵对于船来说,是确保方向和平衡的,协调发展对于中国来说,也是如此。经济社会发展是一个系统工程,只有通过顶层设计和总体布局,调动各方面的积极性,加强各地区、各部门和各领域之间的合作关系,才能实现经济社会的协调、均衡发展。要通过协调发展推动区域协调、城乡一体;通过协调发展均衡物质文明、精神文明;通过协调发展融合经济建设、国防建设;通过协调发展来补齐短板,在薄弱环节中持续发力。

绿色发展是持续发展的根本保障。国际社会历史经验表明,任何强大的经济体,首先必须是绿色。绿色发展不仅是持续发展的根本保障,也是人民

---

① 王永磊:《"十三五"规划中五大发展理念的三大鲜明特质》,2016 年 1 月 7 日,见 http://theory.rmlt.com.cn/2016/0107/414078_3.shtml。

群众对美好生活的向往。人们期盼天更蓝、水更绿、空气更清新，人与自然更加和谐地共处。既要"金山银山"也要"绿水青山"才是绿色发展，只要"金山银山"不要"绿水青山"将是万劫不复的深渊。要通过绿色发展来构建工业发展格局、农业发展格局、生态安全格局。绿色发展不仅局限于生态环境保护，更是经济发展方式的绿色化。

开放发展是国家强盛的必然选择。在经济全球化加速发展进程中，中国的发展要依靠"开放之帆"来助力。只有通过开放发展，我们才能主动融入国际社会，在纷繁复杂的国际竞争中找到差距，并从中寻找重要战略机遇。开放发展要有序扩大国内的市场准入，实施"引进来"战略，吸引更多高质量的外国资本和技术，促进国内产业的转型升级；同时，要更大力度实施"走出去"战略，推进"一带一路"战略，实现更高层次的开放发展，在国际社会中形成"你中有我、我中有你"的格局，提高我国在全球经济治理的话语权，建立更为广泛的利益共同体。

共享发展是社会主义事业发展的根本目标。共享发展就是确保发展成果归宿的船锚。我们要秉持共享发展的理念，让中国改革开放的发展成果惠及最广大的人民群众；秉持共享发展的理念，大力发展医疗卫生、社会保障等公共服务事业；秉持共享发展的理念，继续向贫困宣战，打好扶贫攻坚战，绝不让贫困代代相传。共享发展就是要形成人人参与、人人尽力、人人享有的局面，突出重点，完善制度，引导预期，确保公平正义，确保全面建成小康社会，坚定不移地在社会主义大道上发展我国经济社会的各项事业。

第三节　包装产业发展的理念调适

《指导意见》明确了包装产业的服务型制造业属性，也明确了包装产业转型发展的技术路线。在经济新常态背景下，面对《中国制造2025》确定的制造业发展目标和阶段性推进计划，作为沿袭传统生产方式和发展模式的包装产业，如何全面适应和践行五大发展理念，如何在理念调适中突破发展瓶颈，是摆在包装业界面前的重大课题。

一、在自主创新中提升技术层级

我国包装产业在改革开放后随着经济的腾飞取得了不俗成绩，但从主要产品、关键技术、重大装备上来说，主要依靠的还是模仿和复制，依赖的主要还是国内进口，产业的主要利润来源于低廉的劳动力以及低廉的成本投入。随着发达国家的制造业回归和再工业化、周边国家和其他发展中国家的迅速崛起，以及国内劳动力、土地、能源等生产要素成本的不断攀升，我国包装产业的传统优势已不复存在，产业的利润率越来越低，生存危机越来越凸显[①]。很显然，如果继续维持原有的发展模式，更多的企业将会出现生存困难。因此，包装产业的转型升级必须坚持创新驱动，必须在创新中找出路、提品质、增效益、铸品牌。

一是依靠创新提升发展内涵。包装产业是一个涵盖多方面的综合性产业，其中小到生活、市场，大到文化、经济、科技，可以说是支撑经济持续发展的关键力量。就包装产业服务型制造业的属性而言，包装产业必须以自身的内涵发展来应对其他产业的内涵发展。当前，各产业都在抓住新常态转型升级的时机，积极探索技术进步途径和内涵发展道路，努力打造更高级别的产业版本，包装产业必须紧跟关联产业技术变迁的步伐，把创新作为产业发展的第一动力，塑造出更为先进的产业形态，以积极响应其他产业技术与产品的更新换代，同时为服务新的产业领域做好充分准备。就产业的生态影响而言，包装产业必须通过新技术、新工艺、新设计、新材料、新产品、新模式的不断涌现，转型升级成为资源节约型和环境友好型产业。

二是依靠创新形成竞争优势。科技创新是一切产业发展的不竭动力，它

---

① 《中国包装工业发展规划（2016—2020 年)》。

不仅能推动包装企业产品升级、技术进步，也是增强包装企业核心竞争力的根本保障。包装产业的内涵发展，归根结底，必须依托包装企业的强筋健骨，而包装企业强筋健骨的关键在于创新，尤其是科技创新。包装企业的科技创新，一方面，要注重不断向生产经营的广度和深度拓展，形成企业的核心技术品牌和有特色的产品与服务体系，提高市场竞争力和抗风险的能力；另一方面，要注重优化产品结构和产品质量，通过技术应用促进产品不断更新换代，增加产业附加价值，提高产品的市场占有率，同时依靠技术进步和管理的日益科学化更有效地降低企业经营成本，从而提高企业的盈利水平和经营效益。

三是依靠创新培植产业龙头。包装产业自主创新的重点是要加强创新机制、创新平台、创新团队和创新体系建设，充分发挥好企业的创新主体作用，围绕绿色包装、安全包装、智能包装和军民通用包装领域的瓶颈问题，制定系统性技术解决方案，开展基础性前沿性创新研究，促进重大科技成果的孵化、应用与推广，培育和扶持一批拥有自主知识产权和知名品牌、国际竞争力较强的大公司和企业集团，引导包装企业实施品牌战略，增强技术品牌、产品品牌、企业品牌的引领能力和竞争优势，培育以技术、标准、品牌、质量、服务为核心的经济新优势。

二、在协调发展中构建产业生态

构建良好的包装产业生态，关键在于处理好包装产业与其他制造业的关系、包装产业与生态环境的关系、包装产业地区分布之间的关系、产业内部上下游产业的关系、包装企业与科研机构之间的关系以及包装企业内部规模、质量与效益之间的关系。处理好这些关系，主要手段在于"协调"，其重点是构建包装产业与制造业、包装上下游产业、军用包装与民用包装、包装企业与科研院所以及包装各子行业之间的协调发展机制，通过补短板、强整体、破制约，增强发展的平衡性、包容性和可持续性，促进各区域、各领域、各环节协同配合、均衡发展。

一是坚持市场导向的协调发展。要坚定不移且持续不断地推进包装产业供给侧结构性改革，以市场需求为指挥棒，依据市场消费规模调整好包装产业的发展规模，按照市场的消费结构来调整包装的产品结构与高中低端产品搭配比例，根据市场的业态变化来创新包装产业的经营服务方式，遵循市场资源配置规律来调整包装产业的发展要素，提高包装产品品质、培育市场共享的产品品牌，增强对市场的有效供给。

二是坚持全球视野的协调发展。要主动融入全国经济发展的全球布局，始终瞄准世界包装强国的高端技术、先进工艺与检测手段、技术标准、市场门槛，协调好包装产业内部的各种关系，明确发展的重点领域与优先方向，强化包装制品质量检测，设置包装产品的市场准入门槛，加快国家、行业、企业等各级各类包装技术标准的修订完善以及与国际对标，规划并实施对世界包装强国技术、质量、标准的赶超路线，保障我国包装产业的可持续协调发展。

三是坚持区域合理布局的协调发展。要根据国家区域经济发展战略安排，结合各区域经济社会发展不同实际，以供给侧结构改革为抓手，加快包装产业的有序转移与高水平承接，使包装产业与区域经济社会发展相协调，实现全国包装产业空间布局的科学合理，相对均衡。要制定并实施产业转移与承接的制度规范，严格禁止落后产能转移，保证包装产业区域布局比重与质量的协调合理。

四是坚持产业链关系的协调发展。要对照包装强国的建设标准，积极查找我国包装产业的优势与短板，针对存在的实际问题，采取切实有效的措施，化优势为胜势，化劣势为优势，逐步完善优化包装产业链结构，着力补齐设计、材料、装备、工艺、质检、品牌培育、技术标准等方面的短板，始终牢牢掌握包装产业发展的主动权，全力推进包装产业内部的协调发展[1]。

---

[1]　《关于加快我国包装产业转型发展的指导意见》。

五是坚持产业环境的协调发展。要牢固树立经济社会发展的大局意识，按照包装的产业属性，加强上下游相关产业以及消费群体的沟通协调，主动做好各种配套服务。要与上下游产业和消费者构建互信、互惠、互促的良好关系，勇于揽责，勇于担当，通过良性沟通协调，共同营造产业发展的良好环境，打造全产业供应链关系的利益共同体与命运共同体，全面实现经济社会的协调发展。

三、在绿色转型中实现持续发展

绿色发展是人类经济社会发展的历史共识，也是人类社会可持续发展的根本保障。

我国包装产业虽然是辅助型制造业，但总量占比却非常大，目前包装产业年产值占全国 GDP 总产值的 2.3%，全国包装企业达 25 万余家。然而，由于我国包装产业的技术、管理、装备等相对比较落后，对资源、能源的利用率不高，因而造成了巨大的浪费；另外包装废弃物长期以来没有引起足够的重视和治理，回收利用率还比较低，对生态环境造成了巨大的压力。因此，对于包装产业来说，反对过度包装、倡导绿色包装已经刻不容缓，要通过向绿色转型来实现产业的持续发展。

一是要牢固树立并践行"天人合一"的发展理念。要清醒地认识，资源是有限的，生态的承载与容量是有限的，被破坏的生态环境自我修复功能是有限的，因此，我们不能无可休止地攫取资源，无限制地破坏生态，无条件地污染环境。践行"天人合一"理念是包装产业绿色发展的关键，需要在研发、资金、技术、设备等方面有必要的投入，需要用"敬畏自然"来自律经营生产行为，还需要把产业（企业）的命运与生态（绿色）自觉地紧密联系，克制急功近利、杀鸡取卵的行为与冲动，尊重自然客观规律，理性地规划与实施取予平衡的发展路径。

二是要着力构建包装产业绿色发展价值链。主动融入全国生态补偿，碳交易与排污权交易体系，形成节能减排与资源利用效率的倒逼机制，逐步构建设计、材料、制备、销售等各个环节的绿色价值生成要素，建立较为科学完整的包装产业绿色发展价值链，打造包装产品生命周期的绿色价值体系，引导包装产业的绿色发展。

三是要不断完善包装产业绿色发展制度体系。要按照包装产业绿色转型的要求，尽快制定并实施相关的法律法规等制度规范，引导并约束包装产业的绿色发展。首先，要制定包装绿色技术指标体系，划定一条包装产业必须严格遵守的"底线"。其次，要制定并强力实施包装产品市场准入制度，对不符合绿色标准的包装产品进入市场实施负面清单管理；规范产业（企业）的经营行为。再次，建立第三方绿色评估体系，由政府监管部门和行业组织授权专业评估机构，对包装企业与包装制品进行不定期抽检和定期评估与发布，其评估结果与市场准入、绿色认证等制度挂钩。最后，要建立并严格实施包装企业、包装产品绿色认证制度，符合认证要求的企业与制品可授权采用绿色标识和二维码绿色信息，同时，根据专业评估结果，强化整改与退出机制。总之，要抓紧扎好制度的篱笆，抵制包装产业发展的任性与非理性冲动，推动包装产业的绿色转型发展。

四是要持续推行绿色包装技术协同创新。要持续加大对包装绿色技术研发的投入，重点突破绿色包装材料、清洁生产、适度包装、循环再利用等领域的技术瓶颈；要鼓励并支持包装企业与相关产业、科研院所、高校形成战略联盟，积极开展绿色包装技术的协同创新，要紧密跟踪世界包装的先进技术，实施绿色包装技术创新的重大专项，组织多方科研力量协同创新、协作攻关，着力提高我国绿色包装技术水平。要建立以包装车间、工厂、园区为单元的清洁生产示范基地，大力推行成熟的清洁生产技术，逐步实现包装材料制备、包装产品制造过程中的近零排放与近零污染。要建立分级分类的包装废弃物回收体系，着力开发循环资源化利用技术，构建覆盖包装全生命周期的绿色技术体系，推动包装产业的绿色发展。

四、在全面开放中拓展产业空间

经济全球化是不可逆转的发展趋势。改革开放以来，党中央审时度势，不断扩大对外开放，适应并引领经济全球化进程，使我国在全球化中获得了丰厚的发展便利。世界金融危机后，我国一直稳居世界贸易第二大国和外贸出口第一大国的宝座。在我国每年巨额的贸易出口中，包装产业作出了突出的贡献。但不容否认，过去我国包装产业的开放发展一直处于一种被动状态，开放范畴小，层次浅，渠道单一，出口贸易仅有包装制品伴随商品贸易走出国门，进口贸易则相对较为丰富，包装材料、包装装备、包装技术和进口商品包装制品成为我国引进的重点。党的十八大以来，党中央、国务院坚持扩大对外开放，提出并不断推进"一带一路"建设和自贸区建设等重大开放战略，密切与世界各国的发展合作，提出构建"人类命运共同体"的新理念，引领经济全球化以和平发展为基石向更深更广的领域拓展。因此，我国包装产业要顺应经济全球化的大趋势，抢抓国家开放战略带来的重大历史机遇，立足国内巨大的市场，瞄准包装国际市场，积极作为，主动出击，努力拓展开放发展范畴，不断开创新局面，迈上新台阶。

一要打开门户引进来。我国有13亿多人口，市场需求与发展潜力巨大，无须惧怕外国人进来抢了我们的饭碗，而应在同等的市场准入条件下积极引进外资外企，大力引进新型包装材料、高端包装装备、先进包装技术与工艺、高级包装研发技术人才、先进品牌经营以及科学的经营管理模式，通过引进、消化、吸收、再创新，全面提升我国包装产业的自主创新能力、技术水平和产品质量，增强核心竞争力，要无畏强手，在竞争中善于学习强手的长处，增强自己的对抗力和竞争力，并通过引进的外资外企在我国包装产业中产生"鲶鱼效应"，激活我国包装产业的创新活力与发展活力，实现开放发展的多方互利互赢。

二要昂首阔步走出去。走出去是开放发展最重要的内涵，我国包装产业走出国门，必须秉承合作共赢精神，谋利长远，打好基础，全方位出击，大步前行，重点选择两条路径。第一，借力"一带一路"、自贸区建设等国家对外开放重大战略，实施多头向外发展策略，即在国内自贸区开设对外窗口与平台，在"一带一路"沿线国家建立包装工业园和研发中心，包装制品销售服务中心等，形成研发、设计、生产、经营、市场全部在外的开放发展格局，使包装产品既能尽快适应当地的风俗习惯和文化背景，迅速占领市场，又能为合作国家与地区解决就业问题，增强劳务收入，造福当地人民群众。第二，要瞄准包装高端国际市场，采用联合经营、并购等方式，参与对包装强国的开放发展，通过联合建厂和收购包装企业与研究机构，一方面充分借鉴其先进的技术与经营管理方式，学习它们的相关法律规范和技术标准，为国内包装产业转型发展提供丰富经验；另一方面可避开欧美包装强国设置的贸易壁垒，跻身国际高端包装市场，并以此为增强我国在国际包装市场的话语权，不断提升我国包装产业的国际地位。

三要密切国际交流合作。国际交流合作是开放发展的活力之源，是构建并维系人类"利益共同体"和"命运共同体"的牢固纽带。因此，我国包装产业的开放发展，必须高度重视国际的交流与合作。首先，要建立牢固而稳定的交流合作基础，在经过充分协商的前提下取得共识与互信，以契约形式建立互取互予的交流合作机制，不断将交流合作的形式与内涵推向深入。包装产业界、学术界要向欧美包装强国学习，吸取欧盟包装强国的立法管理先进经验和学习发达国家对包装废弃物再生利用的先进技术[1]。如派出人员参加培训、学习技术、经营管理和学术交流，参加相关项目研发与学术研讨，寻求对国内项目的资金、设备、智力支持。同时，要鼓励和支持中青年专家、学者等优秀人才广泛参与包装国际学术会议，产业发展论坛，按照国际议事规则参与国际包装产业、市场、规范和技术路线的制定，在国际包装产业界、学术界更多地贡献中国智慧。其次，要加强与发展中国家和包装产业

---

[1] 谭伟：《国外包装法律制度研究》，吉林人民出版社 2009 年版，第 23 页。

欠发达国家与地区交流合作，以输出产业、产品技术为基础，帮助其培训包装人才，解决技术难题，更新技术装备，提高经营管理水平，更大地发挥中国包装产业的国际影响。

五、在共建共享中增强社会贡献

共享发展是 21 世纪初开始兴起的一种经济社会发展新形态，其主要特征是在不影响自身发展质量的前提下，对拥有资源、信息、技术、成果进行全方位开放，与他方实现共用共享，从而实现全社会、全人类的同步发展，其突出的代表是 IT 技术条件下的信息共享，进而对技术、平台、设备、数据、情报、交通出行、餐饮等产生了深刻的影响。在党中央的指导下，国家"十三五"发展规划正式确立了"共享"为全国经济社会五大发展理念之一，这就要求全国在基于网络传输、技术与现代物流技术日臻完善的前提下，在市场、资源、信息、技术、文化各方面，打破画地为牢和行为垄断，实现全民共享，集智、集谋、集力解决发展中的问题，促进经济社会平衡前行，造福人类社会。包装产业的发展，一定要牢牢把握共享发展的本质，既要坚持产业内部的全面开放共享，还要跳出行业框框，着眼全国的大市场、大产业间的相互共享，更要着眼人民群众的利益，将发展成果与全国人民共享，切实把共享发展变成全社会与全体人民的福祉。

一是尽快建立包装产业内部共享机制。首先，加快制定《包装产业共享发展章程》，严格按照市场运行规律，着力推进产业内部资源、平台、人才与技术、信息、成果的全面开放与转让；其次，深化产业内产学研合作，建立产业技术创新联盟，促进产业内部形成全行业协同创新格局，实现协同创新成果共享与高效利用；最后，以强化知识产权保障为基础，建立产业技术交易机制，股权交换机制和人才交流机制，实现包装产业内部的知识共享与智力共享。

二是有效推进与相关产业的共享发展。一要在契约规范前提下完善并优化与上下游相关产业的供应链体系，逐步推动与相关产业的市场共享；二要以拓展服务范畴为基础，从源头设计、材料选择、产品定制、商品包装、售后回收循环利用等方面主动介入，与相关产业形成"你中有我，我中有你"的有机整合共享模式；三要加强与相关产业的信息沟通，建立共性技术转型机制，实现数据信息资源与共性技术的多产业共享。

三是着力推进"军民融合"战略。一要积极参与军品包装设计、研发与制备，主动服务国防建设和国家安全建设，促进军品包装与减灾救灾物品包装高品质化、高安全性进程；二要加快可开放军品包装技术的民用化转化，及时引进成熟可靠的军品包装技术，打造包装产业新的产品品牌；三要增进军地包装人才交流，加快军地包装通用人才的培养培训，实现有条件的军地包装人才的通用共享。

四是全力构建包装产业发展成果的惠民共享机制。一要牢固树立"包装惠民"的主旨，大力推进包装产业绿色转型发展，坚决淘汰落后产能，坚决推行清洁生产，坚决推广适度包装，坚决实施包装回收循环资源化利用举措，着力维护好蓝天白云、绿水青山的生态环境，有效降低人民群众的包装消费成本；二要着力提升包装制品品质和安全性，打造"让人民满意"的包装品牌，消除人民群众消费包装的疑虑与担忧；三要加强包装制品的信息服务，准确真实地披露包装内容物信息及使用方法，并对产品的货架寿命、安全处置等作出友情提示，要及时进行消费者信息反馈，及时解决包装制品存在的不足和问题；四要加快食品、农产品保鲜包装研究，制定并不断优化新鲜果蔬、肉类与风味特色餐饮的长距离投送解决方案，既帮助现代生态农业与特色餐饮产业扩大规模，增加收入，又增加市场有效供给，切实增强人民群众在包装产业共享发展中的获得感①。

---

①　《中共四川省委关于推进绿色发展建设美丽四川的决定》，《四川日报》2016 年 8 月 4 日。

第四章 《中国制造2025》与包装产业
发展的新定位

　　制造业从来都是国民经济的支柱，制造强国也是当代中国逐梦人的必然选择。2015年5月，国务院发布《中国制造2025》，以"创新驱动、质量为先、绿色发展、结构优化、人才为本"为基本方针①，部署"三步走"战略，进而加大推动科技创新的力度，加快从制造业大国转向制造业强国的步伐，实现制造强国的战略目标，应对世界范围内以信息技术为主导、产业升级为核心、可持续发展为目标、全球化为支撑的知识型经济发展态势。

　　《指导意见》结合我国包装产业结构的特点及其在国家工业体系的地位，立足于"中国制造2025"等重大战略和国家"两化融合"、"互联网+"等相关产业政策，在准确把握中国制造业发展思路与走向的基础上，首次明确将包装产业定位为"服务型制造业"，确立了其在中国制造体系中的实际定位，从而解决了长期困扰中国包装行业的产业属性问题，指明了包装产业"实现中高速发展和向中高端转型"的发展思路，对引导包装产业整体按照制造业的发展方向完善体系、优化布局、提升品质具有重要的指导意义。

---

① 《国务院关于印发〈中国制造2025〉的通知》，2015年5月19日，见 http://www.gov.cn/zhengce/content/2015-05/19/content_9784.htm。

第一节 《中国制造 2025》的体系构建

2017 年 1 月 9 日一则消息登上了新闻头条："中国终于造出圆珠笔头……在未来两年有望完全替代进口"。媒体报道的数据显示，中国有制笔企业 3000 多家、从业人口 20 余万、年产圆珠笔 400 多亿支，是当之无愧的制笔大国[1]。人们不禁要问：中国作为世界制造业的泱泱大国，为何长期无法实现一个小小零件的完全自主研发和生产？"圆珠笔之问"，更是"中国制造业之问"！

自主创新意识弱、能力低，核心技术和材料高度依赖进口，劣质假冒产品泛滥，等等。中国制造业如此，中国包装制造业又何尝不是如此？这是中国制造业产业转型发展的"内忧"。

2010 年以来，互联网引发全球知识型经济变革，世界主要经济体纷纷实行以智能制造为核心的"再工业化"国家战略[2]，试图把制造业重建带回本国，以巩固自身的国家竞争力[3]。与此同时，拥有更低的人力和资源成本的印度、东盟及拉美等国家，也在快速抢占全球中低端制造业市场。上下夹击的双重挤压，成为中国制造业的"外患"。

《中国制造 2025》立足国情，直面现实，是我国实施制造强国战略第一个十年的行动纲领[4]，也是我国制造业"长征"的第一步。那么，《中国制造 2025》推出的背景和动因是什么，对包装产业转型发展的准确定位又有哪些重要指引？

---

[1] 李颖：《中国终于造出了自己的圆珠笔头》，《中国质量万里行》2017 年第 2 期。

[2] 张文汇：《欧美再工业化及其挑战》，《中国金融》2013 年第 5 期。

[3] 陈汉林、朱行：《美国"再工业化"对中国制造业发展的挑战及对策》，《经济学家》2016 年第 12 期。

[4] 袁境：《"再工业化"战略与中印制造业发展分析》，《西南金融》2016 年第 4 期。

一、世界制造业发展的总体态势

发达国家及主要经济体为抢占全球新一轮产业竞争制高点[①]，不约而同地纷纷聚焦数控集成、智能制造、机器人等先进制造领域，启动了"再工业化"战略，加快传统产业转型升级，正在对全球制造业的发展模式创新、贸易投资和国际分工等产生深远影响[②]。"工业4.0"、"工业互联网"、"中国制造2025"殊途同归，只有全方位把握"再工业化"战略背景下全球制造业发展的新趋势、新特点，才能更好地理解《中国制造2025》的战略出发点。

（一）全球贸易保护主义倾向日益严重

随着1994年乌拉圭回合谈判的成功，特别是1995年世贸组织的成立，全球国际贸易的关税水平大幅降低，关税壁垒基本上已被取消，对传统非关税壁垒的约束变得更加严格[③]。同时，受全球贸易持续低迷、金融市场震荡频繁、有效需求普遍不足等因素的叠加影响，"十二五"期间世界经济增速持续降低，进一步加剧了出口贸易的竞争和全球贸易的不平衡，贸易保护主义倾向在全球范围内逐渐蔓延并日益严重[④]。

美国为推动"出口推动型"经济的增长，加大了拉动出口的对外投资支持力度，对高端制造、产业外移、高技术出口等设置了更多关卡，同时要求东道国开放投资市场，进一步促进跨国投资的自由化[⑤]。美国政府2012年修订了《1930年关税法》，将对"非市场经济国家"征收的反补贴税合法化，

---

① 周海蓉：《发达国家"再工业化"战略的主要举措及对上海启示》，《科学发展》2016年第8期。

② 邵立国、王厚芹、黄玉洁等：《世界制造业发展新趋势及启示》，《中国经济时报》2014年11月14日。

③ 张国红：《金融危机后全球关税变化及趋势分析》，《中央财经大学学报》2012年第4期。

④ 吴刚、王如君：《保护主义抬头阻碍国际贸易增长》，2016年8月8日，见 http://finance.people.com.cn/n1/2016/0808/c1004-28617539.html。

⑤ 陈刚、刘丽娜：《美国推动增长模式转型》，《瞭望》2009年第47期。

进一步增大了美国与他国发生贸易冲突的可能性①。同时，新兴经济体也更加看重开拓国际市场和吸引跨境投资②。

自1994年人民币汇率改革以来，中国持续保持对美商品出口的快速增长；与此同时，美国对中国产品反倾销调查和反倾销的最终措施数量也均呈大幅增长趋势③。2017年1月5日新华社披露，2016年我国共遭遇来自27个国家（地区）发起的119起贸易救济调查案件，案件数量同比上升36.8%，达到历史高点④。

更为严峻的是，随着全球环保浪潮的兴起，绿色壁垒以环境保护为武器，成为一种新的贸易保护方式⑤。绿色壁垒以高环境标准作为限制进口的手段，已经对我国的出口贸易构成重大负面影响。我国出口企业的2/3、出口商品的1/3均受其影响，出口损失每年达200亿美元之巨⑥。我国因包装问题每年减少外汇收入约10%，其中相当大的部分是因包装不符合绿色要求所造成的⑦。

《欧盟包装及包装废弃物指令》（94/62/EC）自1994年发布以来，经过多次修订，已成为指导全球包装行业健康发展的重要法规。该指令的首要目的是减少和防止产生废弃包装物，其次是三个附加的基本原则⑧：（1）促使包装物可再收集、再利用、再循环，促进资源可回收；（2）将包装物的毒

---

①　王江、刘迪：《美国关税法修订后我国面临的汇率反补贴风险研究》，《经济研究参考》2013年第61期。

②　李锋：《"十三五"时期我国对外直接投资面临的机遇与挑战》，《全球化》2016年第11期。

③　沈国兵：《美国对中国产品反倾销：现时格局与贸易效应》，《世界经济情况》2010年第8期。

④　冯君：《2016年中国遭遇贸易救济案件数量达到历史高点》，《中国招标》2017年第3期。

⑤　张宝珍：《"绿色壁垒"：国际贸易保护主义的新动向》，《世界经济》1996年第12期。

⑥　侯德文：《实施绿色包装促进对外贸易可持续发展研究》，《现代商贸工业》2012年第17期。

⑦　戴宏民、戴佩华、刘彦蓉：《我国包装应对绿色壁垒的对策研究》，《包装工程》2006年第27期。

⑧　《欧盟包装及包装废弃物指令》（中文版），2011年1月29日，见http://www.cn-hw.net/html/sort055/201101/24132.html。

性、危险性及其对环境的影响，尽量减至最低；（3）将包装废弃物的重量及体积减至最低。

2013年2月7日，欧盟在官方公报上发布了指令2013/2/EU，以修订94/62/EC包装和包装废弃物指令的附录I。该指令要求欧盟各成员国以2010年的数据为基础，在2017年前减少使用50%的轻便型塑料袋，在2019年前减少使用80%，并特别要求在2019年前用纸袋或可降解的袋子替代包裹水果、蔬菜和糕点糖果等食品的塑料袋[1]。

尽管《欧盟包装及包装废弃物指令》（94/62/EC）历经多次修订，指令对包装材料中四种有害重金属铅、镉、汞、六价铬含量总和最大允许极限均保持为100mg/kg，是对每件包装的基本要求，应理解为是底线的或最低的要求，但并非是唯一的要求。

与此同时，发达国家对食品接触塑料材料和制品迁移量的限制也日益严格。2016年3月14日，欧盟发布G/TBT/N/EU/370号通报，进一步降低了食品接触塑料（油墨和涂料）中双酚A的特定迁移限值（SML），并修订食品接触塑料的法规EUNo10/2011。SML从0.6ppm降低到0.05ppm，与2015年1月欧洲食品安全局（EFSA）发布的观点一致。之前欧盟（EUNo10/2011）和我国（GB9685—2008）规定食品包装容器中双酚A容许最大迁移量均为0.6mg/kg。而现在欧盟提出的双酚A每日可耐受摄入量和美国环境保护署（EPA）规定的最大可接受量均为0.05mg/（kg·d）[2]。

这类法规指令直击我国食品安全的软肋，像一道道不可逾越的屏障限制我国的对外出口。面对发达国家越来越严厉的贸易壁垒和管控要求，我国包装生产企业应高度关注、研究对策并主动采取相应措施。此类技术性贸易壁垒具有一定的隐蔽性和强制力，屡屡造成我国出口商品及其包装遭到处罚。

---

[1] 《欧盟通过新〈包装及包装废弃物指令〉》，2014年6月20日，见http://www.chinairn.com/news/20140620/173038825.shtml。

[2] 周利英、骆海清：《国内外食品接触材料中双酚A的规定和检测方法》，《中国食品卫生杂志》2016年第28期。

包装企业应从自身利益出发，深刻理解并严格遵守出口国相关法律法规的要求，在确保国家利益最大化的基础上，尽力避免由此带来的经济损失。同时也应认识到，发达国家所制定的此类技术性贸易壁垒还是具有较为充分且合理的科学依据，出口商品若能遵从并符合此类法规要求，可以促进产品自身品质的提高，更有利于提升"中国制造"的品牌形象[①]。

（二）发达国家"再工业化"战略陆续推进

美国奇点大学著名教授瓦德瓦 2012 年 1 月 11 日在《华盛顿邮报》撰文指出："我们将人工智能、机器人和数字制造相结合，使得美国企业家在本土建厂，生产出各种产品，这是一场制造业的革命。中国还如何能与我们竞争？很快就轮到中国担忧了。"

似乎为了验证瓦德瓦之语，近五年来主要经济体国家纷纷出台一个又一个制造业创新战略规划（如图 4-1 所示）。

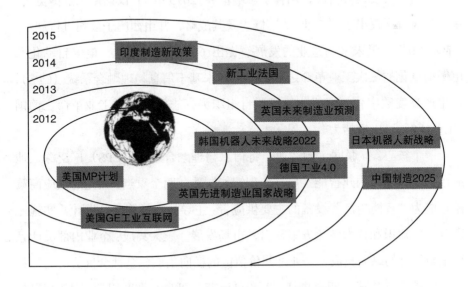

图 4-1　主要经济体国家制造业创新战略计划

---

① 黄广炽：《欧盟食品包装接触材料法规》，《中国包装》2013 年第 5 期。

历史经验表明，制造业是一国竞争力的重要体现和经济发展的支柱产业。金融危机的深刻启示更让世界各主要发达国家纷纷采取多种措施"吸引制造业回流"。

2011 年，美国联邦政府发起了先进制造合作伙伴（AMP）计划；2012 年，国防部领导建立了首个制造创新机构；2013 年推出的"美国机器人发展路线图"，围绕制造业机器人的应用，重点攻克机器人的强适应性、装配可重构性和仿人操作灵巧性，以及基于模型的系统与供应链的集成设计、自主导航、非结构化环境的感知、机器人安全性等关键技术。2014 年和 2015 年国防部和能源部又先后建立了增材制造等制造创新机构。2014 年 12 月 16 日，美国议会还通过了复兴美国制造业创新法案（RAMI），赋予商务部部长建立和协调制造创新网络的权利，即 NNMI 计划。NNMI 计划的愿景是确保美国在先进制造领域的全球领先地位，其战略目标可概括为四点：提升竞争力、促进技术转化、加速制造劳动力、确保稳定和可持续的基础结构。

德国用科技发展自己，用哲学影响世界。2013 年 4 月汉诺威工业博览会，德国政府首次提出了"工业 4.0"概念及其战略，并由西门子公司进行展示。"工业 4.0"放眼未来制造业的发展，提出了人类继机器化、电气自动化和电子信息化的三次工业革命之后，即将迎来基于信息物理融合系统（CPS），以生产高度数字化、网络化、机器自组织为标志的第四次工业革命。德国"工业 4.0"可以概括为[①]：

一个核心：互联网＋制造业，将信息物理融合系统（CPS）广泛深入地应用于制造业，构建智能工厂、实现智能制造。两个重点：领先的供应商策略，成为"智能生产"设备的主要供应者；主导的市场策略，设计并实施一套全面的知识和技术转化方案，引领市场发展。三大集成：企业内部灵活且可重新组合的纵向集成，企业之间价值链的横向集成，全社会价值链的端到端工程数字化集成。四个特征：生产可调节，可自我调节以应对不同形势；

---

① 高潮：《"中国制造 2025"与德国"工业 4.0"的和而不同》，《中国对外贸易》2016 年第 5 期。

产品可识别，可在任何时候把产品分辨出来；需求可变通，可根据临时的需求变化而改变设计、构造、计划、生产和运作，并且仍有获利空间；过程可监测，可实时针对商业模式全过程进行监测。六项措施：实现技术标准化和开放标准的参考体系；建立复杂模型管理系统；建立一套综合的工业宽带基础设施；建立安全保障机制和规章制度；创新工作组织和设计方式；加强培训和持续职业教育。

自2014年以来，印度政府陆续推出"印度制造"系列新政策。在2016年2月13日至18日举行的"印度制造周"活动上，莫迪总理发表演讲时称[1]："2015年印度对全球的经济增长贡献了2.5%……我们争取让印度成为全球制造中心，希望把制造业占GDP的比例从目前的17%提高到25%"。莫迪的底气来自"印度制造"的三大优势。

一是成本优势。印度已经建立了较完善的工业体系，在一些中低端领域，"印度制造"具有强大的成本优势。二是高科技竞争潜力大。印度在尖端国防领域亦具有较高的竞争力，这些技术积累均可转化为印度在制造业领域的核心竞争优势，世界智能化生产潮流更有助于印度自身在信息技术领域竞争优势的发挥。三是发达国家的"优待"。印度实施所谓的西方民主政治，发达国家对印度在技术输出方面政策更为宽松，印度相对中国更容易获得先进技术。

2015年日本政府公布了《日本机器人新战略》及其五年行动计划，其核心目标有三个[2]：一是建立世界机器人创新基地，二是成为世界第一的机器人应用国家，三是率先迈向世界领先的机器人新时代，并明确提出了在研究开发的下一代机器人中所要实现的数据终端化、网络化、云计算等相关技术。

韩国也将新型智能机器人作为振兴制造业的主要抓手。2012年韩国公布《机器人未来战略2022》中长期战略，旨在支持韩国企业进军国际市场，

① 《"龙与狮子"——中印制造业的"竞争之战"》，2016年2月25日，见http://www.tout-iao.com/i6255237784387191298/。

② 王喜文：《日本机器人新战略》，《中国工业评论》2015年第6期。

抢占智能机器人产业化的市场先机[1]。

产业转型升级是经济体国家"再工业化"战略计划的主旋律，而制造业凝聚着大量的创新要素、创新技术与创新成果，以科技创新为主战场实施战略计划，便成为世界各国不约而同的共同选择。

实施制造强国战略，中国迫切需要调整当前的产业政策模式[2]，转为制定和实施更为科学、合理、有效的产业政策体系[3]。

二、中国制造强国的战略部署

制造业见证着大国的兴衰，一个国家没有强大的制造业，就不可能成为经济大国和强国。我国作为一个制造大国，素有"世界工厂"之称，但中国企业所获取的价值却始终处在价值链的最底层。当前，我国正处于工业化的中后期，经济增长必须主要依靠实体经济和制造业的发展。要冲出价值链的最低端，实现中国从"制造大国"到"制造强国"的转变，就必须强力推动"中国制造"向"中国创造"转型。面对风起云涌、咄咄逼人的全球性工业变革浪潮，中国政府启动了有史以来规模最为宏大的制造强国战略计划。

（一）制造强国的实施步骤

2013 年 1 月，中国工程院联合工业和信息化部启动重大咨询项目"制造强国战略研究"[4]。该项目先后组织了 50 余位院士和 100 多位专家，经过近两年的调查研究，最终形成决策咨询建议，进而提出了实现制造强国的指导方针和战略对策，确立了我国跨入制造强国行列的"三步走"战略，为研

---

[1] 王喜文：《解读韩国〈机器人未来战略 2022〉》，2015 年 10 月 14 日，见 http://intl.ce.cn/specials/zxgjzh/201510/14/t20151014_6705428.shtml.

[2] 《实现从制造大国到制造强国的跨越》，《中国工程科学》2015 年第 7 期。

[3] 江飞涛：《实施中国制造强国战略的政策体系研究》，《中国工程科学》2015 年第 7 期。

[4] 江飞涛：《实施中国制造强国战略的政策体系研究》，《中国工程科学》2015 年第 7 期。

究制订之后的《中国制造 2025》提供了有力的科学支撑和决策支持[1]。

《制造强国战略研究》总结了制造强国所具有的四个主要特征：雄厚的产业规模、优化的产业结构、良好的质量效益、持续的发展潜力，并据此构建了由 4 项一级指标、18 项二级指标构成的制造强国评价指标体系（见表 4-1）。利用该指标体系，运用指数加权法分别计算了美国、德国、日本、英国、法国、韩国、印度、巴西和中国九个国家的制造强国综合指数，以确定我国制造业当前所处的国际地位。综合分析制造强国综合指数测算结果，然后将工业发达国家分为三个阵列：第一方阵国家综合指数为 130 以上，第二方阵国家综合指数处于 100 ~ 130 之间，第三方阵国家综合指数处于 60 ~ 100。按 2012 年基数测算的制造强国综合指数，美国处于制造强国第一方阵，日本、德国处于第二方阵，我国处于第三方阵。最后，该项目对我国未来制造业发展趋势进行了科学预测，结果为：2025 年，我国制造强国综合指数值达到 103，开始迈入制造强国第二方阵；2035 年，我国制造强国综合指数区间值为 117 ~ 120，进入世界制造强国第二方阵前列；2045 年，我国制造强国综合指数区间值为 131 ~ 135，开始进入世界制造强国第一方阵。

表 4-1 制造强国评价指标体系[2]

一级指标	二级指标
规模发展	制造业增加值 制造业出口占全球制造业出口总额比重
质量效益	出口产品召回通报指数 本国制造业拥有的世界知名品牌数 制造业增加值率 制造业全员劳动生产率 高技术产品贸易竞争优势指数 销售利润率

---

[1] 《制造强国的主要指标》，《中国工程科学》2015 年第 7 期。

[2] 《制造强国的主要指标》，《中国工程科学》2015 年第 7 期。

一级指标	二级指标
结构优化	基础产业增加值占全球基础产业增加值比重 全球 500 强中一国制造业企业营业收入占比 装备制造业增加值占制造业增加值比重 标志性产业的产业集中度
持续发展	单位制造业增加值的全球发明专利授权量 制造业研发投入强度 制造业研发人员占制造业从业人员比重 单位制造业增加值能耗 工业固体废物综合利用率 网络就绪指数（NRI 指数）

由此可见，"三步走"战略的制定是经过严密的科学论证，是有科学依据的。

2015 年 5 月 19 日，《中国制造 2025》由国务院正式发布，这是我国实施制造强国战略第一个十年的行动纲领。大幕拉开，中国工业开始了有史以来规模最为宏大、组织最为严密、目标最为明确的大变革。

《中国制造 2025》提出了中国制造强国建设三个十年的"三步走"战略规划，明确了我国未来十年制造强国建设的发展路径。规划的重点是[①]：提高国家制造业创新能力、推进信息化与工业化深度融合、强化工业基础能力、加强质量品牌建设、全面推行绿色制造、大力推动重点领域突破发展、深入推进制造业结构调整、积极发展服务型制造和生产性服务业、提高制造业国际化发展水平。

《中国制造 2025》实施两年多来，国家相关部门相继编制和发布了 11 个行动指南：国家制造业创新中心建设、智能制造、工业强基、绿色制造、高端装备创新等 5 大工程实施指南；质量品牌、服务型制造 2 个行动指南；新材料、信息产业、医药工业、制造业人才 4 个发展指南。2017 年 2 月 14 日，教育部发布由其联合人力资源和社会保障部、工业和信息化部共同

---

① 《制造强国的主要指标》，《中国工程科学》2015 年第 7 期。

编制的《制造业人才发展规划指南》。该指南的发布，标志着"中国制造2025""1+X"规划指南全部发布，"中国制造强国战略"顶层设计顺利完成。

"1+X"规划与五大发展理念和"中国制造 2025"的指导思想、战略布局、任务部署、重要措施等一脉相承、相互衔接，构成了"中国制造 2025"的完整配套体系。与此同时，工业与信息化部联合各有关部委，又陆续发布了一系列关于各工业门类或行业的转型发展指导意见。其中，2016 年 12 月19 日，工业与信息化部、商业部联合发布《指导意见》，明确地把包装产业定位为服务型制造业。

由此可见，我国制造业强国政策体系主要由三个层次构成①。第一层次是制造强国战略性纲要，即"1+X"的"1"：《中国制造 2025》，主要为制造强国战略的目标、路径与政策的基本思路和总体行动框架等。第二层次是关键领域政策，即"1+X"的"X"：11 个指南，主要是为制造业的转型发展与竞争力提升创造良好的市场环境与制度环境，如《智能制造工程实施指南（2016—2020 年)》、《发展服务型制造专项行动指南》、《制造业人才发展规划指南》等。第三层次是各行业政策，即工业与信息化部联合各有关部委，陆续发布了一系列关于各工业门类或行业的转型发展指导意见，如《指导意见》。

至此，我国制造强国战略第一阶段的部署全部完成，并已全面进入实施阶段。中国制造开始了以"数字化、网络化、智能化"制造为标志的新的产业变革，制造强国战略引领制造业带入了一个新的发展阶段，并肩负起我国实现工业化和工业现代化的双重任务，担负着由大变强的新使命。

（二）制造强国的中国特色

对比全球各主要经济体"再工业化"战略，我国制造强国战略具有鲜明的"中国特色"。

---

① 付卫东、林婕：《"中国制造 2025"与职业教育发展战略》，《职教论坛》2016 年第 9 期。

1.国家行动

制造业发展蓝图的绘制，是战略研究过渡到战略实施的国家行动，体现了中国政府推动制造强国战略的意志和决心，也动员和凝聚了全社会力量。

2008年，中国工程院朱高峰院士领衔组织了"中国制造业可持续发展战略研究"重大咨询项目，并形成了《中国制造业可持续发展战略研究报告》，为我国制定"十二五"规划和中长期可持续发展战略提供了决策支持①。

2013年1月，中国工程院周济院长倡议开展"制造强国战略研究"重大咨询项目。2013年底，中国工程院将"制造强国战略研究"阶段性报告提交中央，其中就包括制定"中国制造2025"的建议②。

2014年1月7日，马凯副总理专题听取了中国工程院的阶段性成果汇报，充分肯定了"制造强国战略研究"项目所取得的成果，要求工信部联合多部委、中国工程院等部门，尽快将咨询转变为行动，并制定"中国制造2025"战略规划③。

2015年5月19日，国务院正式发布《中国制造2025》。

至此，"中国制造2025"由具体规划细则上升为国家面向全行业的行动纲领，目标是打造中国制造升级版，智能化、绿色化、服务化是三个发展方向④，其中智能化是主攻方向。

2.分步实施

"中国制造2025"只是中国迈向制造强国的第一个十年的行动纲领。我国计划用30年时间，通过"三步走"战略，实现制造强国的战略目标。

实施方式为先试点再推广。"中国制造2025"提出的五项重大工程中，

---

① 贾婧：《"并联式"发展30年可成制造业强国》，《科技日报》2015年4月19日。
② 贾婧：《"并联式"发展30年可成制造业强国》，《科技日报》2015年4月19日。
③ 贾婧：《"并联式"发展30年可成制造业强国》，《科技日报》2015年4月19日。
④ 贾婧：《"并联式"发展30年可成制造业强国》，《科技日报》2015年4月19日。

智能制造为主攻工程。为此，工业和信息化部于 2016 年 7 月 4 日公布 2016
年智能制造试点 63 个示范项目名单，预计花三年时间，选择重点领域、地
区、行业进行试点和示范探索，逐步推进智能制造发展。

3. 同步发展

中国的现代化同西方发达国家有很大不同。发达国家工业化、城镇化、
现代化、信息化依次递进发展，其过程呈"串联—线性"模式①。比如德国
顺次实现工业 1.0、2.0、3.0 之后，开始向"工业 4.0"迈进。而古老的中国
是在新中国成立后，才真正开始自己的以工业化为核心的现代化征程②。中
国要通过跨越发展，实现后来居上，成为制造强国，其发展方式必然要采用
"并联—非线性"模式，这就要求工业化、城镇化、现代化、信息化同步发
展，亦即工业 2.0、3.0、4.0 将同步发展③。"中国制造 2025"的任务相比德
国实现"工业 4.0"更加复杂、更加艰巨。

4. 通盘规划

为了应对工业化进程中由于生产力进步而可能引发的生产关系变革和社
会矛盾，在《中国制造 2025》这份近 2 万字的规划中，还从金融、财税等
支持政策、人才培养体系、小微企业支持计划等诸多方面进行了系统、周密
和详细的制度安排，并在后续编制的一系列配套规划、指南、示范试点工
程以及各行业指导意见中，提出了更为具体的规划实施的保障措施和目标
体系。

总体说来，以《中国制造 2025》为牵引的我国制造强国战略，着眼未来，
立足国情，目标明确，措施到位，是一个振兴中华的一揽子解决方略，必将
在中华民族伟大复兴的征程中写下浓墨重彩的一笔！

---

① 徐恒：《周济：2025 年中国制造业可进入世界第二方阵》，《中国电子报》2014 年 11 月 4 日。

② 李博、曾宪初：《工业结构变迁的动因和类型——新中国 60 年工业化历程回顾》，《经济
评论》2010 年第 1 期。

③ 徐恒：《周济：2025 年中国制造业可进入世界第二方阵》，《中国电子报》2014 年 11 月 4 日。

三、"中国制造 2025"的规划重点

实施"中国制造 2025"的根本目的，是为应对第四次工业革命对中国制造业形成的冲击，其本质是通过创新驱动、提质增效来推动中国的经济增长。换言之，实施"中国制造 2025"的根本原因有三点：一是应对新的国际竞争，二是破解中国制造业发展过程中存在的一系列深层次问题，三是升级低附加值产业结构。

《中国制造 2025》是中国政府首次从国家战略层面为我国达成建设制造强国目标而描绘的宏伟蓝图。规划直击当前产业体系和发展模式的痛处，其求变图强的战略谋划势必对国民经济乃至整个社会形态形成全方位的巨大冲击。正确理解《中国制造 2025》所蕴含的新意涵，对推动《中国制造2025》，化解社会矛盾，具有非常现实的意义。《中国制造 2025》是通篇求新的一个规模庞大的规划体系，内涵十分丰富，概括起来，其重点主要包括四个方面。

（一）完善引领创新发展的产业政策体系

根据市场与政府之间关系，产业政策有选择性产业政策和功能性产业政策之分[1]。

选择性产业政策中，政府可以"驾驭"、干预和替代市场的作用，在资源配置中居主导和支配地位[2]。

功能性产业政策，则以"完善市场制度、补充市场不足"为特征，市场居于主导地位，资源配置由市场机制进行调节，并发挥着决定性的作用，而政府的作用则仅在于不断增强市场机能，有效扩展市场作用范围，并在公共

---

[1] 江飞涛、李晓萍：《应加快选择性产业政策向功能性产业政策转型》，《中国经济报告》2015 年第 3 期。

[2] 江飞涛、李晓萍：《当前中国产业政策转型的基本逻辑》，《南京大学学报（哲学·人文科学·社会科学）》2016 年第 12 期。

服务领域完善和弥补市场的不足。因此，功能性产业政策是一种"市场友好型"的产业政策。

构建促进竞争和有利于创新的功能性产业政策体系，逐步摒弃选择性产业政策的直接干预，是现阶段我国产业政策转型的方向。这是因为制造业发展往往具有高度的不确定性，选择性产业政策已不再具备进一步实施的基本前提条件。充分发挥市场机制的决定性作用，是产业结构调整与转型升级的必由之路，而这又取决于政府能否为之提供良好的市场经济制度框架。构建功能性产业政策，就是要从政府替代市场、干预市场的政策模式，转到政府增进与扩展市场、弥补市场不足的政策模式上来[1]。

（二）构建"变道超车"的转型升级路径

《中国制造 2025》设定了中国制造业由大变强的路线图和时间表，"三步走"的战略目标体系十分清晰。摆在我们面前的问题是：选择怎样的发展路径、采用何种赶超策略实现目标？中国制造业目前的状况是发展不平衡，尚未总体完成"工业 2.0"（大规模制造机械化）和"工业 3.0"（工业自动化），就要面对"工业 4.0"（工业自动化和信息化深度融合）的超常发展阶段[2]。但中国制造业的发展，不可能走西方发达国家那样的串行发展方式，因为时间不允许、步调难协调。这客观上决定了我们不可能照搬德国"工业 4.0"等发达国家"再工业化"战略，实施"变道超车"便成为必然选择。

如何"变"，"道"在哪？《中国制造 2025》提出了实现制造强国宏伟目标的五大基本方针：创新驱动、质量为先、绿色发展、结构优化、人才为本。这五大方针究竟如何引领中国制造业实现由大变强的根本转变？

第一，由"成本优势"向"综合优势"转变。不再靠压低劳动力的成本，

---

① 伏玉林：《构建有利于创新的功能性产业政策体系》，《第一财经日报》2016 年 11 月 10 日；王君、周振：《从供给侧改革看我国产业政策转型》，《宏观经济研究》2016 年第 11 期。

② 张茉楠：《中国制造 2025 实现变道超车》，《全球化》2015 年第 6 期。

或仅是挖掘成本的潜力去参与竞争，而是通过技术和创新来提高其在国际舞台和全球产业链及价值链中的竞争力。

第二，由"量的增长"向"质的提升"转变。我国制造业虽在数量上保持领先地位，但质量上却存在诸多问题。据有关文献测算，中国制造业劳动生产的增加值率较低，仅相当于美国的 4.38%、日本的 4.37% 和德国的 5.56%。从中间投入的贡献系数来看，发达国家一个单位价值的中间投入大致可以得到一个单位或更多的新创造价值，而中国只能得到 0.56 个单位的新创造价值[1]。因此，中国包装制造业不仅要抢占高地、做实高端，同时也绝不会把所有低技术含量的中低端产业拱手送人，而是要做"强"做"精"，避免再出现类似"圆珠笔芯"式的尴尬。

第三，由"粗放增长"向"生态文明"转变。传统的粗放型经济增长方式无法适应现代工业化的发展模式，中国制造业不能再依靠过往的高投资、高能耗的方式得以实现，更不能以牺牲本土的生态和环境为代价。因此，《中国制造 2025》提出，要全面推行绿色发展、循环发展、低碳发展，构建绿色制造体系，走生态文明的发展道路，这对于长期处于粗放型增长方式的中国包装经济更具现实意义。

第四，由"产品主导"向"服务主导"转变。互联网时代制造业生产经营的逻辑发生了很大变化，由产品主导变成服务主导，产品已变身为服务的一个部分[2]。企业不仅要为客户提供消除痛点的包装整体解决方案，还要与之共同创造价值，这是营销观念的重要转变。包装制造企业需要优化或创新生产组织形式，采用先进运营管理方式和商业发展模式，通过不断加大服务要素在投入和产出中的比重，逐渐从加工组装为主向"制造＋服务"过渡和转型，从单纯出售产品向提供"产品＋服务"整体解决方案转变，以延伸和提升产品与服务的价值链，利用服务的增值效应，提高全要素生产率、

---

[1]　张茉楠：《中国制造 2025 实现变道超车》，《全球化》2015 年第 6 期。

[2]　李明远：《包装行业谋转型，印刷企业从中学什么?》，《中国新闻出版广电报》2016 年 8 月 15 日。

产品附加值和市场占有率[①]。

第五，由"生产工人"向"制造工匠"转变。要想实现战略转变，首先要补"工业 2.0"的课，这就尤其要提倡精耕细作的工匠精神。中国许多制造业的落后，不是因为技术水平低，而是工匠精神方面丢失殆尽。据有关文献的预测，按现在的人才培养模式，到 2025 年，中国的蓝领技术工人至少将出现 3500 万人左右的缺口[②]。"中国制造 2025"召唤工匠精神回归，推进制造业人才供给侧改革，中国职业人才教育体系迎来新的发展机遇[③]。人才是制造强国得以实现的根本前提。包装制造业发展急需加快培育各类人才，变"人口红利"为"人才红利"，让"工匠精神"成为全行业的主体意识和主流价值，成为转型升级的助推器和提质增效的加速器。

(三) 发展立足"三化"的共性使能技术

"数字化、网络化、智能化"是《中国制造 2025》实施制造强国的战术突破口，构成"智能制造"的核心内容。数字化和网络化应用到一定程度将融合为数控化，引入智能化要素，进化为智能制造，从而实现工业 2.0、3.0、4.0 的并行发展。这"三化"都要转型升级，办法是创新和发展共性使能技术。制造业创新的内涵包括三个层次：一是产品创新——研发新产品，二是工艺创新——革新制造技术，三是管理创新——变革产业模式，而共性使能技术在这三个层次均能发挥积极的推动作用[④]。

综观机械产品创新升级的历程，蒸汽机这一共性使能技术带来的动力革命，催生出"蒸汽一代"的机械产品；电机这一共性使能技术带来的另一场动力革命，则导致"电气一代"机械产品的产生；当今，数控化和智能化的

① 冯飞：《以服务型制造引领中国制造创新发展》，《经济日报》2016 年 8 月 12 日。

② 李冰晶：《"十三五"开启制造强国新战略——〈中国制造 2025〉解读》，《商场现代化》2016 年第 24 期。

③ 杜连森：《转向背后：对德日两国"工匠精神"的文化审视及借鉴》，《中国职业技术教育》2016 年第 21 期。

④ 周济：《制造业数字化智能化》，《中国机械工程》2012 年第 20 期。

共性使能技术，不仅促使机械产品从"电气一代"跃升为"数控一代"，并逐步向"智能一代"机械装备衍生进化。例如，先进的自动包装机、数字印刷机就是典型的数控化机械装备，并已实现了一定程度的智能化。

（四）形成"互联网 +X"的新型经济形态

《中国制造 2025》主线是"两化"深度融合，"互联网＋"是重要行动路径，行动主体最终落在企业。"互联网＋X"即以互联网为纽带，将移动互联网、物联网、大数据、云计算、人工智能、能源网等一大批新兴技术进行融合应用，以广泛互联为基础、信息泛在为特征的不断整合与创新，最终改变市场交易方式和产业组织方式，"倒逼"传统产业转型升级。其实质是推动网络经济与实体经济的跨界融合，加快新旧动能接续转换，形成经济增长"双引擎"。

制造型企业走向智能化，首先要完成核心业务在线化和所有业务流程服务软件化，然后在软件化的过程中还要完成 SaaS 化[1]（Software—as—a—Service，软件即服务的简称，是一种基于互联网提供软件服务的应用模式）。企业的核心业务流程必须要完全构建在工业互联网之上，由软件驱动，它才具备向智能化演变进化的可能性。

万物互联网，是欧美的叫法，即"Internet of Everything（IoE）"，是物联网"Internet of Thing（IoT）"的进化版，"互联网 +X"其实就是中国版的 IoE。

1995 年中关村出现了一块另类广告牌——"中国人离信息高速公路有多远……向北 1500 米"[2]。这块广告牌所指的地方，正是中国第一家互联网接入服务商"瀛海威"。大浪淘沙，这位裹挟未来气息而来的先驱，十年后

---

[1] 张漫琪、肖狄虎：《体验模型指导下的云办公软件社会化分享设计》，《包装工程》2017 年第 38 期。

[2] 《瀛海威公司的沉浮》，2018 年 11 月 12 日，见 http://tech.sina.com.cn/i/2008-11-12/18212575127.shtml。

却因经营不善以倒闭收场。沉舟侧畔千帆过，在它身后涌现的一代代互联网企业却真实地改变了中国。中国互联网络信息中心（CNNIC）《第 39 次中国互联网络发展状况统计报告》显示，截至 2016 年 12 月，我国网民规模达 7.31 亿，相当于欧洲人口总量，互联网普及率达到 53.2%，超过全球平均水平 3.1 个百分点，超过亚洲平均水平 7.6 个百分点，已稳居世界第一网络大国地位[①]。2016 年，我国手机网民规模达 6.95 亿，其中手机网上支付用户为 4.69 亿，年增长率为 31.2%，网民手机网上支付的使用比例为 67.5%。同时，手机支付向线下支付领域的快速渗透，有 50.3% 的网民在线下实体店购物时使用手机支付结算[②]。

在信息技术领域，"什么是核心技术？我看，可以从三个方面把握。一是基础技术、通用技术。二是非对称技术、'杀手锏'技术。三是前沿技术、颠覆性技术。在这些领域，我们同国外处在同一条起跑线上，如果能够超前部署、集中攻关，很有可能实现从跟跑并跑到并跑领跑的转变。"[③]

在信息泛在时代，中国互联网尤其是移动互联网具有全球领先的覆盖规模，且移动支付的技术优势非常明显，这是中国"智"造真正的底气所在。

中国传统的制造业企业只有把低效率的产品价值延伸出去，才能以获得更好、更大的生存空间。借助互联网创新成果进行深度融合，提升实体经济的创新力和生产力，推动技术的进步、效率的提升以及组织的变革，形成以互联网为基础和创新要素为驱动的新型经济形态，通过完善服务体系，实现产品价值延伸。

[①] 中国互联网络信息中心：《第 39 次中国互联网络发展状况统计报告》，2017 年 1 月 22 日，见 http://www.cac.gov.cn/wxb_pdf/39CNNIC.pdf。

[②] 中国互联网络信息中心：《第 39 次中国互联网络发展状况统计报告》，2017 年 1 月 22 日，见 http://www.cac.gov.cn/wxb_pdf/39CNNIC.pdf。

[③] 《习近平在网络安全和信息化工作座谈会上的讲话》，《人民日报》2016 年 4 月 26 日。

第二节 包装产业的角色定位

中国包装产业伴随着改革开放，逐渐从无到有，从小变大，但从官方到民间，对包装在产业体系中的类属一直未能明确界定。业界对于包装行业在国民经济中的地位，通常的表述是"配套产业"、"重要支撑"等。这种对产业角色和自身价值的模糊认识，直接导致包装产业建立 30 年后才被当作是一个独立的行业体系。2011 年 3 月 14 日，包装行业第一次被列入《中华人民共和国国民经济和社会发展第十二个五年规划纲要》，并在第三篇第九章"改造提升制造业"中提出[①]："包装行业要加快发展先进包装装备、包装新材料和高端包装制品"。这意味着包装行业的制造业"身份"正式得到国家政府层面的承认。

一、现代包装产业的服务型制造属性

按照《中国制造 2025》的部署，服务型制造是中国制造业转型升级的三个重要方向之一[②]。制造业服务化的发展对中国传统制造业转型升级意义深远。

制造业服务化是 20 世纪 80 年代末 90 年代初在发达国家兴起的一种新的制造业发展模式，如 GE 的财务公司业务、IBM 的咨询业务、XEROX 的文档管理业务等实质上都属于这一范畴，其特点是在制造业内部自发演化出服务业务，并逐渐成为企业的重要价值来源。服务化是指制造企业由仅仅提供物品（或包括附加服务）向提供物品加服务构成的

[①] 《国民经济和社会发展第十二个五年规划纲要》，2011 年 3 月 16 日，见 http://www.gov.cn/2011lh/content_1825838.htm。

[②] 《服务型制造是制造业转型升级重要方向》，《中国电子报》2016 年 7 月 29 日。

"产品—服务包"转变①。完整的"包"（bundles）包括物品、服务、支持、自我服务和知识，并且服务在整个"包"中居于主导地位，是增加值的主要来源②。

继《中国制造 2025》实施一年多后，2016 年 7 月 26 日，工业和信息化部发布《发展服务型制造专项行动指南》（以下简称《行动指南》），这是推动服务型制造发展的指导性文件。什么是服务型制造？其概念和内涵在国内外的理论和实务层面都处于探索阶段，尚未形成统一的表述。《行动指南》在广泛吸收多方研究成果的基础上，结合中国制造业发展实际，给出了一个简明扼要的定义③：服务型制造是制造与服务融合发展的新型产业形态，是制造业转型升级的重要方向。这个概念表达了三层含义④：一是产业形态层面，服务型制造是制造与服务融合发展的新型产业形态，对于加快服务型制造发展、优化产业结构、做优二产、做强三产等都具有重要意义；二是融合方式层面，强调服务要素在制造业投入和产出两个方面的作用，即基于制造的服务与面向服务的制造要同步发展；三是发展成效层面，不仅要向价值链两端延伸，还要实现价值链整体提升。

包装产业具有鲜明的"制造 + 服务"属性，无论是包装材料，还是包装装备，抑或包装制品，均以制造为基本特征。《指导意见》⑤作为国家出台的包装产业发展战略性文件，首次明确将包装产业定位为"服务型制造业"，解决了长期以来产业属性模糊导致行业定位不准、方向不定、发展失衡等问题，有利于引导包装产业整体按照制造业的发展方向完善体系、优化布局、

---

① 刘建国：《现代制造服务业发展模式与实施策略》，《商业经济》2012 年第 5 期。

② 黄群慧、霍景东：《〈中国制造 2025〉战略下制造业服务化的发展思路》，《中国工业评论》2015 年第 11 期。

③ 《服务型制造是制造业转型升级重要方向》，《中国电子报》2016 年 7 月 29 日。

④ 《服务型制造是制造业转型升级重要方向》，《中国电子报》2016 年 7 月 29 日。

⑤ 《关于加快我国包装产业转型发展的指导意见》，2016 年 12 月 19 日，见 http://www.miit.gov.cn/n1146295/n1652858/n1652930/n3757019/c5426038/content.html。

提升品质。

认识包装产业的服务性制造属性，必须从包装的基本定义、主体功能、产品种类及其发展趋势四个方面进行整体把握。

（一）从包装的基本定义看

中国国家标准 GB/T4122.1—2008《包装术语第一部分：基础》中对包装的定义是："为在流通过程中保护产品、方便贮运、促进销售，按一定技术方法而采用的容器、材料及辅助物等的总体名称。也指为了达到上述目的而采用容器、材料和辅助物的过程中施加一定技术方法等的操作活动"[1]。尽管其他国家、国际组织和包装学术界对包装的含义有不同的表述和理解，但基本意思是一致的，都以包装功能和作用为其核心内容，均包括两层意思[2]：（1）关于盛装商品的容器、材料及辅助物品，即包装物；（2）关于实施盛装和封缄、包扎等的技术活动。

显然，"包装物"是由包装制造装备加工而来的一种产品；"技术活动"则是由人或人与包装工艺装备共同对商品（内装物）实施包裹与装填活动所达成的一种服务。

因此，包装产业是为国民经济各行业的商品或其组件提供包装制品和／或包装解决方案的服务型制造业。

（二）从包装的主体功能看

传统包装的功能主要有两大方面：一是自然功能，即对商品起保护作用（又称保护功能）；二是社会功能，即对商品起媒介作用，也就是把商品介绍给消费者，吸引消费者完成购买行为，从而达到扩大销售、占领市场、提升价值的目的（又称促销功能或信息传达功能）。现代包装正在不断地对这两

---

[1]　参见 GB/T4122.1-2008：《包装术语第一部分：基础》，中国标准出版社 2008 年版。

[2]　王彦娜：《我国传统器物的功能性设计》，《现代装饰（理论）》2014 年第 1 期。

种功能赋予越来越丰富的内涵，尤其是智能化趋势和智能技术应用将包装的传达功能提升到了前所未有的高度。

这两种功能相辅相成。自然功能保护商品始终处于完好状态，为社会功能的实现提供保障；社会功能把商品尽快推向最终消费者，使自然功能的实现成为有效。包装的自然功能和社会功能共同作用于商品时，将直接影响该商品的市场竞争力。

一方面，保护商品所使用的包装材料和包装器具，需借助包装装备通过一定的加工过程制造出来；同样地，促进商品销售所采用的装潢设计（包括平面的和立体的），需借助包装印刷设备和成型装置以一定的实体形态表现出来，这些都是包装制造业属性的体现。另一方面，包装促销的实际效果（关注度、购买率等），反映的正是包装服务的质量好坏。包装强大的社会功能（商品促销服务），往往导致人们对其自然功能的忽视，比如彩色纸盒包装，在其装潢设计营造的效果或气氛下，消费者很少关注纸盒结构究竟提供了怎样的保护功能。这种忽视，可能导致一种误解，即误认为包装产业属于生产性服务业。

（三）从包装的产品种类看

包装产品的品种繁多，但概括起来可分为包装材料、包装制品、包装装备三大类。这三类产品均为工业制造过程的产物，其产品的职能和生产目的均为通过直接或间接的方式提供商品包装服务。包装产业的产品构成体系及其社会化服务职能，客观上决定了包装产业"制造＋服务"的属性。

（四）从包装的发展趋势看

在物联网技术的支撑下，伴随生产型制造向服务型制造转变，一场产业供应链重组的变革也将随之而来。由于供应链天然的社会化协作属性，生产商将与供应商、物流商、零售商等一起，以无缝协作的服务型网络化生产模式，共同完成产品的生产、分销和售后服务。这种新形态供应链体系中，包装的社会功能属性将会得到前所未有的充分发掘和有效利用，包装的作用和地位将得到极大提升。包装将从产品的概念设计开始，在产品全生命周期的各个环节中，全程参与产品设计、加工、储藏、分销、维护和回收过程。在为产品提供全方位服务的同时，包装自身也成为产品不可分割的组成部分。换言之，未来的包装产业将以深度集成制造模式，为生产商提供商品包装定制化服务整体解决方案。

总之，包装产业的服务型制造属性既是其本质所决定的，也是整个制造业体系在转型发展过程中对包装产业的必然要求。随着包装信息传达功能的不断增强，包装将成为制造业延伸服务的重要而有效的工具。

二、适应新定位的包装产业转型战略

中国包装联合会统计数据显示，我国包装工业总产值已从 1980 年的 72 亿元增长至 2016 年的 1.8 万亿元。《指导意见》以 2015 年的数据为基数，确定了 2020 年包装产业主营收入可达 2.5 万亿元的预期[①]。但这一预期是建立在转变产业增长模式、成功完成产业转型升级的前提之下的。

《指导意见》通过准确把脉，指出了我国包装产业制约转型升级的四大瓶颈：一是自主创新能力弱，先进装备和关键技术高度依赖进口；二是粗放型生产模式仍然普遍，绿色制造体系尚未形成，持续发展后续乏力；三是包装制造过程数字化、网络化水平低，智能化水平亟待提高；四是产业发展不平衡，产品同质化、竞争无序化现象难以遏制[②]。

[①] 《关于加快我国包装产业转型发展的指导意见》，2016 年 12 月 19 日，见 http://www.miit.gov.cn/n1146295/n1652858/n1652930/n3757019/c5426038/content.html。

[②] 《〈关于加快我国包装产业转型发展的指导意见〉解读稿》，2017 年 4 月 13 日，见 http://www.miit.gov.cn/n1146295/n1652858/n1653018/c5584344/content.html。

在制造业新的发展形势下，当前我国包装产业的发展模式已难以为继，急需转变观念，探索推动产业持续发展的新思路。《指导意见》立足现状，着眼未来，遵循《中国制造 2025》战略部署，将包装产业纳入中国制造体系进行通盘规划，全面、系统、科学地提出了产业发展的"1234"战略构想[①]，即：

一条主线：按照服务型制造业的产业定位，适应供给侧结构性改革要求，以有效解决制约包装产业发展的突出问题、关键技术与应用瓶颈为重点，全面推动产业的转型发展与提质增效。

两个目标：一是围绕绿色包装、安全包装、智能包装，构建产业技术创新体系。二是围绕清洁生产和绿色发展，形成覆盖包装全生命周期的绿色生产体系。

三个转变：推动包装产业由被动适应向主动服务转变，由资源驱动向创新驱动转变，由传统生产向绿色生产转变。

四个提升：一是产业的绿色发展水平，二是产业的智能制造水平，三是产业的自主创新能力，四是产业的国际竞争能力。

"1234"的总体思路和战略构想，具有很强的针对性、目标性和引领性，从根本上确立了产业转型发展的指导思想和主体目标，明晰了转型升级的方向和立足重点，解决了为什么要转型、向哪里转两个主要问题；尤其值得注意的是，《指导意见》以对接《中国制造 2025》为主线，既注重包装的产业特征，又突出其服务型制造业属性，构建的是包装产业发展的一种全新格局[②]。

包装生产企业应清醒地认识到，转型升级不仅仅是技术上的更新，也不仅仅是流程上的更新，最主要是观念上的更新。互联网时代包装制造业需要

---

① 《〈关于加快我国包装产业转型发展的指导意见〉解读稿》，2017 年 4 月 13 日，见 http://www.miit.gov.cn/n1146295/n1652858/n1653018/c5584344/content.html。

② 《〈关于加快我国包装产业转型发展的指导意见〉解读稿》，2017 年 4 月 13 日，见 http://www.miit.gov.cn/n1146295/n1652858/n1653018/c5584344/content.html。

从产品主导逻辑转变成服务主导，要与包装消费者共同创造价值，为客户提供消除痛点的一揽子解决方案，这些都是很重要的观念转变。在新的产业格局下，市场倒逼转型态势将日益凸显，中国包装生产企业又将面临新一轮洗牌，如果企业自身应对能力不足，极有可能被淘汰出局。

历次工业革命，其实质都是解放生产力，同时也深刻地影响着生产关系。生产关系的改变，将直接导致企业经营和生产组织形式的颠覆性变革。在"工业4.0"时代，产业工人将与机器系统、物流系统共同组建超级生产团队，人在团队中扮演的角色极可能是基于知识的系统决策者、监控者和维护者。具备一定现代专业技术的知识和技能，将成为产业工人的先决条件。

伴随制造业转型发展进程，客户的需求越来越多，成熟技术的生命周期越来越短，创新迭代的速度越来越快。未来包装生产企业需要夯实三种能力：一是回归"工匠精神"，坚持"十年磨一剑"，保障品牌与品质的持续力；二是发展云计算、大数据，强化价值链资源的整合力；三是推行智能化生产、经营、管理与服务，提高数据挖掘、分析与利用的判断力。

第三节　我国包装产业的因应之策

《指导意见》提出了中国包装产业至2020年的奋斗目标，一是"技术创新"，二是"绿色生产"。即围绕绿色包装、安全包装、智能包装，构建产业技术创新体系；围绕清洁生产和绿色发展，形成覆盖包装全生命周期的绿色生产体系①。这与《中国制造2025》提出的"促进制造业朝高端、智能、绿色、服务方向发展"要求是一致的。

---

① 《关于加快我国包装产业转型发展的指导意见》，2016年12月19日，见 http://www.miit. gov.cn/n1146295/n1652858/n1652930/n3757019/c5426038/content.html。

需要指出的是，绿色包装是前提，关系到包装产业能否实现可持续发展；安全包装是基础，直接影响包装对制造业和经济社会的服务质量；而智能包装是趋势，代表着包装产业的未来方向。只有实现三者协同发展，共同促进，才能推动包装产业新格局的形成，这是《指导意见》贯彻《中国制造2025》等强国战略的基本思路。

一、持续发展绿色包装

可持续发展（Sustainable development）概念的提出，是对人类几千年发展经验教训的反思，特别是对工业革命以来发展道路的总结。1987 年挪威首相布伦特兰夫人在其任主席的联合国环境与发展委员会世界环境与发展委员会的报告《我们共同的未来》中，把可持续发展定义为"既满足当代人的需要，又不对后代人满足其需要的能力构成危害的发展"[①]，这一定义得到广泛接受，并在 1992 年联合国环境与发展大会上取得共识。

1992 年联合国环境与发展大会通过了《21 世纪议程》，中国政府作出了履行《21 世纪议程》等文件的庄严承诺。1994 年 3 月 25 日，《21 世纪议程》经国务院第十六次常务会议审议通过，成为首个国家议程[②]。2002 年中国共产党十六大把"可持续发展能力不断增强"作为全面建设小康社会的目标之一。可持续发展是以保护自然资源环境为基础、激励经济发展为条件、改善和提高人类生活质量为目标的发展理论和战略，是一种新的发展观、道德观和文明观[③]。

可持续发展的本质其实就是"需要"与"限制"的矛盾冲突。可持续发展的基础是发展，没有发展一切无从谈起；而发展必须是可持续的，是经济、社会、环境的协调发展。在当前世界经济复苏乏力、下行压力加大的背

---

① 王金华、古江波：《科学发展观内部结构的理论分析》，《理论月刊》2012 年第 7 期。
② 常杪、杨亮、李冬溦：《环境公众参与发展体系研究》，《环境保护》2011 年第 21 期。
③ 戴铁军、高新昕：包装工业可持续发展与循环经济》，《生态经济》2014 年第 30 期。

景下，实现可持续发展是世界各国的共同心愿和普遍诉求①。

（一）增强绿色包装新认识

包装产业为国民经济提供支撑并贡献巨大财富的同时，不可避免地也消耗了大量资源，给生态环境带来了巨大压力，进而影响人民生活质量的提高。对包装企业而言，推进生态文明建设，需要构建科技含量高、资源消耗低、环境污染少的绿色制造体系，进而推动企业生产方式绿色化改造。对包装行业而言，需要培育节能环保等战略性新兴业态，才能有利于行业的健康持续发展。对经济社会而言，倡导绿色消费，鼓励商品适度包装，同时需要大幅增加绿色产品供给，保障绿色消费的持续性。由点及面，多方联动，齐抓共管，只有这样才能有效降低发展的资源环境代价。我国作为包装制造大国，尚未摆脱高投入、高消耗、高排放的发展方式，资源能源消耗和污染排放与国际先进水平仍存在较大差距。发展绿色包装，是关系到产业发展可持续性的重要课题②。为此，《指导意见》围绕转型升级任务迫切、融合创新特点明显、人民群众高度关切，提出了基于可持续发展的绿色包装新理念，并把发展绿色包装列为三大战略目标的首位。

关于包装与可持续发展或者包装与环境之间的关系，长期以来，存在两种看似截然不同的观点：

一种观点认为包装是造成环境问题的主要原因之一。公众高度关注与包装相关的资源枯竭及其废弃物回收问题，并已导致全球性的各种立法，以加大包装生产者的责任，并减少进入垃圾填埋场的包装废物量。包装生产企业应对这些关注最常见的方法是包装最小化和提高可回收性③。

---

① 罗建华：《"中国主张"为全球可持续发展贡献力量》，2016 年 9 月 22 日，见 http://forum.china.com.cn/thread-6122210-1-1.html。

② 杨檬、查丽、杨宇涛：《我国绿色制造政策与标准体系研究》，《信息技术与标准化》2017年第 Z1 期。

③ A.Azzi, D.Battini, A.Persona, F.Sgarbossa, "Packaging design: general frame work and research agenda", *Packaging Technology and Science*, Vol. 25, No.8（December 2012），pp. 435-456.

另一种观点认为，包装可以被看作是解决环境问题的推动者。近几十年来，大量的文献佐证了更好的包装设计如何减少供应链影响环境的机会[①]。其潜台词是：缺乏包装知识导致"坏包装"的产生；"用过的包装"放到了"错误的地方"。

显然，过度包装消耗了太多的资源。欠包装导致内容物的损坏和腐败，同样是浪费资源。包装消费者，包括整个供应链，都希望以"最小的代价"换取"最大的利益"，而包装供应商正努力以"最少的资源"获得"最大的功能效应"，"通过更好的包装为更多人提供更高的生活质量（Better Quality of Life Through Better Packaging for More People）"[②]。其实大家的目标是一致的：满足自身需要的同时，尽量减少对环境的影响。因此，这个共识是能够达成的：包装具有巨大的资源节约潜力，是可持续发展的一个重要工具。

使用"正确大小"和"正确强度"精心设计的适度包装，寻求资源的适当利用，可以平衡消费者、业界和全社会对包装与环境、生活和利益之间的需求。包装有助于减少商品、食物和能源等众多资源的浪费，并可在整个价值链中实施环境保护策略，在绿色经济产业转型中具有至关重要的促进作用。作为资源高效利用的现实驱动力，包装是实现国家环保目标的关键要素。因此，包装是可持续发展的积极推动者，而不是障碍。毫不夸张地说，现代工业离不开包装，现代社会没有包装就无法生存。引导全社会客观地认识包装在可持续社会所起到的重要地位和作用，正确、合理、科学地利用包装资源，同样是每一个包装从业者的义务和责任。推动包装的可持续发展，延伸包装的"绿色"功能，这正是《指导意见》倡导绿色包装理念的"新"意所在。

---

① M.B.Katrin,H.Pålsson, "A Supply Chain Perspective on Green Packaging Development—Theory Versus Practice", *Packaging Technology and Science*, Vol.29, No. 1（January 2016）pp. 45–63.

② WPO, *PositionPaper:Packaging—AnImportant Tool for a Sustainable Society,* 2017-03-22, http://www. worldpackaging. org/i4a/doclibrary/getfile. cfm? doc_id=1.

（二）倡导绿色包装新理念

国内对绿色包装尚无明确的定义，说明业界对其认知仍在发展之中。国外更是极少使用"绿色包装"一词，而是表述为环境友好包装、环境之友包装、可持续包装、低碳包装等。牛津词典尚未列入"Greenpackaging"的释义，Web of Knowledge 数据库中能查到的与之题名匹配的学术论文寥寥无几，这与国内学术期刊网的搜索结果大相径庭。从文化角度来理解，中国对环保性包装冠以"绿色包装"称谓，既贴切又形象，同时具有广泛的群众认知基础。

从可持续发展的角度来看，绿色包装应包括两个方面的含义。一方面，以保护生态环境为原则，强调生态平衡，以达到生态环境损伤最小化；另一方面，以节约资源能源为目标，重视资源的再生利用，以利于保护自然资源。其目的只有一个，即保护环境，这与可持续发展的目标是一致的。"绿色"一词应该理解为"对环境的影响最小化"，而不是"对环境无影响"。绿色包装实质上是人类为满足自身发展"需要"而进行自我"限制"的一种折中包装解决方案，是对未来与后代主动承担责任的一种承诺和体现。

基于上述考虑，绿色包装的定义，可以理解为一种以可持续发展为理念，设计合理、用材节约、回收便利、经济适用的包装整体解决方案。它包括三个基本要素："理念"+"方法"="方案"。

理念：绿色包装是可持续发展理念在包装领域的延伸。

方法：通过利用和发展科学的包装设计理论和方法，实现包装在结构、资源、使用和成本等方面的整体优化，即绿色包装是一种整体最优的适度包装。

方案：绿色包装是针对特定产品或产品类型，采用系统工程学原理，符合可持续发展要求而设计的一整套包装系统解决方案。

包装设计者将绿色理念融入产品包装中，有利于提高包装消费者的环保意识。绿色包装在满足包装自身持续发展需要的同时，通过选择环境友好型材料，采用安全的包装及其废弃物加工方法，使包装的"废弃物"变成为"副产品"，从而在整个产品生命周期内，将包装对环境的影响降至最低。

从包装全生命周期来看，包装循环路线大体可分为四个阶段（见图 4-2）：包装设计与制造、包装使用、包装回收和包装废弃物处理。

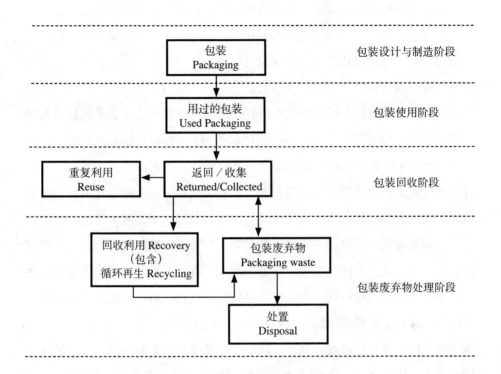

图 4-2 包装循环路线图

围绕包装循环全过程，《指导意见》提出了包装设计与制造减量化、包装消费低碳化、包装回收环保化、包装废弃物处理降解化的基本方针[1]，引导业界寻求最佳的绿色包装解决方案，最大限度地发挥包装的绿色功能效应。

在包装生产阶段，以满足包装的基本功能和消费者的需求为前提，尽可能减少不利于环境保护的包装材料、包装结构的使用量。世界上很多国家都把包装减量化作为实现绿色包装的一项重要措施和首选途径。所谓包装减量

---

[1] 《关于加快我国包装产业转型发展的指导意见》，2016 年 12 月 19 日，见 http://www.miit. gov.cn/n1146295/n1652858/n1652930/n3757019/c5426038/content.html。

化就是以系统的观点和方法指导包装设计，通过用材减薄、容器轻量、单元成组、结构优化、风格简约等技术手段和措施，减少包装生命周期内的能量消耗量，降低废弃物的发生率，获得最科学、合理、经济的包装解决方案。

在包装使用阶段，鼓励包装低碳化，即采用轻质高强包装材料制造轻量化包装容器，促进包装结构与装潢设计简约化、便利化，同时引导社会理性消费，采用适度包装，反对过度包装。

在包装回收阶段，倡导环境友好化，即鼓励产品制造企业采用轻质高强的集装托盘、包装周转箱等可回收复用包装器具；同时，城镇包装废弃物应健全分类收集、定点定时回收机制，逐渐完善包装物回收体系。

在包装废弃物处理阶段，应积极开发和使用可降解或堆肥化的绿色包装材料，无法降解的包装材料应尽可能资源化再循环利用，减少焚烧处置量。

随着工业化、信息化进程的不断发展，包装废弃物的处置问题日益受到社会的广泛关注，我国包装废弃物处理能力亟待提高。因此，发展绿色包装应成为全社会的一致行动。包装产业要实现绿色化的可持续发展目标，首先应从包装材料生产源头抓起，只有原材料绿色了，包装生产、使用才能实现绿色化。包装要实现可循环利用，既要在产品设计上不断创新，满足循环使用的要求，同时还应加大宣传力度，努力培育广大消费者的绿色消费理念。为此，《指导意见》建议：构建覆盖生产、流通、消费、回收与资源循环再利用的包装全生命周期绿色化网络体系[①]。

（三）构筑绿色包装新机制

中国未来经济增长和产业转型，将面临更为严峻的环境挑战：一方面，快速的经济增长导致资源需求与消耗的大量增加，可能导致环境污染的进一步加剧；另一方面，至 2025 年，服务型制造业和生产性服务业特别是交通运

---

① 《关于加快我国包装产业转型发展的指导意见》，2016 年 12 月 19 日，见 http://www.miit. gov.cn/n1146295/n1652858/n1652930/n3757019/c5426038/content.html。

输业的产出份额上升，更具污染性的产业结构将对环境问题形成巨大压力。

所谓绿色包装制造是以包装资源节约、环境友好为导向，运用自然生态的物质转化、物质再生循环与生态整合原理，结合系统工程和最优化方法实现物质高效分层多级利用，充分挖掘和发挥包装资源潜力，实现源头减废的大工艺包装系统[①]。

绿色包装材料即生态环境材料，指具有良好的性能和功能，对资源和能源消耗少，对生态和环境污染小，对人类健康无害，在材料的生命循环过程中与环境协调共存的材料。其环境相容性的基本表现形式为：可降解（无害吸收）、可堆肥（有益转化）和可复用（延长寿命）。绿色材料是绿色制造的重要基础，也是绿色包装技术的物质基础和核心[②]。

绿色包装技术则是从环境保护和经济可行的角度优化产品包装方案，选择能够循环复用、再生利用或降解腐化，并且在产品的生命周期中对人体和环境不造成公害的适度包装，实现资源消耗和废弃物产生最少[③]。绿色包装技术包括绿色包装的设计、材料的选择、废弃物回收处理和法律调控及环境标志等，关键技术是绿色包装物和绿色材料的先进生产制造技术、降解技术、回收再生和重复利用技术、包装废弃物的处理与综合利用技术等[④]。

那么，如何构建覆盖生产、流通、消费、回收与资源循环再利用的包装全生命周期绿色化网络体系呢？

1. 建立动脉、静脉相结合的可持续绿色包装制造体系

包装生产系统的运行模式与一般工业品基本相同，同样包括动脉、静脉两种系统构成方式。动脉系统指"设计→生产→使用→废除"的生产系统；

① 中国科学院先进制造领域战略研究组：《中国至 2050 年先进制造科技发展路线图》，科技出版社 2009 年版，第 129—130 页。

② 刘林、王凯丽、谭海湖、谢勇：《中国绿色包装材料研究与应用现状》，《包装工程》2016年第 37 期。

③ 庚晋、白杉：《"绿色包装"的发展机遇》，《湖南包装》2004 年第 1 期。

④ 中国科学院生态与环境领域战略研究组：《中国至 2050 年生态与环境科技发展路线图》，科技出版社 2009 年版，第 120—121 页。

静脉系统指"收购→分解→挑选→再利用→生产"的资源循环系统①。构建可持续绿色包装制造系统的目标就是研究和制定符合我国国情的包装政策、法规与标准，建立动脉与静脉相结合的可持续包装制造体系。可持续绿色包装制造体系主要包括：包装容器和器具使用、回收与再制造政策、法规和标准体系；包装全寿命周期相关责任体系；包装及其废弃物回收利用管理方式；包装及其废弃物回收、再制造企业资质与产品认证体系及质量标准；产品制造商对其包装回收、处理责任的立法等。

为此，《指导意见》提出了具体措施②：落实国家循环发展引领计划和能源、资源消耗等总量与强度双控行动，构建从设计、材料、制造到流通、消费与回收循环利用全生命周期的绿色包装工业体系；推进以"节能减排，环境友好"为核心的绿色包装制度与法规建设，推行包装绿色评估制度、绿色认证制度、企业退出制度，构筑生态安全屏障；制定产品包装征税与包装废弃物定量阶梯收费办法，引导包装企业积极采用用材节约、易于回收的适度包装解决方案，加快适度包装与绿色包装技术、工艺创新、循环资源的利用进程。

2. 发展清洁生产和包装资源化的生态文明包装循环经济体系

生态化与资源循环利用将成为未来包装工业提高资源利用效率的发展方向。清洁生产与循环经济技术是利用绿色工艺与技术实现资源能源节约与源头减污，利用资源循环利用技术实现工业生态系统构建，其最终目标是实现生产过程、消费过程与自然生态系统的高度和谐共存③。注重发展清洁生产与循环经济，其实质是在积极推动经济发展和社会进步的同时，减少资源消耗和污染排放，将污染控制与经济发展脱钩。德国和日本在发展循环经济方面走在世界前列，但其循环经济发展定位于环境管理模式，侧重固体废弃物

---

① 中国科学院先进制造领域战略研究组：《中国至 2050 年先进制造科技发展路线图》，科技出版社 2009 年版，第 129—130 页。

② 《关于加快我国包装产业转型发展的指导意见》，2016 年 12 月 19 日，见 http://www.miit. gov.cn/n1146295/n1652858/n1652930/n3757019/c5426038/content.html。

③ 中国科学院生态与环境领域战略研究组：《中国至 2050 年生态与环境科技发展路线图》，科技出版社 2009 年版，第 120—121 页。

的再循环利用[①]。在面向包装污染防治和环境管理方面，基于包装物质循环的环境技术/绿色技术成为今后的核心。这主要包括三个方面[②]：一是包装废弃物资源利用的环境污染评估与控制技术；二是包装资源的高效、清洁转化利用技术即清洁生产技术；三是包装企业共生网络和生态工业共生系统集成技术，发展生态工业共生经营新模式。

《指导意见》确定的具体措施有[③]：倡导适度包装，推行简约化、减量化、复用化、精细化包装设计技术，提升覆盖包装全生命周期的整体设计能力，坚决抵制过度包装；加大绿色包装关键材料、技术、装备、工艺、产品的研发力度，推动企业生产方式绿色化，加速落后产能淘汰，从根本上摆脱高投入、高消耗、高排放的粗放模式，形成科技含量高、资源消耗低、环境污染少的产业结构；组织实施绿色材料、清洁生产、循环利用等技术改造项目，加强节能环保技术、工艺、装备的推广应用，推行企业循环式生产、产业循环式组合、园区循环式改造；推动包装绿色制造企业与园区示范工程建设，建设一批绿色转型示范基地，形成一批引领性强、辐射作用大、竞争优势明显的重点企业、大型企业集团和产业集群。

发展绿色包装是世界包装业的大趋势，加快建立绿色包装工业体系，是我国包装产业的必由之路。在未来20年，绿色包装技术和绿色包装材料的广泛应用将有力地推动我国包装产业与关联产业的深度融合，进而确立包装产业在我国制造业绿色发展进程中不可或缺的生力军地位。

二、深入发展安全包装

改革开放以来，通过持续大量引进、采用国外最先进的材料、装备、工

---

① 赵莹、肖光进：《国外循环经济主要发展模式及启示分析》，《中国集体经济》2010年第2期。

② 吴荻武、武春友：《生态型产业集群的运作模式研究》，《科研管理》2010年第31期。

③ 《关于加快我国包装产业转型发展的指导意见》，2016年12月19日，见http://www.miit.gov.cn/n1146295/n1652858/n1652930/n3757019/c5426038/content.html。

艺和技术，我国包装工业实现了跨越式发展，但基础薄弱、大而不强的问题并未得到有效解决。主要表现在关键基础材料、核心基础零部件（元器件）、先进基础工艺、产业技术基础等"四基"的自主创新能力低，包装为商品保驾护航的基本职能和作用未能充分发挥，产业整体竞争力和可持续发展能力的提升受到严重制约。

《中国制造2025》把强化工业基础能力作为战略任务，其目的就在于强力解决产业链瓶颈问题。"求木之长者，必固其根本"，提升包装工业基础能力，是促进产业结构调整和转型升级，加快迈向中高端水平，实现经济可持续健康发展的必然要求，更是保障我国包装工业从包装大国迈向包装强国的关键所在。

包装产业如何实施强基工程？

2016年4月19日，习近平总书记《在网络安全和信息化工作座谈会上的讲话》强调："安全是发展的前提，发展是安全的保障，安全和发展要同步推进"[①]。基于五大发展理念和服务型制造业发展要求，《指导意见》选择将"安全包装"作为推动产业转型发展主攻方向之一，提出了以市场为导向的包装产业"四基"发展强化机制，也就是以市场对包装安全功能要素的新要求，推动实现安全包装的关键材料、核心器件、先进工艺和基础理论等"四基"的发展和进步。

（一）安全包装的构成要素

包装首先必须是一个安全系统，这是其基本功能所决定的。

那么什么是安全包装？我们认为，从系统论的角度来分析，安全包装系统一般由两个子系统构成，一是包装安全系统，二是安全包装生产系统。其中，包装安全系统有四个基本构成要素，即4M要素：人（Men）即人（消费者）；物（Materials）即包括内装物、材料、工具等物质；环境（Medium）

---

① 《在网络安全和信息化工作座谈会上的讲话》，《人民日报》2016年4月26日。

即包装内外环境；措施（Measures）即商品包装质量保障体系。安全包装生产系统也有四个要素：人——员工的安全素质，包括心理、生理与文化素质，以及安全意识与技能等；物——设备与环境的安全可靠性，包括生产环境设计安全性、制造过程安全性、设备使用安全性等；能量——生产过程能源的安全作用，包括能源环境友好性、能源消耗可控性等；信息——充分可靠的安全信息流，包括安全信息获得的完备性和实时性、信息管理共享性和高效性等①。

所谓安全包装，就是在产品全生命周期内由包装安全系统和安全包装生产系统共同为各关联要素提供无损和无害的技术手段与方法。

安全包装是一种更高层次的防护包装形式，被赋予了更多的责任和义务，也更具有可持续发展的生命力，是包装科学发展到新阶段的必然产物。

（二）安全包装的体系构建

长期以来，我国包装产业发展外来“植入”性强，自主基础研究不足，底层技术和配套产业基础技术支撑乏力、发展极不均衡。《指导意见》将安全包装列为推动产业转型发展主攻方向，不仅是对《国民经济和社会发展第十二个五年规划纲要》中“加快发展先进包装装备、包装新材料和高端包装制品”定位的进一步升级，更是贯彻《中国制造 2025》“强化工业基础能力”的指导思想，坚持“问题导向、产需结合、协同创新、重点突破”的原则，引导和推进产业转型发展基础，更好地适应国家重大需求的一种战略选择，对包装产业、行业和企业来说，是新的目标，更是新的动力。

发展安全包装，关键还在于安全包装技术的协同创新和可控的包装安全生产与监管体系的构建。《指导意见》对发展安全包装的基本思路，概括起来主要包括两个方面：

---

① 周学选：《企业的安全文化建设》，《现代企业文化》2010 年第 12 期。

1. 坚持产需结合，重点突破核心技术，巩固和发展包装安全体系建设

一是发展新型保质保鲜技术。《左传·成公十三年》云"国之大事，在祀与戎"，亦即一个国家的大事在于祭祀与战事；之于今日，国之大事可理解为民生和国防。因此，《指导意见》将提升食品、药品及军品包装的安全保障能力放在了十分突出的地位。

食品、药品包装关系民生需求。当前，我国仍处于食品安全风险隐患凸显和食品安全事件集中爆发期，影响药品质量安全的一些深层次问题依然存在，食品和药品质量安全形势依然十分严峻。为此，国务院先后印发了《"十三五"国家食品安全规划》和《"十三五"国家药品安全规划》，对百姓饮食用药安全作出系统安排。《中国制造2025》也要求在食品药品领域实施覆盖产品全生命周期的质量管理、质量自我声明和质量追溯制度，保障食品药品质量安全。食品和药品，关乎每个人的健康，包装作为保障和鉴别食品药品质量的重要手段和主要途径，其作用重大、责任重大。目前需要重点突破的是食品药品包装中有害物质识别和迁移检测等技术瓶颈，探索延长、评估和监测商品货架寿命的科学体系，这也是当前国际包装学术界的研究热点。

军品包装关系国防大计。军品包装作为军事装备与军用物资保障的基础和提高保障军队后勤效能的有效途径，直接影响着装备和物资的储存、运输、分发、使用及管理等方式及要求，是各种保障手段的"承受体"、保障力量的"承载体"和保障信息的"承接体"。目前需要重点突破的是大型武器装备防护包装、军用物资软包装、战时联合投送防护包装、军民通用特种功能包装等技术。

二是发展包装防伪技术。包装作为商品防伪技术的重要载体，在遏制假冒伪劣商品泛滥，维护商品经济的市场稳定和正常秩序等方面，一直发挥着重要的作用。

由于制造业活动的增加，全球防伪包装市场需求正在急剧扩大，其中，食品饮料、制药和保健行业的不断增长，以及产品制造商越来越关注品牌保护，

是防伪包装市场的主要驱动力。据 Markets and Markets（全球第二大市场研究咨询公司）2017 年 1 月预测，全球防伪包装市场估计 2016 年为 107.26 亿美元，预计 2021 年将达到 206.57 亿美元，复合年增长率 CAGR 为 14.0%。[①]

防伪包装技术按使用特征细分，包括跟踪技术、篡改证据、公开特征、隐蔽特征和取证标记等。贸易全球化要求在交付过程中的任何时间均能定位包装，现代物流包装的防伪功能将得到实质性的拓展。因此防伪技术在巩固和发展包装安全体系建设中将发挥独特的作用。

2. 推进协同创新，有效加强监控监管，建立和完善安全包装保障体系

一是发展生产过程包装在线检测与监控技术。随着与产品制造过程的深度融合和信息技术、智能技术的发展与应用，包装在提高商品尤其是食品药品包装的溯源性与可追溯性中将发挥越来越重要的作用。同时将为生产制造企业提升产品质量及服务品质，推行包装召回制度，提供基础数据和技术保障。

二是实施食品药品包装安全化工程。构建完备的安全包装新体系，需要包装企业与产品制造商密切合作、协同创新。为此，《指导意见》提出，启动食品药品包装清洁安全生产和质量检测监管等重大专项，大力提升现有食品药品包装检测机构的技术水平，创建一批食品药品包装质量检测中心，建设食品药品质量包装安全追溯管理网络信息平台。[②]

三、快速发展智能包装

全球新一轮的科技革命，引发了新一轮的产业革命，智能化成为制造业

---

① Markets and markets, *Anti—Counterfeit Packaging Market by Technology(Coding&Printing, RFID, Hologram, Security labels, Packaging Design), Usage Feature(Track&Trace, Tamper Evidence, Overt, Covert, ForensicMarkers), End—use Sector, andRegion—Global Forecastto2021*, January2017, http://www.marketsandmarkets. com/Market—Reports/anti—counterfeit—packaging—advanced—technologies—and—global—market—129. html.

② 《关于加快我国包装产业转型发展的指导意见》，2016 年 12 月 19 日，见 http://www.miit. gov.cn/n1146295/n1652858/n1652930/n3757019/c5426038/content.html。

的转型目标。智能制造是《中国制造 2025》的主攻方向，智能制造工程是《中国制造 2025》的五大工程之一。围绕智能制造，工信部、发展改革委等相关部门相继发布了《智能制造工程实施指南》、《国家智能制造标准体系建设指南》、《智能制造发展规划（2016—2020 年)》等顶层设计文件，并组织开展了一系列智能制造专项及试点示范。2015 年，工信部批准了 46 个智能制造试点示范项目和 94 个智能制造专项，2016 年，再次批准了 63 个智能制造试点示范项目。2017 年，在这种发展态势下，《指导意见》将"智能包装"列为中国包装制造业转型升级的重要抓手也就顺理成章。推进包装智能制造的目的，一是深度融合供应链的需要，进而满足制造业智能化对包装服务职能提出的新要求，是推进包装产业信息化与工业化深度融合的重要举措；二是实现包装制造过程的"机器代人"，以降低生产成本，灵活应对市场变化，更好地满足客户需求。

（一）智能包装的内涵诠释

1. 关于智能制造

智能制造技术的内涵非常丰富，智能制造的"制造"（Manufacturing）二字是广义的，包含整个产品生命周期，而不仅是指生产（Production）和加工（Processing）。

什么是智能制造？《智能制造科技发展"十二五"专项规划》给出的定义是：智能制造技术是在现代传感技术、网络技术、自动化技术、拟人化智能技术等先进技术的基础上，通过智能化的感知、人机交互、决策和执行技术，实现设计过程、制造过程和制造装备智能化，是信息技术和智能技术与装备制造过程技术的深度融合与集成[1]。简言之，智能制造是指具有信息自感知、自决策、自执行、自学习等功能的先进制造过程、系统与模式的总称。

---

[1]《智能制造科技发展"十二五"专项规划》，2012 年 4 月 24 日，见 http://www.gov.cn/gzdt/att/att/site1/20120424/001e3741a474110045d901.pdf。

智能制造具有四个基本特征：一是状态感知，即能够准确泛在地感知和响应外部输入的实时运行状态；二是实时分析，即能够对所获取的实时运行状态数据进行快速、准确的分析；三是自主决策，即按照设定的规则，根据数据分析的结果，自主作出判断和选择，并具有自主学习的能力；四是精准执行，即能够快速响应外部需求变化，根据决策结果，针对当前企业生产与营销的运行状态，快速给定产品研发与生产调度等应对方案和措施，并准确执行。[①]

实际上，云计算、大数据分析、电子商务、移动应用、物联网和企业社交网络、工业互联网（或产业互联网）等技术都属于智能制造的支撑技术或实现手段，可以说智能制造本身已经蕴含了互联网＋制造业。同时，推进智能制造应当符合绿色制造的理念，围绕绿色设计、绿色工艺、绿色包装，形成绿色工厂与智能工厂、绿色园区与智慧园区有机统一的建设模式。

实现智能制造的核心是数据和集成，即依据准确的基础数据，实现信息系统之间、信息系统与自动化系统之间的深度集成，是对现有制造系统智能化升级。制造业信息化专家宁振波等[②] 提出的智能制造"状态感知、实时分析、自主决策、精准执行、学习提升"二十字箴言，揭示了智能制造技术的发展方向。

2. 关于智能包装

智能包装虽已成为研究和应用的热点，但业界对智能包装的定义仍在发展中。明确这一概念对界定智能包装的产业边界及其细分市场非常重要。

笔者认为，智能包装应包括包装智能制造和智能包装产品两大部分。

现阶段包装智能制造主要包括包装装备和包装过程的智能化升级改造两个方面，这是比较容易达成共识的。对于智能包装产品的界定则较为复杂，其分类尚不十分明确。

---

① 刘检华：《智能制造、工业 4.0 和数字化制造的异同》，2016 年 12 月 7 日，见 http://articles.e-works.net.cn/plmoverview/article132231.htm。

② 黄培：《一文彻底读懂智能制造!》，2016 年 3 月 28 日，见 http://eworks.baijia.baidu.com/article/380856。

综合相关文献和法规[①]，笔者认为，智能包装产品是一种能够执行智慧型功能（包括感知、检测、记忆、跟踪、通信、判断、执行等），具有一定信息处理与决策能力的包装系统。[②]

由此可见，具有信息处理能力的智能包装（Intelligent Packaging），拓展了包装的信息传达功能。而具有调节包装微环境的活性包装（Active Packaging），延伸了包装的基本防护功能（变被动为主动）；具有改善环境相容性的绿色包装，衍生了包装的环境保护功能。"绿色"、"活性"、"智能"扩充了包装的基本功能，形成了现代包装新的功能体系（见图4-3）。

图4-3 现代包装功能体系

智能包装产品的任务是监测包装内容物的质量状况，反馈质量影响因素的变化信息，响应系统维护与修复的控制指令。智能包装产品的目的是在商品流通周期内，延长保质期、增强安全性、保证商品质量（跟踪、溯

---

① A.R.DeJong, H.Boumans, T.Slaghek,et al.,"Active and intelligent packaging for food:Is it the future？",*Food Additives and Contaminants*, Vol.22, No.10(October 2005), pp. 975–979.

② M.Ghaani, C.A.Cozzolino, G.Castelli, et al.,"An over view of the intelligent packaging technologies in the food sector", *Trends in Food Science & Technology*, Vol.51, (May 2016), pp.1–11.

源、预警、防伪）。智能包装产品由智能组件、工业互联网和包装件等三个要素构成，而智能组件则为由若干智能材料、智能元件、通讯单元和中央处理单元（CPU）等构成的信号（发生、记录、储存、发送）处理器和控制器。

智能材料包括各种功能油墨和涂料（导电、温敏、湿敏、气敏、光敏、磁敏、压敏等材料）、形状记忆材料、气体选择透过材料、印刷电子材料等；智能元件包括各类指示器（如时间—温度指示器、密封性指示器、新鲜度指示器等）、各类传感器（如重力传感器、加速度传感器、PH 传感器、生物传感器、气体传感器、基于荧光的氧传感器等）、条形码和射频识别标签（RFID）等；通讯单元包括用于信息获取、存储、通信网络等的嵌入式接口、逻辑电路、天线等器件；中央处理单元（CPU）包括各类嵌入式电子型、纳米型、有机型、生物型等微型芯片。

上述智能材料和智能元件构成基本的智能包装产品链。未来智能包装系统与物流系统的关系如图 4-4 所示。

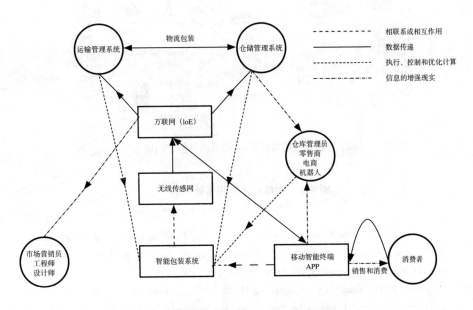

图 4-4 智能包装系统与物流系统关系

作为示例，图 4-5 演示了由瑞典皇家理工学院（Royal Institute of Technology）与中国复旦大学学者共同开发的一种智能药品包装盒及其基于物联网和 RFID 开发的应用平台①。

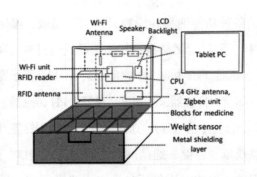

（a）智能药盒的组成及接口

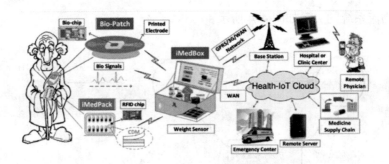

（b）智能药盒在智能家居-物联网系统中的应用

图 4-5　智能包装应用系统示例②

① GengYang, LiXie, MattiMäntysalo, etal., "A Health—IoT Platform Based on the Integration of Intelligent Packaging, Unobtrusive Bio—Sensor, and Intelligent Medicine Box", *IEEE Transactions on Industrial In formatics*, Vol.10, No.4(2014), pp.2180-2191.

② GengYang, LiXie, MattiMäntysalo, etal., "A Health—IoT Plat form Based on the Integration of Intelligent Packaging, Unobtrusive Bio—Sensor, and Intelligent Medicine Box", *IEEE Transactions on Industrial In formatics*, Vol.10, No.4(2014), pp.2180-2191.

（二）智能包装的发展方向

《中国制造 2025》提出"智能制造"的根本目的是利用智能化技术，强化基础能力，加快轻工等传统行业生产设备的升级改造，提高精准制造、敏捷制造能力。定制消费趋势预示着个性化消费时代的到来。这既是一种新的消费现象，也蕴含着深刻的经济背景，它将引发传统产销模式的重大变革[①]。

我国包装制造业虽然体量比较大，但存在能耗高、产业附加值低等诸多问题。产业传统竞争力正在不断被削弱，原有的依靠廉价成本要素投入、产能规模优势的扩张模式将落下帷幕，生产方式将进一步趋于扁平化。如果叠加智能化升级，提高产品质量和定制化程度，就可以向微笑曲线更高端方向发起挑战，实现变道超车，获取更高利润率。未来智能包装系统与商品制造业的信息流如图 4-6 所示。

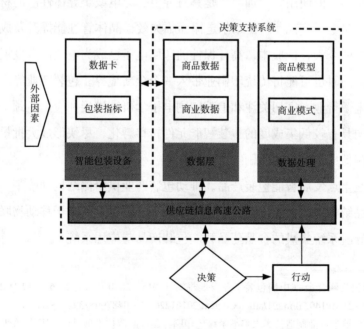

图 4-6 智能包装系统中的信息流

---

① 沈伟民：《把自己的私人签名印在袖口上》，《经理人》2006 年第 12 期。

据国外媒体预测，智能包装产品全球市场在 2016 年至 2021 年期间的年复合增长率约为 7.4%，2021 年底最终达到 246.5 亿美元（1700 亿人民币）。

针对智能包装，《指导意见》指出了一系列发展目标，其中应重点关注四个方面：

一是优先发展智能包装装备。推广数字化、网络化设计制造模式，发展以数字化、柔性化及系统集成技术为核心的智能包装和印刷装备[①]。鼓励发挥行业工艺技术专长的优势，研发试制市场急需的智能传感器大面积高速印刷制造工艺及设备、小型化组合式快递业智能分拣派送自动包装设备等。

需要特别指出的是，印刷电子是一种共性使能技术。中国古代印刷术曾对世界文明进程和人类文化发展产生过重大影响，如今，印刷电子这项新型"印刷术"也将引发一场新的产业革命。印刷电子术与传统的印刷技术原理大体相同，但使用的"油墨"是具有导电、介电或半导体性质的材料，印刷对象则是电子产品[②]。在摩尔定律面临失效、晶体管性能提升及成本降低越来越难的今天，低成本、高环保性的印刷电子已成为电子产业发展的一个新契机，同时也可能将传统印刷业带入一个全新境界。包装产业界应主动对接印刷电子行业，密切关注和追踪印刷电子学研究进展和应用瓶颈，引导印刷电子向具有较低集成度的包装智能元件转移孵化，尽快形成大批量生产能力，以降低成本，推动印刷电子实用化。

二是重点发展智能包装产品。推动包装产业供给侧结构性改革，在优化传统产品结构、扩大主导产品优势的基础上，重点发展基于移动物联网与北斗卫星导航系统集成的食品药品智能包装产品与应用系统[③]。

---

① 中国包装联合会：《中国包装工业发展规划（2016—2020 年）》，2016 年 12 月 20 日，见 http://121.40.149.70/img/1/articleContext/20161220/213704879957392_0_0.docx。

② 变革性纳米产业制造技术聚焦纳米绿色印刷与器件制造技术项目研究团队：《纳米科技引领绿色印刷新时代——变革性纳米产业制造技术聚焦纳米绿色印刷与器件制造技术项目研究进展》，《中国科学院院刊》2016 年第 9 期。

③ 《关于加快我国包装产业转型发展的指导意见》，2016 年 12 月 19 日，见 http://www.miit.gov.cn/n1146295/n1652858/n1652930/n3757019/c5426038/content.html。

中国包装产业应尽快形成具有自主知识产权的 RFID 产业链，利用 RFID 的技术成熟度和功能优势，带动其他包装智能元件的研发和产业化，国家及行业组织对示范工程和试点企业，要在孵化期"帮一下"，成长期"扶一程"，成熟期"推一把"，促进我国包装产业尽早占领全球智能包装市场制高点。

三是积极鼓励开展智能生产。注重包装设计与信息技术的结合，应用环境感应新材料，实现包装微环境的智能调控，推进生产过程智能化改造，提升智能包装车间、智能包装工厂的建设基础能力。

智能生产的侧重点在于将人机互动、3D 打印等先进技术应用于整个工业生产过程，并对整个生产流程进行监控、数据采集，便于进行数据分析，从而形成高度灵活、个性化、网络化的产业链。生产流程智能化是实现包装智能制造的关键。

四是加速构建包装制造资源协同共生网络平台。长期以来，包装产业为制造业提供的是单一的产品包装服务，而进入智能制造时代后，包装的服务方式也应随之发生变化。包装产业依托互联网与各行各业开展融合创新，所产生的化学反应和放大效应，将不断衍生产品设计、生产制造和营销服务的新模式，成为包装产业转型升级的新引擎[1]。传统包装产业有望借助电商、大数据等手段来优化运营模式，通过网络零售、网络分销环节的数据化和生产方式的大规模个性化定制等促进产业转型，从而给企业带来全新的业务增长与效益增值。

（三）智能包装的技术重点

通过功能材料、先进制造、人工智能、互联网络等新兴技术与供应链的集成与融合，利用网络化、协同化的生产设施，可以形成具有感知、推理、决策、执行、自主学习及维护等自组织、自适应功能的智能生产装备和系

---

[1] 农夫：《中国制造业如何化茧成蝶》，《绿色中国》2016 年第 2 期。

统，这些智能化装备将成为包装产业转型升级的基础能力。

由于造价、使用、维护、安全防护等方面应用门槛比较高，工业机器人很难被中小企业所采用。为了降低使用门槛，工业机器人技术始终在不断地进步和发展之中，未来有望在更多的行业得到推广应用。中国包装中小企业体量大，现阶段乃至未来一段相当长的时期，包装工业机器人难以普及。但在制造服务化产业链中，包装工业机器人将首先应用并成为主角。

概括而言，笔者认为，中国包装产业未来5—10年需要重点发展的智能技术主要包括：

1. 多层复合型包装废弃物材料高效分离、功能化和高值化加工制备、改性成套装备

（1）开展多层复合型包装废弃物材料高效分离关键技术、工艺流程及布局数字化建模与装备的研制；

（2）开展多层复合型包装废弃物材料改性、资源再生功能化和高值化关键技术与装配的研制；

（3）开展多层复合型包装废弃物材料资源化、智能化改造的成套装备研制与应用示范。建成基于生物与纳米技术多层复合型包装废弃物材料资源再生与循环利用的智能生产系统，以及具备选择性、高效率的高效分离工艺流程智能化分析、监控、评估、优化、操控的全程服务系统，实现分离、改性、再生、成型等全流程的信息共享与智能控制。

2. 小型化果蔬产品智能分拣自动包装成套装备

开展面向个体、小微企业的小型化果蔬产品智能分拣装备和智能化自动包装成套装备的研发。研制基于机器视觉、智能信息处理技术的果蔬产品小型化自动包装设备，具备果品无损检测、智能分拣、自动封箱的能力及产品信息网络实时共享功能。

3. 瓶装 / 灌装液态产品无损包装品质检测关键技术与装备

（1）开展瓶装 / 灌装液态产品固体包装无损检测关键技术与装备的研究；

（2）开展瓶装／灌装液态产品信息溯源平台与包装无损检测智能装备的超市应用示范。研制基于声学、光学原理与智能信息处理技术的瓶装／灌装液态产品品质无损包装检测关键技术与应用装备，在不开启、不破坏原有包装实体形态的情形下，具备商品品质的自动检测、智能判断的能力。

4. 快递商品自动包装智能配送装备

针对快递商品和电商营销模式的特点，研发设计具有智能排产、柔性制造、自动包装、物流配送和售后服务等多功能高度集成、多工序协同优化的新型快递包装配送一体化、小型化、智能化装备，以满足市场急需。

5. 产品包装生命周期分析与货架寿命评价公众服务平台

包装信息传达功能在商品跟踪、溯源、防伪等方面延伸，并实现集成应用的大数据网络化公共服务平台。

6. 高速智能包装设备

液态产品高速无菌灌装成套设备；多功能 PET 瓶饮料吹灌旋一体化智能成套设备；注射剂高速灌装联动智能成套装备；高速口服固体制剂智能成套设备。

7. 包装制造资源协同共生网络平台

实现产品可模块化设计和个性化组合；建立用户个性化需求信息平台和供应链各层级的个性化定制服务平台，能提供用户需求特征的数据挖掘与分析服务。

总之，要顺应制造业服务化、智能化的发展趋势，现阶段我国包装产业必须尽快转变经营观念、创新服务模式，构建起绿色包装、安全包装、智能包装为重点方向的发展体系，其中，绿色包装的发展重点是建立动脉、静脉相结合的可持续绿色包装制造体系；安全包装的发展重点是在关键材料、核心器件、先进工艺和防护理论等方面建立、完善和巩固安全包装保障体系；智能包装的发展重点是强化生产过程的信息化改造，优先发展智能包装装备和智能产品，加速构建包装制造资源协同共生网络平台。

第五章　经济社会改革与包装产业
发展的新出路

　　十一届三中全会以来，党中央始终坚持不懈推进改革，我国经济社会发展速度领跑全球，综合国力大幅提升，在国际社会特别是在发展中国家中的影响力显著增强。在总结改革经验与教训的基础上，党的十八届三中全会针对新形势下出现的新问题及以前改革散点式、浅表化等实际情况，决定全面深化经济、社会、政治、文化、生态各个领域的改革，通过了具有重大战略影响的《中共中央关于全面深化改革若干重大问题的决定》（以下简称《决定》），针对各个领域的不同实际提出了改革的目标、路径、方法和手段，吹响了经济社会综合改革的冲锋号。

　　《决定》明确我国经济体制改革的重点：一是要理顺政府与市场的关系，充分发挥市场配置资源的决定性作用；二是要建立科学合理的再分配体系，注重效率与公平的有机统一，缩小贫富差距，实现发展成果共享；三是要重视创新在发展中的第一驱动力功能，实现经济发展由要素驱动向创新驱动的转变；四是要促进产业经济的绿色转型发展，提高产品品质，去除泡沫，挤干水分，实现经济增长由追求数量向强化质量的转型；五是要推进供给侧结构性改革，通过"三去一降一补"，提高增量供给的有效性能，激活存量供给的实用价值，化解高杠杆的泡沫风险，降低产业与市场的运营成本，实现供给侧与需求侧的有机衔接与合理匹配。国家经济社会改革的系统思路和重大举措，对我国包装产业转型发展正产生着重要作用和深远影响。

第一节　经济社会改革与产业转型发展

经济因其在社会发展具有基础性地位，往往成为改革的先行领域。成功的经济体制机制改革，不仅能有效推动国民经济的快速增长和高质量发展，还能以其强大的辐射功能推动政治、文化、社会、生态等各个领域和各个层面的改革进程。因此，党的十八大以来，我国始终将壮大实体经济作为发展经济的着力点，将提高供给体系质量作为经济改革的主攻方向，致力推动经济发展实现质量变革、效率变革和动力变革。

一、经济社会改革的时代要求

经济社会发展一直有其运行的轨迹和客观规律。在每一个特定的历史时期，受特定的社会环境或多种综合因素影响，发展的运行轨迹也总是起伏不定，而每当发展出现体制僵化、动力衰竭、运行不畅、速度下滑、通道淤堵等问题时，就必须通过强有力的综合改革来破除体制机制上的阻碍，为发展注入新的活力，形成新的动力，从而使经济社会发展走向新的高度。当前，我国作为世界第二大经济体，经济社会发展正面临着新的更大机遇和更为严峻的挑战，解决发展中的瓶颈问题，不能再停留在修修补补式、蜻蜓点水式的改革模式上，必须全面深化改革。

第一，国际形势发展变化倒逼经济社会改革。经济全球化与信息革命把世界连成了一个整体，国际经济社会的共鸣共振已成为一种常态，亚马逊雨林"蝴蝶效应"在经济社会变革中不断显现，正所谓亚洲一个呵欠，欧美就感到疲倦，美洲一得感冒，欧亚就头脑发热，也就是说，后金融危机时期各国的应对、创新与改革，都会对全球产生"牵一发而动全身"的影响，人类在经济社会活动中已经成为命运共同体，没有哪个国家或地区能独善其身。在如此宏大的国际社会背景下，顺应并引领改革大势，促进经济社会繁荣发展，协调有序地推进我国社会主义各项事业的建设，持续增强国家综合国力，促进我国从追赶向领跑者的转变，实现"中国梦"的奋斗目标，彰显社会主义制度的优越性，既是题中的应有之义，也是发展的当务之急。

第二，我国的经济新常态呼唤经济社会改革。我国相当长一段时期以来一直处在社会主义的初级阶段，在这个特殊的历史阶段，我国经济增长方式依然粗放低效，市场经济体制还不健全，社会发育尚不完善，自我调节机制还未建立，人民生活整体水平仍然不高，生态环境恶化还未能有效遏制。要有效解决好这些问题，决胜全面建成小康社会、进而全面建设社会主义现代化强国，就必须依靠经济社会改革。基于新的国际形势和新的发展背景，十八大闭幕后，党中央成立了由习近平同志任组长的中央全面深化改革领导小组，并通过十八届三中全会形成《决定》，正式吹响了全面深化改革的号角。《决定》以深入调查研究为基础，紧密结合世界局势变化，立足我国国情作出改革的顶层设计，按照全面发力、多点突破、纵深推进的系统思路，确立了改革的指导思想、总体目标、主要任务和推进手段，并对各个领域的具体改革作出了安排部署。党的十八大以来，我国四梁八柱的改革主体框架有效构建，诸多重大改革举措落地实施，体制机制弊端不断革除，制度体系逐步完备，"三去一降一补"深入推进，全社会发展活力和创新活力有力激发，重要领域和关键环节取得了改革的决定性突破，更高质量、更有效率、更加公平、更可持续的发展模式已经基本形成。

二、经济社会改革的深远影响

经济社会改革是全面深化改革的重点。为什么要改革？改革要达到什么目的？改革的效果会产生什么样的影响？这些都是人们最为关切的问题。从《决定》所阐述的指导思想和总体目标来看，全面深化改革的基本目的有三点：

第一，全面深化改革，旨在遵循发展的客观规律。习近平总书记在

2013 年 11 月 3—5 日考察湖南时指出："我们这么大个国家，这么多人口，仍然要牢牢坚持以经济建设为中心。同时，要全面认识持续健康发展和生产总值的关系，防止把发展简单化为增加生产总值，一味以生产总值排名比高低、论英雄。转方式、调结构是我们发展历程必须通过的坎，要转要调就要把速度控制在合理范围内，否则资源、资金、市场等各种关系都绷得很紧，就转不过来，调不过来。各级都要追求实实在在、没有水分的生产总值，追求有效益、有质量、可持续的经济发展"。习总书记的重要讲话，指明了全面深化改革必须坚持以经济建设为中心，必须遵循经济社会可持续发展的客观规律，必须通过转方式、调结构，从根本上解决新时期经济社会发展中的主要矛盾，这也正是我国全面深化改革的根本目的。

第二，全面深化改革，旨在增进人民的利益福祉。《决定》强调，要坚持社会主义市场经济改革方向，以增进人民福祉为出发点和落脚点，坚决破除各方面体制机制弊端，让一切劳动、知识、技术、管理、资本的活力竞相迸发，让发展成果更多更公平惠及全体人民。一方面，指出改革要充分发挥人民群众创新创造的热情和智慧，让人民群众的劳动创造价值，使人民群众在劳动中感受到尊严和幸福。另一方面，提出改革要尽一切可能消除贫富差距，特别是在教育、文化、医疗、社会保障、生态环境等公共服务产品提供方面要一视同仁，公平公正，让人民群众共享发展成果。总而言之，就是强调改革要自始至终贯穿"以人民为中心"的思想。

第三，全面深化改革，旨在增强国家治理能力建设。完善社会主义制度是建设社会主义法治国家的关键，用制度明确政府、部门、企事业单位以及经济社会主体各自的职责功能，坚持依法依规办事，为经济社会健康发展构建良好的法治环境，是推进国家治理体系与国家治理能力现代化的首要任务。因此，《决定》一方面强调要充分发挥市场配置资源的决定性作用，还原市场的本体功能，厘清政府与市场在经济发展中所担当的各自角色，杜绝政府肆意插手市场运行。另一方面明确了中央与地方政府的事权、事责，要求各级政府通过加强宏观调控、优化市场环境、畅通市场渠道，为引导市场良性运行提供政策保障，切实提升政府在经济社会改革中的动员能力、组织能力和执政能力。《决定》还对打破地方封锁与行业垄断，建立全国统一开放的市场体系等都提出了深化改革的总体思路，这种改革的系统性、整体性、协同性无疑对增强国家治理体系、提升国家治理能力提供了科学的思路。

可以说，我国全面深化改革具有划时代的重要意义。一是为实现中华民族伟大复兴的中国梦提供了永不衰竭的动力，为我国市场经济、民主政治、先进文化、和谐社会、生态文明等方面建设扫清了障碍，拓展了空间，使经济社会发展迈向了一个新阶段。二是对世界经济社会发展具有示范效应与标杆意义，中国40年改革开放取得的巨大成就，为解决人类问题贡献了中国智慧和中国方案，中国模式被不少发展中国家借鉴和模仿，成为世界知名智库的研究范本。

三、经济社会改革中的产业转型动力

在推进全面深化改革的进程中，经济体制改革是重点。经济体制改革的主要目的，就是要充分发挥市场配置资源和政府宏观调控这"两只手"的作用，推动经济转型发展。习近平总书记指出："我们正在推行的全面深化改革，既是对社会生产力的解放，也是对社会活力的解放，必将成为推动中国经济社会发展的强大动力"。[①] 那么，产业作为经济发展的核心，在全面深化改革形成了哪些新的发展动力呢？

第一，激励创新。改革促进了创新意识的解放，拓展了产业创新的空间，增强了产业创新的容纳能力，加速了创新成果的产品转化，提高了创新成果的回报效益，构建了产业内部与相关产业之间创新协同互动的运行机制，促使创新由单打独斗到万众联动，由一枝独秀到全面开花的转变。随着

---

① 《习近平在党的十八届五中全会第二次全体会议上的讲话》，《求是》2016年第1期。

产业创新创造能力的不断提升，产业的技术、装备、产品、管理、运行等各个领域得到了全面创新，产业转型发展就会顺理成章、水到渠成。

第二，激活市场。充分发挥市场配置资源的决定性作用，理顺了市场在法治环境下与政府、部门、社会的关系，保证了市场这只"看不见的手"在经济社会发展中有效释放自己的本体功能，对有限的资源特别是稀缺资源进行有效配置，极大地提高资源的利用效率，促进各种发展要素在产业间合理而有序的流动，尽可能解决产业发展之需，为产业创新与转型升级提供了广阔的市场前景，推动了产业按照市场经济规律转型发展。

第三，改善供给。需求拉动是产业发展的活力之源，而需求拉动必须依靠提高供给质量、增加有效供给。产业作为供给侧的主体，必须依据人民群众日益增长的需要来创新创造产品，提供更多安全可靠的高品质产品。在这种需求背景下，产业必须自发形成转型发展的内在动力，通过供给侧结构性改革，优化存量资源配置，扩大优质增量供给，根据新的消费结构和需求领域，着力培育新的增长点，促进供需实现动态平衡。

第四，机制倒逼。改革有利于突破旧的制度框架，建立相应的新的制度规范，通过把控经济运行总体局面，规范市场秩序，加强市场监管，优化产业发展环境，既鼓励产业有序按照选择的方向和道路开展良性竞争，又对产业发展、企业经营、产品质量制定相应标准，实行相应制约，用倒逼机制规范产业在生产、经营、管理、技术、市场、诚信等方面的行为，推动产业在现代企业制度、现代经营方式上大举创新突破，真正实现社会主义市场经济条件下的转型发展。

第五，道德自律。经济社会发展与产业转型，不仅需要一个良好的法治环境，同时也需要一个良好的道德约束机制，不仅需要制度规范的他律，而且需要约定俗成的内生道义自律。全面深化改革，紧紧围绕社会主义核心价值观、中华民族先进文化传承创新、生态文明建设和为广大人民群众谋福祉等几大主题，推动经济社会发展征信体系建设，通过政府相关职能部门联合、产业（行业）与企业内部约定、全社会参与等监管手段，督促经济社会各行为主体坚守道德底线，树立正确的义利观，自觉遵守法律制度与道德规范，坚持依靠科技创新减少资源消耗，保护生态环境，提高产品质量，维护消费者安全健康，用良好的信誉赢得顾客和市场。这种道德自律机制的形成与运行，必将推动产业创新精神迸发、人力资源提升、产业（企业）形象改观，为产业转型发展提供生生不息的强劲动力。

第六，鼓励争先。在产业转型发展中，某一个产业或产业中某一个企业如果通过改革，率先取得了转型突破，得到了转型后的可观回报，就会在产业内或其他产业中产生仿效追赶效应，形成你追我赶、万马争先的竞争态势，从而推进整个产业或整个经济领域的全面转型突破。不可否认，由于产业中各组成单元实际情况的差异，改革所遇到的困难和阻力各不相同，推进改革的力度也大小不一，改革对产业转型的推进也不一致，但只要坚定不移不断深化改革，并对率先取得改革突破的企业或领域实行政策支持鼓励，改革就会如一江春水奔流不息，引发整个产业奋勇争先，改革红利必将惠及全国的产业转型发展，而产业的转型发展也将助推改革破除前进道路中的障碍。

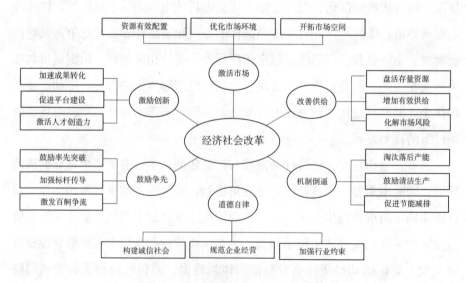

图 5-1　经济社会改革中的产业转型动力

第二节 经济社会改革与包装产业发展

包装产业是国民经济的重要支柱产业之一，但因为长期身份不清，地位不明，导致包装产业一直只被认定为商品生产的配套产业。事实上，包装不是商品生产的附庸，而是制造业中的一个重要门类。中国制造业的悄然崛起，对中国经济崛起贡献突出，其中也有包装产业的不朽功绩。与普通制造业相比较，包装产业具有既为下游产业服务，又为商品市场服务，更为消费者服务的独特属性，因此，将包装产业定义为"服务型制造业"是比较名副其实的。

深化经济社会改革，无疑对各个领域、各个行业的发展提出了新的更高要求。就包装产业而言，其改革的重点就是要按照经济发展客观规律调整好产业结构和产品结构，加强现代企业制度建设，增强自主创新活力和动力，完善内部经营监管体系，优化发展环境，提高产品质量，创造和培育具有国际竞争力与影响力的品牌，在生产经营方式上实现由高消耗低效益向低消耗高效益的转变。

一、准确把握包装产业的发展要求

当前，我国包装产业无论规模还是产值均处于世界前列，但大而不强的格局长期难以得到根本改观，究其原因主要有四点。

首先，由于传统惯性思维对包装产业属性误判的影响，包装产业长期以来只是附属于商品生产的一个配套环节，其研发、设计、制造都只能为满足商品生产与营销的需要来展开，规模化、规范化生产条件受到制约，从而造成包装产业分散度高、产业链短、经营粗放、结构性矛盾突出等困局。由于包装产业（企业）生产经营主导权旁落，产业自主创新积极性受到影响，导致创新动能不足、环境欠优、投入不多、队伍薄弱，无法也无力做优做强。

其次，受被动配套思维支配，包装产业自主服务意识淡薄，在包装材料与包装物匹配、包装设计新颖实用、包装工艺流程选择、包装产品对包装内容物的信息表达、包装如何获得不同地区消费群体的文化认同、包装废弃物回收与循环利用、包装制品对特定消费者（特别是老人和幼童）安全的影响等方面，与下游相关产业缺乏有效的沟通与协调，封闭运行，各行其是，在工艺改进、产品创新、品牌培育等方面难以实现有效对接和跨界融合，对产业（企业）增强核心竞争力形成极大制约。

再次，包装产业受上游供应端与下游输出端的双向挤压，赢利空间日益萎缩，赢利能力大幅削减，在研发创新、装备更新、技术升级、人才引进等方面投入捉襟见肘，因而在节能减排、清洁生产、智能制造等方面始终滞后于其他产业，设计传统、工艺落后、装备老化、产品低端、生态影响严重等问题比较突出，整个产业一直在产业链与产业价值链低端徘徊，进军产业高端能力不足、任重道远。

最后，国际竞争格局对我国包装产业发展形成严重挤压。欧美发达国家一方面利用自身材料研发、技术、装备、高端制造等方面的优势，不仅牢牢占据产业高端，而且对我国实行技术封锁和围堵，在原材料、装备、技术等方面卡住我们的脖子，并运用高端包装制品大举攻占中国高端包装市场，攫取丰厚的利润。另一方面依靠其掌控国际包装市场话语权的优势，不断提高进入国际包装市场的门槛，修筑阻止中国以及发展中国家包装产品进军国际市场的贸易壁垒，严重阻滞我国包装产业（企业）做优做强的进程。包装强国建设困难重重。

要有效化解包装产业面临的困境，加快推进包装强国建设，包装产业必须主动汇入全国经济社会改革的洪流，找准产业新定位，演好产业新角色，一是坚持不懈推进并深化改革，突出问题导向，革除陈年积弊，增强产业发展的活力与动力。二是坚持创新驱动，降低资源消耗，消除污染排放，强化清洁生产与智能制造，提高服务质量与经营效益，实现产业转型发展的价值追求。三是坚持扩大对外开放，主动融入国家对外开放大战略，拓宽产业发展的国际视野，增强产业（企业）、产品的核心竞争力，逐步掌握包装国际市场话语权，实现由包装大国向包装强国的转变。

（一）推进产业结构调整

我国的包装产业目前存在区域布局不平衡、中小微企业比重过大、同质化同构化竞争现象严重、产业人员结构严重失衡、产品结构不合理等产业结构方面的突出问题，因此必须通过改革下大力气进行调整和优化。

一是加快产业市场化转移承接，依据各地区经济发展情况合理调整包装产业的区域布局，形成更适合区域资源禀赋、市场需求和产业特征的协调发展格局。

二是积极推进包装企业改革，通过破产、倒闭、收购、股权分置等改革手段，全面建立现代企业制度，构建包装产业集群，完善和延伸与上下游紧密衔接的包装产业链，壮大包装产业发展实力。

三是要建立创新成果交易制度与交易平台，激励创新与成果转化，吸引高层次人才进入包装产业，加快包装产业人力资源提升，同时以租赁、质押、担保期付、入股经营等方式更新装备，大力推进产业信息化、智能化建设，努力提升包装产业核心竞争力。

四是加大对绿色包装材料、先进包装装备和高端包装制品的研发与制备，努力跻身国际高端市场，提升我国包装产业的国际话语权、核心竞争力和市场占有率。

（二）优化整体发展环境

当前我国包装产业的总体发展环境虽然较以前有了很大改善，但仍有许多障碍和瓶颈需要破解，如企业管理制度不健全，标准体系不完善，投融资渠道不顺畅，产业内部或与上下游产业间协调沟通不充分，等等。因此，必须借助国家全面深化改革的东风，针对产业具体实际，对症下药、深入改革，不断优化产业发展环境。

一是着力优化企业制度环境。根据发展形势变化健全完善制度体系，推进企业管理现代化，以激励制度改革为突破，建立与成果、绩效、质量挂钩的多元考核奖惩机制，形成长效激励。

二是着力改善产业经营环境。以推进企业标准体系建设为核心，紧紧围绕产业资源消耗、污染排放、清洁生产、技术应用、产品质量等建立技术标准指标体系和专家评估制度体系，推行精细化操作与标准实施，转变经营方式。加强企业内部风险管控体系与内部审计制度建设，培育企业规范化经营的良好环境。

三是着力推进投融资环境建设。建立由金融机构、企业、行业组织和社会团体或个体共同参与的多元投入的包装产业发展基金，在充分评估论证基础上，支持和引导对重点方向、重要领域和重大项目的投资，加强包装产业可持续发展的投资保障。

四是着力构建和谐协调的市场环境。建立产业内部市场合作机制，探索建立联合采购、联合议价、联合维权的市场组织；加强与上下游产业的市场协调机制建设，与相关产业协调好市场关系，结成互依互动互惠的利益共同体，增强包装产业发展后劲。

（三）实施转型发展战略

建立产业绿色标志体系与认证制度，加强包装产品绿色安全检测，强化包装简约化和制备过程清洁化，构建涵盖设计、研发、制备、检测、流通、回收循环利用等包装产品生命周期的完整绿色体系。

一要高度重视包装产业科研创新，加大研发投入，促进协同创新，建立以企业、高校、科研院所为主体，金融机构、投资人、社会团体共同参与的包装产业创新联盟，在绿色包装材料、重大包装装备、军地通用包装等重点领域协作攻关，率先取得突破，推进重大成果应用化应用。

二要实施包装清洁生产、智能制造示范工程，加强企业在线监控，提升企业信息化、智能化水平，积极推进清洁与智慧车间、工厂、园区建设，全面促进包装产业的绿色转型。

三要强化包装产业的责任担当，建立产业内分级包装废弃物回收循环利用责任制度，明确回收与循环利用指标，促进产业生态文明建设，实施食品药品包装安全工程，加强食品药品包装材料匹配研发和制品在线检测，维护人身健康与安全，彰显包装产业的社会责任，塑造良好的产业形象。

四要延长产业服务链，根据产业新的角色定位，主动思考客户与消费者的需求期待，从设计、制造到信息披露、文化表达等方面都尽可能适应广大消费者的消费习俗、心理需要和文化认同，以良好的服务不断增强包装产业的社会影响。

二、着重增强包装产业的价值取向

经济转型发展是经济社会改革的重要内容，而产业转型又是经济转型发展的关键，因此，产业转型的价值取向应与经济社会改革价值取向相一致，是具体层面上的经济社会改革价值取向。就我国的包装产业而言，在转型发展中应着重增强三个价值取向：

（一）创新价值取向

包装产业最大的短板是自主创新能力弱，这既反映了我国包装产业大而不强的实际，也反映出包装产业创新潜力与创新空间巨大。通过改革凝聚创新资源，激发创新活力是提升包装产业创新水平问题的关键。创新需要投入，也需要机制激励，更需要成果的产品转化，因此要建立科学长效的激励机制，营造万众创新的良好环境，创建创新成果交易机制与平台，及时将创新成果转化为产品并迅速投放市场，产生经济效益。要设立协同创新重大专项，力争在材料、装备、高端制品等领域取得核心技术的突破。构建包装全产业链创新体系，全面提升我国包装产业自主创新能力，逐步占据国际包装产业链高端。

（二）绿色价值取向

全力推进混合所有制改革与供给侧结构性改革，坚决淘汰落后产能，通过试点示范，全面推行清洁生产方式。建立资源消耗与制品产出量化指标，严格实施超标排放按日递增累计处罚制度，加强污染排放监测，严厉打击偷排行为。建立并完善包装废弃物分级回收体系，加强废弃物资源化循环利用技术的研究开发，减轻包装产业发展对自然资源的依赖，消除包装废弃物对环境的污染。全面推行包装简约化与减量化设计与制造，用市场准入、经济制裁、强制退出等手段，全面推广并逐步普及绿色设计、绿色工艺、绿色测检和绿色认证等工作，彰显绿色价值取向，引领包装产业绿色转型发展。

（三）品牌价值取向

通过提升技术、提高质量、加强监管等手段，精心筹划并培育包装技术品牌、产品品牌和企业品牌。建立严格的品牌评估认证制度和品牌认可、发布与退出机制，以消费者认可评价、市场评价为基础，实行专家综合评价一票否决制，确保品牌评估认证的公正性与严肃性，坚决杜绝滥评滥认等弄虚作假现象和贿评、有偿认证等腐败行为，切实维护品牌的市场形象，体现品牌的真实价值，发挥品牌攻占市场、征服消费者的独特功能，提高品牌的经济效益与社会效益，助推我国包装产业由弱变强、转型发展。

表 5-1　包装产业转型发展的主要价值构成分析

主要价值方向	具体价值组成
创新价值	凝聚创新队伍；提升创新水平；改善创新条件；掌控发展命脉；增强竞争能力；提高经营效益
绿色价值	促进资源节约；推进节能减排；鼓励清洁生产；建设生态文明；重塑产业形象；保障安全健康
品牌价值	提升技术含量；提高产品效益；强化质量检测；攻占市场高端；扩大产业影响

三、主动拓宽包装产业的发展视野

经济社会改革为包装产业提供了极佳的发展机遇。由于西方发达国家不断抬高包装制品的入市门槛，包装对外贸商品产生了巨大影响。自"十二五"以来，包装产业发展备受国家关注，将其纳入了国家层面的五年发展规划战略，包装产业的结构调整、企业改革、科技进步等也随之拉开了帷幕，并取得了不俗的成绩。然而，由于产业的特殊性和基础薄弱，制约产业发展的历史性痼疾依然不同程度地存在，还远未达到经济社会对包装产业发展的要求。在新的发展机遇面前，包装产业要主动适应经济社会发展新常态，主动参与经济社会改革，针对问题，寻找差距，用改革精神统筹发展，立足现实，谋划长远，目光更远，视野更宽，眼界更高，坚持不懈推进改革的不断深入，推动产业的转型发展。

（一）瞄准包装强国目标

包装材料绿色环保、包装装备性能卓越、包装工艺技术先进、包装制品质量上乘、包装检测严格规范、包装法规与标准体系健全、国际市场话语权准确权威，这些都是包装强国的基本标志。因此，我国包装产业要志存高远，按照经济社会改革的要求，始终瞄准世界第一方阵，对照问题，寻找差距，坚定不移地推进产业制度改革，坚持不懈地激发创新活力动力，坚决果断地抓产品质量提升，矢志不渝地抓好品牌培育，持续不断地推动产业的绿色转型。要尽快健全完善包装法规体系和标准体系，大力推行包装技术标准实施和对标，自觉用法规和标准规范企业经营。要通过引进、吸收消化、再创新和鼓励扶持原创等多种方式，增强包装产业（企业）的创新能力，使创新成为推动产业转型发展的活力源头和强劲动力。要着力推进"三品"行动，通过品牌培育占领包装产业链和产业价值链的高端，引领全国包装产业高品质转型发展。

（二）树立长远发展思维

做强包装产业、建成包装强国是每个包装人的心愿，也是国家的重大战略需求。实现这个目标，需要经过长时期坚持不懈的努力，在持久战中啃下硬骨头，才能把事情一件一件办好，把问题一个一个消化，梦想一蹴而就全部解决几十年来的历史积弊和矛盾，既不现实也无可能。因此，要树立长远思维，保持长久定力，脚踏实地、稳步推进，依靠改革深化破解发展难题，有效推动包装产业在改革中发展前进，在发展中深化改革，以重点突破带动包装产业的全面转型发展，在包装大国的现有基础上，从理念引领、创新驱动、资源节约、环境友好、品质保障等方面形成优势、提升地位，加快推动从包装大国向包装强国的跨越。

（三）强化全球竞争意识

经济全球化彻底改变了世界的经济版图，我国的经济之所以能够实现强势崛起，并用短短三十多年就超越诸多欧美发达国家，稳居世界第二经济大国地位，与不断深化经济全球化发展理念密不可分。在杭州召开的 G20 峰会通过了"创新、活力、联动、包容"的全球发展理念，既表明了中国对世界经济发展道路选择的愿景，也反映了各国对中国方案的普遍认同与积极回应。立足国内市场需求是包装产业发展的可靠保障，而顺应全球化趋势，融入国家扩大对外开放战略，积极开拓国际市场，建立海外研发生产基地，有效拓展包装产业发展空间，无疑是我国包装产业可持续发展、增强国际竞争力的重要途径。坚持走出去战略，主动参与"一带一路"战略和"南南合作开发"计划，对推进我国包装产业国际化进程十分重要。因此，包装行业、包装产业要密切关注新兴业态对包装的特殊需要和消费者对包装的需求动向，研究特定条件下的包装一体化解决方案，研究国际经济竞争格局中的中国包装全球化发展战略，全力增强包装产业对国民经济发展的贡献力和对世界经济发展的影响力。

第三节　我国包装产业的改革发展重点

古人云:"凡事预则立、不预则废"。意思是说只有预先谋划、系统设计,事情才能按照预期安排顺利推进。新中国成立以来,我国就持之以恒地规划国民经济与社会发展,特别是党的十一届三中全会以后,每一个五年规划都得到了有效实施,各项规划目标都得以如期实现,有力推动了我国综合国力的持续提升。"十三五"规划颁发以后,国家发改委、工信部等相关单位根据国民经济与社会事业领域的不同实际,分别提出了各领域执行"十三五"规划的指导意见,为各行各业推进"十三五"规划实施指明了方向,明确了总体目标、分类目标和重点任务,提供了切实可行的道路。其中,针对我国包装产业的转型发展,出台了《指导意见》,为包装产业今后发展提供了精准导航。

纵观我国包装产业的发展,之前三十多年虽然也顺应了事物发展的客观规律,但总体上还是准备不够充分,提前谋划不够周密,发展的随意性、主观性较大,导致矛盾与问题难以有效管控和系统解决,个别领域的问题甚至已经到了积重难返的地步,必须经过脱胎换骨的改革才能得到修复。在党中央全面深化改革精神和"创新、协调、绿色、开放、共享"五大发展理念的指引下,新一届中国包装联合会领导班子充分意识到,包装产业的发展从长计议、系统设计,必须严格按照国家统一部署编制的五年发展规划,明确目标、任务与责任,科学设置新的发展路径,在改革精神统领下,采取一系列强劲有力的改革举措,抓住重点、化解问题、突破瓶颈、升级转型,从体系、模式、路径上开启包装强国建设的新征程。

一、构建适应绿色理念的包装产业发展新路径

"绿色"发展是现代产业转型的基本要求和重点方向,如果偏离了这个

要求与方向，产业发展就跳不出拼资源、高能耗的传统方式，转型也就成为一句空话。那么，要立足绿色来转型发展，包装产业应该选择怎样的方式和路径呢？《指导意见》提出的四个坚持对此给出了明确答案。[①]

第一，坚持市场主导，政府引导。党的十八届三中全会通过的《决议》明确指出，要充分发挥市场在资源配置中的决定性作用，就清楚地指明了在社会主义市场经济条件下，市场这只"看不见的手"决定了资源的配置和流向，任何经济活动都必须遵循市场经济的发展规律，否则就会一事无成。而政府这只"看得见的手"是用来发挥宏观调控作用的，其主要职责是对经济发展进行规划，对优先发展方向和重点领域予以政策优惠与支持，帮助市场建立完善秩序，优化市场环境，运用法律规范和道德规范体系监管和约束不当市场行为，引导市场朝诚实守信、活力进发、竞争有序的方向实现健康、可持续发展。包装产业转型发展，就是要运用"优胜劣汰"的市场运行机制，不遗余力淘汰落后产能与传统经营方式，一举改变产业布局不平衡、产业结构不合理、产业形态散小乱、产业经营粗放低效的局面，走上与经济社会整体发展相适应、相协调的发展道路。

第二，坚持创新驱动，品质引领。创新是产业发展永不枯竭的动力源泉。目前我国包装产业创新基础薄弱，创新能力不强，创新潜力与空间巨大。根据我国包装产业发展现状，坚持创新驱动必须抓好四个关键：

一要下大力狠抓创新人才特别是领军型创新人才的引进，加快包装创新队伍建设，通过吸收消化先进的创新理念、创新方法和创新技术，提升再创新、再创造能力，自主攻克关键技术和核心技术，培育比肩或引领国际前沿的创新成果，为重大包装装备国产化打下坚实基础。二要加强创新平台建设，根据包装产业重要领域的创新需要，建设一批国家级或区域级的研发中心、实验中心，为创新团队的关键技术突破和重大成果孵化提供必要的硬件支撑。三要整合包装产业内外创新资源，通过深化产学研用合作，建立重大

---

① 《关于加快我国包装产业转型发展的指导意见》，2016 年 3 月。

项目协作攻关、成果共享的协同创新机制，并在创新成果产权保护基础上，尽快将创新成果转化为生产力。四要全力推进品牌引领战略，加强包装产业质量检测，分别建立技术品牌、产品品牌、企业品牌的评价指标体系和品牌培育与推广机制，通过品质引领，全面提高包装产业的核心竞争力和市场影响力。

第三，坚持协调发展，重点突破。理顺包装产业内部结构关系，构建上下联动互利、有机衔接的供应链体系，完善产业链传导功能；协调与上下游产业的合作关系，加强创新合作，改善配套服务方式，推动军民融合，与相关产业跨界融合，构建跨部门、跨产业的合作机制。紧紧瞄准世界产业发展前沿，加强包装新材料、先进装备、高端制品等领域的研究开发，实现重点领域的重点突破，改变包装材料、产品制造、包装市场等方面受制于人的窘境。加快包装集群和现代企业制度建设，转变发展模式，增强产业发展的可持续性。

第四，坚持绿色发展，适度包装。建立覆盖设计、生产、流通、消费、回收和资源化循环利用的包装全生命周期绿色化网络体系，明确各环节间绿色量化指标与责权利关系，形成相互负责、相互监督、相互约束的绿色运行机制。大力推行适度包装，简化包装结构与层次，尽量使用易于回收循环利用的单一包装材料，积极推广托盘化、可重复使用的运输包装与包装整体解决方案，坚决抵制过度包装行为。牢固树立包装安全意识，强化生产主体的责任担当，加强对食品、药品包装材料与制品的检测，切实保障食品药品包装零污染，消除危害消费者人身安全与健康的隐患。

二、塑造着眼民生需求的包装产业发展新优势

包装与大众生活紧密相连，与人民福祉息息相关，因此，包装产业转型必须坚持"以人民为中心"的理念。长期以来，我国包装产业对生态资源的破坏、包装生产与包装废弃物对环境的污染，一度成为全社会关注的焦点，

与增进人民福祉的发展理念格格不入。这正是包装产业转型发展必须要面对和解决的一道难题。

食品、药品、饮料、服装、化妆品、洗浴品、餐具、洗漱用具等商品包装，都与人的健康有着直接关联，也能对人们的消费支付产生一定的影响。如何选择或研制对消费者不会产生危害的生物材料或其他新包装材料，是包装产业绿色转型发展的关键。在包装制造过程中将污染排放控制到最低，真正实现清洁生产也是一个不容忽视的重点。与此同时，包装还要真实准确地反映包装内容物的相关信息，如产品名称、属性、产地、主材含量、使用方法、货架寿命等，并针对特殊消费人群进行警醒或提示，还要通过设计表达相关文化，等等。所有这些，都需要在转型发展中运用新的思路和举措加以解决。解决的方式主要包括：

（一）建章立制

建立严格的清单管理制度，加强生产、流通环节监管，规范企业的市场行为。要以全面实施包装法规和环保法规为基础，加强行业自律制度建设和企业内部管理制度建设，强化企业员工开展绿色生产的责任意识，严格工艺流程，实行清洁生产。建立完善并全面推行企业技术标准，细化技术指标，严格按照技术指标加强在线检测，保证每个产品品质优良，不会对消费者构成健康危害。建立节能减排经营制度，明确节能减排量化指标和时间限制，形成对淘汰落后产能的倒逼机制。建立并完善绿色技术研究开发、推广利用的激励制度，鼓励企业加大绿色包装关键材料、技术、装备、工艺、产品的研发，大力推行简约化、减量化、复用化、精细化的包装设计技术。

（二）绿色惠民

包装产业转型发展要着眼于消费者的需求，落脚于为消费者提供良好的服务，按照消费者的意愿提供特需化、个性化的包装一体化解决方案。加快推进两化融合，着力提升包装信息化、智能化水平，实现包装生产智能化、包装装备智能化，研究开发智能化包装产品，为消费者提供便利。大力推行适度包装，积极开展简约化、减量化包装技术研究，着力降低包装成本，坚决杜绝因繁复包装造成的价格虚高，尽可能降低消费者的包装消费开支。加强特种包装材料和保鲜包装材料研究开发，着力解决生鲜农产品保鲜包装与远距离风味餐饮投递原味保持包装，拓宽包装服务领域，帮助农民和餐饮行业增加收入。建立包装物分级回收循环利用体系，减少包装废弃物对环境的污染破坏，严格管控可复用的饮品包装回收，防止和杜绝制假售假、损害消费者利益的行为，把包装产业的绿色转型打造成与广大人民群众成果共享的惠民工程。

（三）试验示范

以包装产业区域布局调整为契机，在中西部创建一批承接转移包装产业示范园区与绿色包装生产基地，推进绿色技术和创新成果产业化试点示范。示范园区入驻企业可采用多元投入、合伙经营、股权分置、飞地经济等多种模式，探索一体化服务或专项服务等多种服务管理方式，满足产业绿色转型的发展需求，为全国包装产业全面绿色转型积累经验，开辟道路。同时，示范园区对接中西部经济发展需求，广泛吸纳当地劳动力就业，为中西部地区解决就业难、增收创收难等问题，推动农民向产业工人转化，推进新型城镇化进程，为国家精准扶贫和人民安居乐业提供有力支持。

三、形成借力改革机遇的包装产业发展新格局

经济社会改革对包装产业转型发展产生了重大而深远的影响，提供了可遇而不可求的战略机遇和强大动力。当前，在党中央全面深化改革的安排部署下，我国经济社会改革已经步入了深水区，包装产业要乘改革东风，科学合理地调整产业区域布局，增强自主创新能力，推进产业内体制机制改革，转变生产经营方式，提高有效供给能力，积极融入国家扩大对外开放战略，

全面提升产品的市场竞争力，着力拓展国际市场空间，加快构建产业发展的新格局，在稳步推进自身改革的同时，为国家经济社会改革作出应有贡献。

（一）区域格局

以强制淘汰落后产能为抓手，大力推进产业转移与承接，按照经济发展要求，调整包装产业发展布局，构建科学合理的、东中西部协调有序的包装产业空间结构，改变东重西轻、东强西弱的产业区域格局现状。包装产业由东向西转移，要严格规范转移承接的标准条件和转移程序，严厉禁止过剩落后产能转移，污染排放转移，传统生产经营方式转移，保证产业承接区域得到绿色发展的先进理念、技术、装备、经营模式、管理方法和人才队伍，形成与经济社会改革和产业转型发展要求相匹配的先进生产力与新的经济增长点。

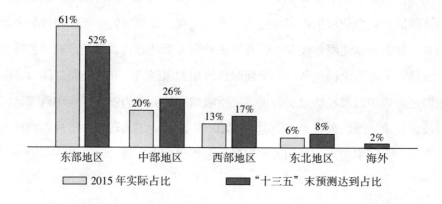

图 5-2 2015 年、2020 年我国包装产业区域结构比较

注：综合《中国包装工业发展规划（2016—2020 年）》（中国包联综字 [2016]61 号）发展指标。

（二）创新格局

牢固树立创新驱动理念，全面推进产业制度创新、运行机制创新、技术创新、工艺创新、管理创新、产品创新，营造浓厚的创新氛围，优化创新环境，鼓励创新精神薪火相传，创新人才脱颖而出，创新成果层出不穷，创新活力充分释放，使创新成为包装产业的绿色转型之魂。加大科技创新的投入力度，促进科技经费投入比重逐年上升，规模以上企业科技研发经费要达到年营销总收入的 1.6% 以上。加快科技创新平台建设，建立一批拥有全球前沿创新技术与尖端设备的国家级研发中心或实验中心，全面提升包装产业的科技创新实力和水平。深化产学研合作机制，建立协同创新联盟组织，加快"众创空间"建设，建立多层次、多结构的创新人才培养与使用体系。

表 5-2　"十三五"末包装产业创新格局预测

经费投入占主管收入比重 （规模以上企业）	≥ 1.6%
全员劳动生产率（年均）	+7.5%
专业研发与技术人才比率 （规模以上企业）	≥ 15%
高端平台建设（家）	100
包装新材料国产化率（全行业）	≥ 60%
包装重要装备国产化率（全行业）	≥ 75%
专利授权总量（较"十二五"）	+50%
科技成果转化率	≥ 25%

注：综合《中国包装工业发展规划（2016—2020 年）》（中国包联综字 [2016] 61 号）发展指标。

（三）市场格局

增强法治思维与道德意识，严格遵守市场运行规则，立足国内市场需求，开展有序的市场竞争，增加包装产品的有效供给，以高品质产品和优质服务获取消费者的信赖和支持，繁荣和发展国内包装市场，提高国产包装制品在国内的市场占有率。坚定不移推进"走出去"发展战略，瞄准国际包装市场，扩大对外开放，努力拓展我国包装产业在国际市场的发展空间。主动融入"一带一路"国家对外开放战略，主动参与"中非合作论坛"等"南南合作行动"，在"一带一路"沿线和非洲大陆建立包装产业国际工业园，实行研发、生产、销售等多头对外的发展格局。着眼国际包装前沿技术和包装市场，推进品牌攻坚与高端开拓行动，培育具有国际影响力的包装品牌和高端包装制品，努力跻身国际包装高端市场和国际包装市场话语体系。

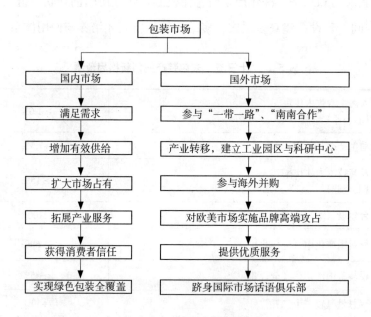

图5-3　我国包转产业的市场格局构建路径

　　包装产业转型发展是全面深化经济社会改革的有机组成部分，也是加快推进我国现代经济体系建设的一个重要方面。因此，包装产业要以全面深化改革精神为总揽，以增强对国民经济与社会发展的贡献能力、服务富强民主文明和谐美丽的现代化强国建设为目标，突出创新驱动、绿色发展、改善民生的价值取向，建立与深化经济社会改革相协调，与经济社会发展相统一，与国际包装产业发展趋势相适应，与国家重大战略相衔接的包装产业发展体制机制。立足新定位，探索新路径，推出新举措，构建新格局，按照包装强国的建设要求力推产业转型升级。

第六章　创新驱动战略与包装产业
发展的新动能

　　创新对于一个国家和社会的进步具有不可替代的作用。2016 年 5 月 20 日，中共中央、国务院印发了《国家创新驱动发展战略纲要》，正式确立了分三步走的创新驱动发展战略目标。实施这一重大战略，对转变我国经济发展方式、持续提升经济发展的质量和效益、实现经济保持中高速增长和产业迈向中高端水平具有极为重大的现实意义和深远的历史意义。

　　包装产业是我国制造业的重要组成部分，作为国民经济与社会发展的重要支撑，对服务国家战略、适应民生需求、建设制造强国、推动经济发展具有十分重要的作用。"十三五"时期是包装产业发展的重要战略机遇期，依靠创新驱动，加速转变发展方式、有效破解长期形成的深层次矛盾和问题、持续增强发展的内生动力和活力、显著提高产业发展品质和对美丽中国建设的贡献能力，是包装产业转型升级的重点，也是推进包装强国建设进程的关键。

第一节　国家创新驱动战略的科学内涵

一、创新驱动战略的理论基础

　　"创新"是人们基于发展和改变现状的需要，运用现有的工具、手段、信息等条件突破常规，通过建立新的技术体系，对要素和条件进行新的组合，从而推出新的理念、新的产品、新的生产（工艺）方法、新的制度、新的市场领域，以获得新的更高效率或效能的探索与实践过程。创新驱动就是依赖创新，使生产要素高度整合、集聚、可持续地创造财富，从而驱动经济社会健康、稳步地向前发展①。

熊彼特②是率先在经济领域提出创新概念的经济学家，他认为创新活动就是通过"执行新的组合"，推动产品、技术、模式、组织的创新，并且这种创新活动促进了经济均衡在破坏与恢复中不断前行，由此，创新的理念得到拓展和延伸，内涵也不断丰富③。

美国管理学家迈克尔·波特认为，任何国家都会经历要素驱动、投资驱动、创新驱动和财富驱动四个发展阶段，其中，要素驱动和投资驱动两个阶段主要是靠劳动力、自然资源、资本投入等推动，只有从要素驱动和投资驱动转向创新驱动，才能实现由价值链的低端转向价值链的高端，避免长期陷入"中等收入陷阱"④。

《英国创新驱动型经济报告》中提出了创新驱动经济的概念，并指出个人的创造、知识产权的开发不但有效促进了经济发展，也促进了创造潜在财富和就业的机会。

二、创新驱动战略的实施背景

随着信息技术、互联网技术、物联网技术在全球的推广和在各行各业的广泛应用，以及德国"工业4.0"的推行，新的产业革命正拉开序幕。在这

---

① 杨拉道、李俊辉、雷华：《创新与创新设计是时代的最强音》，载《2015连铸装备的技术创新和精细化生产技术交流会会议论文集》，2015年6月17日。
② 约瑟夫·熊彼特：《经济发展理论》，商务印书馆2000年版，第78页。
③ 洪银兴：《论创新驱动经济发展战略》，《经济学家》2013年第1期。
④ 迈克尔·波特：《国家竞争优势》，华夏出版社2002年版，第531页；袁永波：《创新驱动战略的内涵及河南省对策研究》，《工业经济论坛》2016年第4期。

场新的产业革命中，根据各国综合竞争实力，世界经济格局将被重新调整，全球利益将重新分配，发达国家地位有可能被赶超。因此，世界各国都非常重视创新，很多国家都将创新确定为国家发展战略，美国、日本、德国等工业发达国家对技术创新战略的重视程度超过了任何领域，它们都希望通过创新驱动这一途径在新一轮的国际技术和经济的竞争中进一步掌握主动权和话语权[①]。

改革开放以来，为了实现我国工业的快速发展，全国人民奋发图强，通过引进、消化、吸收、复制以及再创新等途径，使我国的经济总量跃居世界第二，实现了超常规发展，其中，制造业规模已跃居世界第一。然而，我们也应清醒地意识到，改革开放 40 年来，我国发展的加速度依靠的主要是自然资源、劳动力、资金投入。随着自然资源的逐步减少、劳动力成本的逐年上升、生态环境破坏的不断加剧，以往的低成本发展优势正在逐渐消失，粗放型的经济发展模式带来的副作用越来越凸显，部分产业始终处于价值链的低端。因此，只有大幅提升创新能力特别是科技创新能力，才能真正优化经济结构，实现可持续发展。[②]

新一轮科技革命与产业变革给我们带来了重大的发展机遇，同时也提出了严峻的挑战，根据经济发展新常态下的趋势和特点，面对实现"两个一百年"奋斗目标的历史任务和要求，党的十八大明确提出实施创新驱动发展战略[③]。归纳起来，包括五个核心点：

1.将科技创新摆在国家发展的核心位置。以全球视野谋划和推动创新，注重原始创新、促进集成创新，加强引进消化吸收再创新能力，坚持走中国

---

① 周立德、周敏：《实施创新驱动发展战略背景及对策研究》，《科技创新导报》2013 年第 23 期。

② 周立德、周敏：《实施创新驱动发展战略背景及对策研究》，《科技创新导报》2013 年第 23 期。

③ 《中共中央国务院关于深化体制机制改革加快实施创新驱动发展战略的若干意见》，国务院公报 2015 年第 10 号。

特色自主创新道路[①]。

2.协同深化科技创新，推动经济发展，构建以企业为主体、市场为导向、产学研相结合的国家科技创新体系。

3.完善知识创新体系，强化基础研究、前沿技术研究、社会公益技术研究，增加科研数量、提高科研质量、加快科研成果转化成现实的生产力，抢占科技发展战略制高点。

4.实施国家科技重大专项，突破重大技术瓶颈，加快新技术新产品新工艺研发应用，加强技术集成和商业模式创新。

5.完善科技创新评价标准、激励机制、转化机制。实施知识产权战略，加强知识产权保护；促进创新资源高效配置和综合集成，把全社会智慧和力量凝聚到创新发展上来[②]。

三、创新驱动战略的主要目标

为使创新驱动战略落到实处，《中共中央国务院关于深化体制机制改革加快实施创新驱动发展战略的若干意见》中明确提出了"实施创新驱动战略"的主要目标[③]，归纳起来主要有三点：

1.构建适应创新驱动发展要求的制度环境和政策法律体系，为进入创新型国家行列提供有力保障。为此，需要大力破除一切制约创新的思想和制度障碍，充分发挥市场在资源配置中的决定性作用，更好地发挥政府的引导作用，让市场成为优化配置创新资源的主要手段，让企业成为技术创新的主体力量，让知识产权制度成为激励创新的基本保障。

---

① 王银凤：《期待科技教育新起点》，《科学中国人》2013 年第 3 期。

② 邓文杰、张一帝：《浅谈中国特色社会主义理论对工业设计学科教育的指导作用》，《美术教育研究》2013 年第 15 期。

③ 《中共中央国务院关于深化体制机制改革加快实施创新驱动发展战略的若干意见》，国务院公报 2015 年第 10 号。

2.大力激发创新潜力和创新活力。为了充分激发科技人员的创新潜能，要把人才作为创新的第一资源，注重培养、用好、吸引各类人才，促进人才合理流动、优化配置；要注重强化激励机制，给予科技人员更多的利益回报和精神鼓励；要注重发挥企业家和技术技能人才队伍的创新作用，充分激发全社会的创新活力；要根据科学技术活动特点，把握好科学研究的探索发现规律，为科学家潜心研究、发明创造、技术突破创造良好条件和宽松环境。

3.实现科技创新、制度创新、开放创新的有机统一和协同发展。通过统筹推进科技体制改革和经济社会领域改革、统筹推进军民融合创新、统筹推进引进来与走出去合作创新等途径，实现企业、科研院所、高等学校的立体式深度协同创新，通过加强对创新成果的保护，最大限度地体现创新价值，从而促进创新活力的竞相迸发，进而打造促进经济增长和就业创业的新引擎，构筑参与国际竞争合作的新优势，推动形成可持续发展的新格局，促进经济发展方式的转变[①]。

第二节　包装产业创新体系的构建路径

一、构建包装产业技术创新体系

国家创新体系包含产业技术创新体系、文化创新体系等系列创新体系。其中产业技术创新体系在国家创新体系中具有极其重要的作用，如何构建科学合理的产业技术创新体系是实施创新驱动发展战略的重要前提。我国包装产业已经取得了很多突破性的成就，但仍然存在自主创新能力不强、科技创新投入严重不足、先进装备设计和制造技术薄弱、高新技术缺乏重大突破等严峻的问题。在国家全面实施创新驱动战略的大环境下，我国包装产业必须

---

① 李社：《加快实施创新驱动发展战略》，《理论与当代》2015 年第 7 期。

在现有基础上，建立以企业为主体、市场为导向、产学研深度融合为手段的技术创新体系，不断强化创新意识、弘扬创新文化、增强创新动力、提升创新水平，实现由要素驱动向创新驱动的本质转变。

（一）建立创新基金投入机制

包装产业技术创新不是一件简单的事情，而是一项复杂的系统工程，涉及原材料、试制设备、检测分析仪器、高端研发人才等一系列的要素投入，因此，要实现包装产业技术创新尤其是颠覆性的原创性技术创新需要大量的经费投入，然而，目前我国包装产业技术创新基金投入严重不足，具体表现在：

1.在每年的各级各类政府技术创新研发或科技计划项目指南中，极少有（甚至没有）包装产业方面的专项资金，这使得包装类的企业找不到合适的渠道申报政府的研发资金用于技术创新活动的开展。即使有少量企业承担了一部分科技计划或技术研发项目，也是在相关或相近的领域争取到的，远不足以开展关键共性技术的研发。

2.我国的包装产业虽然总量很大，但90%以上是中小企业，且所生产的产品以低端大众化产品为主，产品核心竞争力不强，导致我国包装企业的利润普遍偏低，很多企业仅能勉强维持正常的运转，缺乏足够的资金用于技术创新和新产品的研发。

由此可见，要构建包装产业技术创新体系，就必须加大创新基金的投入力度，并建立一套合理的包装产业技术创新基金投入机制，主要包括：

1.政府相关部门要充分重视包装技术创新的投入，下大力气改变包装技术创新投入不足的现状，根据包装产业技术发展趋势和市场导向，有计划有步骤地设立包装类的专项技术创新基金，并明确重点支持领域和支持的范围以及预期的研发目标。要根据企业技术研发活动的特点，不断创新资金的支持方式，提高资金投入的收益。

2.对于科技创新能力强、拥有自主知识产权、盈利能力强的高新技术企业要进行重点支持，着力培养一批在国际上具有强大技术竞争力的包装企业，要鼓励有条件的包装企业主持或参与国际标准、国家标准和行业标准的制定和修订[①]。

3.要制定合理的技术研发投入资金管理办法，明确各类资金的主要用途和开支明细，确保各项研发资金真正落实到新产品和新技术的研发上。

4.要建立激励企业投入技术研发的系列机制，鼓励和引导包装企业主动投入新产品和新技术的研发，充分发挥企业在技术创新中的主体作用，不断增强企业的创新意识，促使各类包装企业的技术研发投入逐年上升，推动我国包装企业根据实际情况建立自己的技术创新投入机制，使我国包装企业在技术创新数量和质量上逐渐达到发达国家水平[②]。

5.充分发挥金融机构在包装产业技术创新中的作用。鼓励各类型投资公司、银行、天使基金等金融机构针对包装企业设立科技贷款、科技担保、科技保险等业务，使包装企业在产业技术创新活动中能够得到足够的资金支持，确保各项研发活动的顺利开展。

（二）加强技术创新顶层设计

要建立良好的技术创新体系，并促使技术创新体系在包装产业中广泛应用并发挥重要的作用，就需要加强包装产业技术创新体系的顶层设计。政府相关部门以及各级行业协会要主动承担起包装产业技术创新顶层设计的重任，通过广泛调研，听取我国包装企业、行业的各方面意见，要深入分析国外包装产业的技术创新经验，尤其要重点研究世界包装强国的技术创新体系的建设经验和运行机制，在此基础上，制定明确的"包装产业创新能力提升计划"，从政策、资金、人才、制度、产学研协同等方面对包装产业技术创

[①]　敬志伟、刘志华：《大力实施自主创新战略加快创新型城市建设》，《中共青岛市委党校青岛行政学院学报》2013年第2期。

[②]　周立德、周敏：《实施创新驱动发展战略背景及对策研究》，《科技创新导报》2013年第23期。

新体系进行系统的顶层设计。要充分发挥各类专家在技术创新体系建设方面的关键作用，组建包装技术创新专家咨询委员会，通过包装专家委员会凝练包装产业共性关键技术和前沿技术，在此基础上，根据各地区、各细分领域的特点，因地制宜地设计包装产业技术创新路线图和中长期包装产业发展规划。

（三）突出企业创新主体地位

建立以市场为导向、企业为主体、产学研结合的科技创新体系，是我国科技体制改革的重要目标之一[①]。然而，到目前为止，我国包装企业并没有在产业技术创新体系中发挥主体作用。其主要原因是：（1）大多数包装企业没有建立自己的研发机构，研发人才、设备、场地缺乏，因而缺乏自主开展技术研发的能力；（2）部分包装企业虽然建立了自己的研发中心，但缺乏开展技术攻关的领军人才、缺乏一些高新技术研发需要的大型精密研发设备，难以实现新产品和新技术研发的重大突破；（3）大多数政府资助的研发项目评审专家来源于高校和科研院所，高校和科研院所的专家往往对申请书的质量看得很重，而由于企业技术人员长期承担大量的具体技术工作，在申请书的撰写、凝练等方面往往做得不够，而难以通过专家的评审，导致企业自主撰写的项目申请书成功率不高。因此，要真正发挥企业在技术创新中的主体作用，必须大力鼓励有条件的包装企业根据企业的特点建立自己的研发机构，政府要给予一定的建设资金扶持，并且在政策上给予一定的倾斜；要鼓励企业引进高端技术人才，增强企业对高端技术人才贡献力的认可度，鼓励企业建立合理的技术研发人才队伍，政府在人才队伍的引进、稳定等方面要尽可能提供便利；对于政府的各类项目评审，要增加企业界专家的数量，确保企业在技术研发项目立项和验收上的话语权，评审标准要符合企业和市场

---

① 邓文杰、张一帝：《浅谈中国特色社会主义理论对工业设计学科教育的指导作用》，《美术教育研究》2013 年第 15 期。

的实际需求①。只有这样，才能真正激发企业的技术创新活力，并使其真正成为技术创新的主体。

（四）建立共性技术创新平台

所谓产业共性技术，是指对某个产业或与其相关的多个产业能够产生深刻影响，并且可能广泛应用的一类技术。这类技术对于推动产业的发展和变革往往起到非常关键的作用。世界发达国家对于产业共性技术研发都非常重视，很多国家就是凭借某些产业共性技术取得相应领域的垄断地位、战略地位或领先地位，如美国、日本、韩国等国家的芯片技术、新型药物技术、新能源与新材料技术等②。

产业共性技术在企业的核心竞争力提升、应用技术的开发方面具有重要的作用，很多企业都希望掌握与自己领域相关的核心产业共性技术，然而，产业共性技术的研发往往投入大、见效慢，很多共性技术甚至要研究十年甚至二十年才有可能投入应用，因此，仅仅依靠企业进行产业共性技术研发是难以奏效的。

为了掌握更多的产业共性技术，突破包装产业关键技术的瓶颈，提升我国包装产业的技术创新能力，必须围绕转型升级的需要，整合现有优势产业资源，确定重大关键共性技术，依托国内包装科研实力突出的高等院校、科研院所、科技型包装企业，以包装科技领军人才及其研发团队为核心，凝聚力量重点建设一定数量面向全国的包装产业共性技术创新平台。此外，还应建立与之相配套的包装产业共性技术研发平台的运行机制、资金投入机制、科技成果转化机制等系列保障机制，以推动包装产业共性技术创新平台的高效运转，从而发挥包装产业共性技术创新平台在包装产业技术创新体系中的支撑作用。

---

① 王云辉、陈荣、雍忠玮：《体制力量新萌动》，《财经国家周刊》2012 年第 11 期。
② 薛捷、张振刚：《基于"官产学研"合作的产业共性技术创新平台研究》，《工业技术经济》2006 年第 12 期。

（五）加快技术研发中心建设

国内外的实践经验证明，企业技术研发中心对于企业新技术、新产品、新装备的研发起到了不可替代的关键作用，对于企业提升核心竞争力、占领和扩大国内外市场份额作出了不可估量的贡献。在世界 500 强中，大多数企业都建有自己的技术研发中心，研发中心不仅购置了大量的研发设备，而且聚集了大量的技术研发人才。这些研发中心大多数具有强大的研究开发能力，承担了企业新产品开发、技术难题攻关、产品升级、设备改造、工艺优化、人才培养等重要任务，为企业的发展提供了强劲的动力。

与发达国家相比，我国的包装企业技术中心建设仍然存在着较大差距。主要体现在：（1）90% 的包装企业没有建立技术研发中心；（2）部分企业虽然建立了技术研发中心，但研发中心的规模小、设备投入严重不足，仅能解决常规的检测问题，对于一些关键技术的研发缺乏设备支撑；（3）资金投入不足，企业每年投入到技术研发中心的资金不到企业销售额的 1%，难以满足研发技术活动开展的资金需求；（4）研发中心人才缺乏，尤其缺乏具有前沿技术把握能力的高层次技术人才，部分企业虽然引进了高端技术人才，但配备的人数很少，高端人才缺乏研发助手，导致高端技术研发人才的研发思想难以实施。为此，我国包装企业必须加快建立企业技术研发中心的步伐，建立适合于企业技术研发中心运转的机制体制和资金投入机制，另外，技术研发中心要充分发挥其在新产品、新技术开发方面的骨干作用，有目的、有计划、有步骤地进行前沿和先进技术的研发[1]。

（六）强化技术创新公共服务

为了减少企业的运行成本，使我国包装企业快速实现转型升级，政府和行业协会为包装企业提供包装产业技术创新公共服务是非常有必要的。提供包装产业技术创新公共服务的载体被称为包装产业技术创新公共服务平台，

---

[1]　蔡漳平、王晖：《关于建设企业技术中心的几点思考》，《山东冶金》1999 年第 S1 期。

其主要职能是给包装企业提供设计、研发、试验、检验检测、人才培训、技术咨询等服务，同时也承担创业孵化、环境治理、融资担保、市场营销等各类公共服务支持，实现资源共享。通过包装产业技术创新公共平台，可帮助包装企业解决信息、技术、装备、人才、资金、法律等一系列相关问题。包装产业技术创新服务公共平台应具有开放性、应用性、公益性、有偿性和便利性等特征。开放性是指平台是面向全体包装产业提供服务，不设立壁垒；应用性则是指平台主要为企业存在的具体现实技术问题等提供服务；公益性是指平台提供服务的主要目的不是以营利为主，这需要政府的大力支持[①]；有偿性则是指平台采取市场化运作的方式运营，对服务企业收取适当的服务费；便利性是指平台直接设立在产业聚集区，便于服务企业。

　　加快建设包装产业技术创新公共服务平台，对于包装企业自主创新能力的提升、新产品和新技术的开发、科技成果的转化和推广具有重要的意义。

　　1.建立包装产业技术交易与交流服务平台

　　近年来，随着国家创新驱动战略、专利战略的实施以及逐年增加的科技资金的投入，我国包装产业的科技成果的产出率逐年上升，专利申请数量大幅上升，但到目前为止，存在的主要问题是：我国包装科技成果的转化率仍然很低，很多高校、科研院所的科研成果仍然锁在抽屉里，专利的产业化和交易率不足20%，与世界发达国家相比，仍有较大的差距。因此，"十三五"期间，必须在全国范围内建立包装产业技术交易与交流服务平台，充分发挥互联网、物联网、大数据等平台在技术交易与交流服务中的作用，促进我国包装科技成果的快速转化和交易，实现我国包装产业技术的快速创新与转型。

　　2.加强公共信息服务平台建设

　　随着"互联网+"、"工业4.0"的推行，信息在未来的包装企业竞争中

---

①　王晓红：《我国中小企业公共服务平台的建设状况及作用》，《中国科技投资》2010年第9期。

起着越来越重要的作用，包装企业的发展离不开信息技术的支持。因此，为了帮助我国包装企业及时了解、掌握国际国内包装产业界的相关信息，应当加快建立包装产业信息资源共享服务平台、大型科学仪器设备协作网络、包装智库、包装产品溯源平台、包装专利检索与分析平台等系列公共信息服务平台，满足我国包装企业日益增长的信息需求。

3. 加强技术创新成果孵化与转化平台建设

包装技术创新成果的转化和量产往往需要一定的平台和资金支持。据了解，由于缺乏资金和转化平台的支撑，目前我国很多包装设计、研发成果没有得到转化，很多高校和科研院所很好的包装设计思想、实验结果没有得到重视，大多数研究成果还停留在实验室阶段，造成了严重的智力浪费。因此，为了加快提升我国包装产业的技术核心竞争力，必须加强技术创新成果孵化与转化平台的建设，加快制定科技创新成果孵化与转化工作细则。

二、构建包装创新团队培育体系

创新团队是指为了实现一定的研究开发目标，将一定数量研发目标一致、知识结构互补的专业人员组合在一起，他们通过互相交流、互相协作、互相启发等方式共同完成研究任务，在每一个创新团队中，往往有一个领军人物作为团队的带头人，带头人往往具有较深的资历、丰富的研究经验、扎实的专业基础、强大的发现问题与分析问题的能力，对前沿问题具有较好的把握，且在团队中具有较高的威望，有较强的协调、沟通和管理能力。团队成员则由具有不同专业知识背景、在某个专业领域具有一定造诣的专业人员组成，除了专业技术人员之外，往往还配有少量的管理、服务人员为创新团队的研发提供后勤等方面的保障。

创新团队的骨干成员往往只有5—15个，其组成成员之间有着高度协同性和互补性，每个成员都有其不可替代的重要性，其所形成的合力往往是普通团体甚至是更多人员都无法达到的。国内外的实践经验证明，创新团队在新产品开发、技术难题攻关、产品改造升级、颠覆性高新技术研发、管理制度创新等方面具有极其重要的作用，是不可替代的核心攻坚力量。

目前我国包装产业界具有影响力的创新团队数量还比较少，为了充分发挥创新团队在包装产业转型升级中的作用，相关部门和机构应加强包装产业创新团队的培养，加快建立包装产业创新团队培育体系。

对于包装产业界来说，涉及的相关创新团队主要有三类，分别是高校创新团队、企业创新团队、高校和科研院所及企业组成的产学研协同创新团队。高校创新团队不仅负责前沿技术、颠覆性技术、原创技术的研发和跟踪，还担负着创新人才和高层次技术人才培养的重任；企业创新团队主要围绕企业主导产品的质量提升和企业战略发展方向的关键技术进行攻关；产学研协同创新团队则不仅担负着对制约产业发展的关键共性瓶颈技术进行攻关的任务，还承担着将前沿技术、原创性技术和颠覆性技术等进行孵化、转化和应用的重任。三类创新团队虽然在分工和使命上有不同的侧重点，但都是包装产业创新体系中的重要有机组成部分，缺一不可。我国包装产业在未来5—10年要加快这三类创新团队的构建，充分发挥创新团队在包装产业技术创新中的攻坚作用。

三、构建包装产业融合发展体系

（一）构建两化深度融合体系

所谓两化融合是指电子信息技术广泛应用到工业生产的各个环节，信息化成为工业企业经营管理的常规手段[①]。中国共产党第十六次全国代表大会提出了"以信息化带动工业化，以工业化促进信息化"的新型工业化道路的指导思想，中国共产党第十七次全国代表大会又提出了"发展现代产业体系，

---

① 姚崇、肖玲君、邓炯南：《中小企业两化融合进程中知识产权信息化的思考》，《今日科技》2017年第1期。

大力推进信息化与工业化融合"的新科学发展理念,两化融合的概念基本形成①。2012年,党的十八大进一步提出了"推动信息化和工业化深度融合"(以下简称两化深度融合),由此正式从政策层面确立了两化深度融合体系的建设工作。

两化深度融合是在两化融合的基础上,在一些重点领域、关键领域进行进一步的深化、提升,通过广泛的深度融合,实现信息技术在更大范围、更深层次、更细行业、更广领域应用,促进工业产业的智能化。工业和信息化部于2013年出台了《信息化和工业化深度融合专项行动计划(2013—2018年)》,在该计划中主要开展8项行动推动信息化和工业化深度融合,分别为:企业两化融合管理体系标准建设和推广行动;企业两化深度融合示范推广行动;中小企业两化融合能力提升行动;电子商务和物流信息化集成创新行动;重点领域智能化水平提升行动;智能制造生产模式培育行动;互联网与工业融合创新行动;信息产业支撑服务能力提升行动②。

为进一步深入推进两化融合,培育经济转型升级新动能,2016年10月22日,工业和信息化部又下发了《信息化和工业化融合发展规划(2016—2020年)》,提出了七项任务和六大工程,七项任务分别是:构建基于互联网的制造业"双创"新体系,激发创新创业的活力;推广网络化生产新模式,引领生产方式持续变革;培育平台化服务新业态,推动产业价值链向高端跃升;营造跨界融合新生态,提高行业融合创新能力;普及两化融合管理体系标准,创新企业组织管理模式;发展智能装备和产品,增强产业核心竞争力;完善基础设施体系,提升支撑服务能力。六大工程分别是:制造业"双创"培育工程;制造业与互联网融合发展工程;系统解决方案能力提升工程;企业管理能力提升工程;核心技术研发和产业化工程;工业信息安全保障

---

① 庄宇:《江苏"两化融合"的现状与对策研究》,《南通职业大学学报》2010年第4期。
② 《信息化和工业化深度融合专项行动计划(2013—2018年)》,工信部信[2013]317号。

工程①。

　　包装产业作为服务型制造业，是我国制造业体系的重要组成部分，"中国制造 2025"和两化深度融合的系列相关文件的出台，为包装产业的信息化、智能化发展提供了明确的发展方向，包装产业界要深刻领会"中国制造 2025"和两化深度融合的理念和实质，加强"两化融合理念"在包装产业中的贯彻与执行。为此，《指导意见》中明确提出要促进信息技术向设计、生产、流通、回收、循环利用等环节渗透，促进包装企业形成新的生产方式、制造方式、服务模式、商业模式，构建新型制造体系，引导包装制造业朝着分工细化、协作紧密方向发展，推动生产方式向柔性、智能、精细转变，引导并推广集协同制造、虚拟制造、网络化制造等为一体的先进制造模式，推广商品包装的箱码，推动全球统一编码标识（GS1）作为商品生产和流通的"身份证"与"通行证"，实现与国际信息数据的接轨②。可以说，《指导意见》的出台，对于促进包装产业的两化深度融合具有重要意义，对于包装产业的转型升级将起到巨大的推动作用。

（二）构建军民融合发展体系

　　军民融合发展已经上升为国家战略，既关系到国家安全和发展全局，又是兴国强军之策③。党的十八大报告中明确提出："坚持走中国特色军民融合式发展路子，坚持富国和强军相统一，加强军民融合式发展战略规划、体制机制建设、法规建设"④。《中华人民共和国国民经济和社会发展第十三个五

---

①　孙郁瑶：《七项任务六大工程五项措施　"十三五"两化深度融合新格局初现》，《中国工业报》2016 年 11 月 10 日。

②　《关于加快我国包装产业转型发展的指导意见》，工信部联消费 [2016]397 号。

③　邓万里：《开启军民融合发展新征程》，《当代贵州》2016 年第 46 期。

④　《坚定不移沿着中国特色社会主义道路前进　为全面建成小康社会而奋斗》，《人民日报》2012 年 11 月 8 日。

年规划纲要》第七十八章中强调推进军民深度融合发展[1]，要求在经济建设中贯彻国防需求，在国防建设中合理兼顾民用需要，在体制机制方面完善军民融合发展，健全军民融合发展的组织管理、工作运行和政策制度体系。一方面，要建立国家和各省（自治区、直辖市）军民融合的组织领导机构，完善相关立法的制定，优化配置军地资源、合理共享、平战结合，促进经济及国防领域技术、人才、资金、信息等要素融合。另一方面，加强军队与地方在基础设施、产业、科技、教育和社会服务等相关领域的统筹发展，推动军民融合项目资金保障机制的建立，进一步加快国防科技工业体制改革，创建国防科技协同创新机制，实施国防科技工业强基工程，改革国防科研生产和武器装备采购体制机制，促使军工体系开放竞争和科技成果转化。另外，还要鼓励优势民营企业进入军品科研生产和维修领域，快速建立军民通用标准化体系，实施军民融合发展工程，在海洋、太空、网络空间等领域推出一批重大项目和举措，打造一批军民融合创新示范区[2]。

包装与国防和军队建设密切相关，军用武器、装备、物资、粮食等均离不开包装，一些特殊产品还需要研发特殊包装材料、结构和形式进行有效的保护，因此，包装产业应该按照国家军民融合发展战略要求，聚焦军民融合包装发展重点，加强军队与地方的需求对接，深入领会和贯彻军民融合发展的理念，打通军民融合发展的机制体制障碍，统筹考虑经济和国防建设的需求，力求从顶层设计、力量布局、技术创新、标准体系、监督评估等多个方面构建军地一体、资源优化配置、需求衔接、信息技术互通的军民融合包装产业发展格局。在实现军民融合发展的过程中，要切实提高包装技术在军用物资包装中的保护能力和经济效益，不断增强包装产业对我国现代国防和军队建设的支撑与服务能力。为此，《指导意见》中明确提出：要加强军民融合、平战结合的军品包装服务保障系统和军队建设与包装产业的供需预警系统建

---

① 《中华人民共和国国民经济和社会发展第十三个五年规划纲要》，第七十八章。

② 封欣、李广侠：《军民融合与卫星通信》，《数字通信世界》2016 年第 7 期。

设，有效构建军民通用包装的管理运营、技术服务、生产供应、技术标准、质量监督等深度融合模式，形成衔接配套、创新引领、高端集聚、高效增长的军民融合包装产业形态，建设军民融合的科研、生产与服务的保障体系，加快包装产业技术创新与科研成果的保护、技术交易以及军民信息与资源互通等工作，建立军民通用技术研究中心，加强军地协同创新，重点开展军民通用包装技术、包装装备及其运输网络工程的创新研究和技术推广，增强军民通用技术转换能力，显著提升军地遂行多样化应急任务的防护包装保障能力，建立军民融合包装产业基地，开展军民融合包装示范工程建设，提升军民融合包装技术的综合实力，推动军民包装产业化的进程[①]。

第三节　包装产业发展的创新动能培育

李克强总理在 2016 年的《政府工作报告》中明确提出："当前我国发展正处于这样一个关键时期，必须培育壮大新动能，加快发展新经济。要推动新技术、新产业、新业态加快成长，以体制机制创新促进分享经济发展，建设共享平台，做大高技术产业、现代服务业等新兴产业集群，打造动力强劲的新引擎"[②]。2016 年 3 月 16 日，十二届全国人大四次会议闭幕后，国务院总理李克强在人民大会堂会见中外记者时指出，发展"新经济"是要培育新动能，促进中国经济转型。传统动能发展到一定阶段出现减弱是规律，很多国家都走过这样的路，尤其是发达国家，有很多先例可循，这个时候就需要新动能异军突起，来适应产业革命的趋势，而且新动能和传统动能提升改造结合起来，还可以形成混合的动能，新动能对传统动能的改造提升很有意义。作为以中小企业为主体的服务型制造业，我国包装产业正面临经济下行

①　《关于加快我国包装产业转型发展的指导意见》，工信部联消费〔2016〕397 号。
②　《2016 年政府工作报告全文》，新华网，2016 年 3 月 5 日。

压力较大、传统的增长模式已经失灵等严峻的发展问题，急需寻找新的动力源泉。

绿色材料、高端制品、智能装备、数字印刷、军民融合等是未来国际国内包装产业发展的新趋势，因此，要适应新经济的发展要求，就必须加快推进实施包装材料绿色化工程、食品药品包装安全化工程、包装产业信息化工程、包装制品高端化工程、包装装备智能化工程、包装印刷数字化工程和军民融合一体化工程等七大工程，从而培育包装产业发展新动能。

一、实施"包装材料绿色化工程"

工业的迅速发展，为人类创造了巨大的物质财富，同时也给生态环境和资源带来了危机。我国包装产业虽然得到了快速的发展，但主要还是粗放式、消耗式的发展模式，对生态环境（水、空气、森林、植被、土壤）等造成了较大影响，主要问题有：

1.废弃的固体包装垃圾严重污染环境。大多数情况下，产品一到消费者手中并被使用，其包装就被丢弃，在众多的废弃包装中，以塑料薄膜、塑料瓶、塑料桶、泡沫塑料、纸箱等为主，很多包装废弃物没有得到及时清理和治理，占据了大量的空间，严重影响了城市的绿化和自然环境。

2.包装产品制造过程中的气体、液体等排放物对生态环境造成了严重的污染。例如，在复合薄膜、纸箱（盒）等生产过程中，需要用到大量的胶黏剂和油墨。据统计，目前包装上用的胶黏剂和油墨的溶剂 90% 以上是有机溶剂，我国包装产业全年消耗的有机溶剂总量超过 20 万吨，大量有机溶剂、有害气体、废液的排放，给生产车间、厂区及周边地区的空气、土壤、水等造成严重污染，对工人和周围居民的身体健康也造成了较大的影响。

3.包装材料的生产消耗了大量的自然资源。目前我国包装产业主要使用的包装材料是纸、塑料、金属、玻璃、陶瓷等。我国已经是世界包装第二大国，每年消耗大量的包装材料，这些包装材料的生产消耗了大量的石油、电和木材等资源。例如，我国每年在包装上使用的纸包装材料就达到3600万吨[1]，其中造纸的原料以木材为主，而每生产1吨纸需要17棵大树。如此大的需求量消耗了大量的森林资源，对自然环境造成了恶劣的影响。

4.包装废弃物循环利用率低。在我国，由于没有出台强制回收包装废弃物的法令，因此，很多包装废弃物尤其是价值较低的包装废弃物没有得到较好的回收再利用，采取的处理方法很简单，主要是通过焚烧或填埋处理包装废弃物。然而，焚烧包装垃圾产生的毒气对空气造成了较大的污染；包装垃圾填埋后，大量的塑料包装垃圾并不能降解，不仅占用大量的土地，而且对土壤的理化性能影响较大，严重影响人类和动植物的生存。

显然，包装产业发展与生态环境维护的矛盾若不能及时解决，必然会影响包装产业的可持续发展。由于包装材料对能源与资源的耗用量、容器结构的设计以及生产方式的选择等产生重大影响，发展绿色包装材料也就成为包装是否"绿色"的关键，因此，实施和推进包装材料绿色化工程具有极其重要的意义[2]。

一要加快发展绿色包装材料[3]。要使我国包装产业实现可持续发展，包装材料的绿色化已是大势所趋，首先要做的就是建立和完善包装材料的评价选用体系，指导和帮助包装企业在研发、生产和使用过程中正确选择包装材料；在包装材料的研发、制备和使用等过程中要充分执行环境友好性评估，并建立包装材料环境友好性评估方案和执行标准，以利于对包装材料的绿色化程度作出正确的分析和评价；在使用包装材料的过程中，要注重推行低（无）VOCs含量的包装原辅材料，有计划地推进包装全生命周期无毒无害化。由于复合型包装材料往往增加回收再利用的难度，因此，在能够满足性能要求的前提下，要尽可能采用同种材料制造包装制品，在包装材料的开发

---

[1] 《2015年中国纸包装制品或达3600万吨》，见 http://www.askci.com/news/201304/10/1017253471654.shtml。

[2] 曾欧：《循环经济视角下的绿色包装发展研究》，湖南工业大学硕士学位论文，2013年。

[3] 《中国包装工业发展规划（2016—2020年）》，中国包联综字 [2016]61号。

过程中，应鼓励包装企业优先选用可降解、可回收、可循环的原材料，对于食品和药品包装材料，应尽可能采用高新技术增强食品药品包装材料的安全性和智能属性；对于工业品包装材料，应尽可能探索采用低碳技术制备，减少碳的排放，大力推广循环利用性能好又兼具优异的综合防护性能的包装材料，确保工业品包装材料的绿色化和可靠性；对于有特种性能需求的包装材料等，要尽可能开发和寻求绿色化的包装材料替代现行环保性欠佳的包装材料，或者通过工艺优化、原料改性等手段提高包装材料的绿色化和环境友好性，扩大绿色包装材料在特殊领域应用的广度和深度①。

二要着力开发循环利用技术。目前，我国废弃包装品循环利用率很低，为了减少包装品生产和制造过程中对自然资源的消耗，应在全国范围内倡导循环发展的理念，建立和健全包装废弃物的回收系统和网络，对不同类型的包装废弃物进行分类管理，鼓励包装企业和消费者在满足性能要求的前提下使用循环再利用的包装制品；为使包装废弃物能够得到高效率的回收，相关部门应设立专项资金支持包装废弃物循环再利用技术的研发和攻关；对于不可降解的塑料包装材料废弃物，要加强对其进行改性再造技术的研发，变废为宝；对于复合包装材料，要加强对其分离、回收再利用技术和装备的研发；对于传统耗能大的包装产业，要积极采用先进的节能、低碳技术进行改造，使生产过程中的能源利用率得到提高。

三要开展包装材料绿色化示范。为实施好包装材料绿色化工程，相关部门应在秉承"减少环境污染、提高资源利用"理念的指导下，组织实施绿色材料、清洁生产、循环利用等专项技术改造工程，并开展环保材料开发、资源综合利用、节能低碳技术等产业化示范，实现以点带面、重点突破，从而推动和带动包装材料绿色化的进程，促进我国包装企业加速自主研发高性能绿色包装材料，在未来3—5年内形成一批社会发展急需、可替代进口的关键材料与技术，打破国外在绿色化高性能包装材料领域的垄断和封锁，提升

---

① 张卫：《巩固包装大国地位推动包装强国建设》，《中国食品》2017年第2期。

国产化绿色包装材料的核心竞争力。

二、实施"食品药品包装安全化工程"

国以民为本，民以食为天，食以安为先。食品安全关乎人民健康和生命，责任重于泰山。党的十八大以来，新一届中央领导集体高度重视食品安全问题。习近平总书记指出：民以食为天，加强食品安全工作，关系我国13亿多人的身体健康和生命安全，必须抓得紧而又紧。这些年，党和政府下了很大力气抓食品安全，食品安全形势不断好转，但存在的问题仍然不少，老百姓仍然有很多期待，必须再接再厉，把工作做细做实，确保人民群众"舌尖上的安全"①。

国务院副总理汪洋指出，随着生活水平不断提高，食品药品安全已成为人民群众的强烈愿望、成为政府保障和改善民生的重要任务。如果这个问题解决不好，国内生产总值增速再快，老百姓的满意度也不会高。特别是到2020年实现全面建成小康社会目标的时候，要确保食品药品安全这一基本民生问题得到解决。在这个决定性阶段，食品药品安全将面临更高的要求，人民群众对此也有更高的期待，解决食品药品的质量安全问题对社会发展和经济进步来说，也有着重要意义②。

国家"十三五"规划纲要中明确提出保障食品药品安全并实施食品安全战略，要求实行全产业链的可追溯管理，相关部门要健全和完善高效、社会共治的食品药品安全治理体系。涉及食品药品安全的环节包含生产、包装、流通、运输等各个环节，每个环节都非常重要。其中包装与食品药品的接触时间比较长，对食品药品的安全有较大的影响。为此，《指导意见》中明确提出实施"食品药品包装安全化工程"，相关部门要以新修订的《中华人民

---

① 《严防严管严控食品安全风险　保证广大人民群众吃得放心安心》，2017年1月3日，见 http://www.xinhuanet.com/2017-01/03/c-112023900/.htm。

② 汪洋：《食品药品安全重在监管》，《求是》2013年第16期。

共和国食品安全法》作为依据，设立专项基金，组织相关企业和科研机构联合实施食品药品包装安全生产、质量检测和监管等重大工程和示范。在实施"食品药品包装安全化工程"的过程中，要注重应用先进防护和分析技术，推广在线检测和监控技术，充分发挥网络信息平台在食品药品包装安全中的作用，加快建立食品药品包装安全追溯管理信息网络平台；针对新鲜果蔬和农产品的特点，加强保质保鲜技术的研发和推广；加强对新型包装防伪技术的研发，提升包装防伪的能力和水平；要加强食品药品与包装之间的物质迁移理论研究，研发新型的识别食品药品包装中有害物质和微量元素迁移的技术，提升食品药品包装安全的实时动态监控能力，从而促进食品药品包装安全性能的全面提升。

三、实施"包装产业信息化工程"

推进制造业信息化是《国家中长期科学和技术发展规划纲要》提出的重要任务。所谓制造业信息化就是要将信息技术、自动化技术、现代管理技术与制造技术结合应用，实现设计制造数字化、生产过程智能化和企业经营管理信息化。包装产业属于服务型制造业，也是制造业体系的一个重要组成部分，包装产业的信息化是支撑包装产业科技创新、优化资源配置、凝练产业竞争优势的重要手段。

为了提升我国包装产业的信息化水平，促进包装产业智能化水平的提升，《指导意见》中明确提出，实施包装产业信息化工程，是一项具有战略性、标志性的重大系统工程，该项工程的实施有助于提高我国包装产业在国际竞争中的地位，有利于提升包装企业竞争能力。相关部门要对我国包装产业的现状进行广泛的调研，在此基础上确定建立包装大数据的方案，通过包装大数据的建立，加快包装产业之间信息的共享、互通；要设立专项资金，支持建设包装工业云等平台，推动互联网技术在包装产业中的广泛深入应用；包装高校、科研院所和企业要通过协同创新等途径加快研发智慧型包装制品，大力推广智能标签、智能终端等信息化关键技术，提高包装产品的管理水平；各级包装行业协会要联合相关企业建设一批电子商务平台、网络信息化服务平台和军民资源共享服务平台，促进包装产业信息体系的建立和完善。

四、实施"包装制品高端化工程"

"一流的产品、二流的包装、三流的价格"是形容我国改革开放初期包装制品质量不高而影响在国际市场销售的现象。目前我国包装制品的产量和销量均位居世界前列，但生产的包装制品仍然主要是中低端制品，难以满足高端产品和特殊产品的包装要求，普遍存在利润低、国际市场竞争力弱等缺陷，国内的大多数中高端包装制品主要依赖进口，因此，提高包装制品的技术水平，发展能满足中高端产品和个性化要求的高端包装制品是提升我国包装产业在国际市场竞争力的重要途径。因此，《指导意见》中明确提出实施"包装制品高端化工程"，重点是：

(一) 发展高端纸包装制品

纸包装制品具有易于循环回收利用、无毒、无味等特点而备受青睐，成为包装制品领域销量最大的一类制品。然而，大多数纸包装制品由于存在防水性差、强度较低、阻隔性不佳等缺陷，而一直被视为中低端大众化包装制品。随着现代材料技术、信息技术、加工成型技术、表面涂布技术等相关技术的快速发展，为高端纸包装制品的研发和生产提供了技术保障。为了提升我国纸包装制品在高端产品包装领域的占有率，应大力支持发展低克重、高强度、功能化、个性化、定制化、精细化包装制品，提升纸包装品质，要充分注重利用低成本技术增强纸包装制品性能，为实现包装减量化提供保障。为改善传统纸包装制品防水性能不佳、抗压能力不强等缺陷，应鼓励相关企业对纸包装制品的防水、抗压、阻燃、防潮等技术进行攻关，争取在3—5

年内突破一批关键技术，全面提升纸包装制品的防水、抗压、阻燃、防潮、抗菌等性能。

（二）发展高端环保塑料包装制品

塑料包装制品因具有质量轻、防水防潮性好、透明性好等诸多优点，成为销售量仅次于纸制品的包装制品。但是，传统塑料包装制品的生产主要是消耗石油的副产物，且大多数塑料包装制品不可降解而导致"白色污染"，因此，塑料包装制品自20世纪90年代以来，一直备受争议。

近20年来，国内外相关领域的科学与技术专家围绕着塑料包装制品的降解问题，从原料、制备工艺、使用、回收再利用、降解等各个环节进行了深入的研究，取得了丰硕的成果，目前已有部分可降解塑料包装制品实现产业化，随着研究的不断深入，将有更多品种的塑料包装制品被研发成功并实现产业化，这将为高端塑料包装制品的研发和生产提供扎实的保障。

在创新驱动发展战略的指导下，应大力鼓励和引导包装企业选用天然材料、生物基材料、可降解材料和环保型助剂等作为原料，开发出可降解、对环境污染小的资源节约型环保塑料包装制品；同时要注重加强生物塑料降解时间和周期的调控，确保废弃的塑料包装制品在指定的时间内实现完全降解，从而降低废弃塑料包装制品对环境的影响；要引导一些大型包装企业围绕塑料包装制品的高阻隔、选择透过、环境感知、宽幅制备等技术进行攻关，突破一批核心关键制备技术，提升塑料包装制品的应用性能。尤其要注重实现日常中应用量非常大的购物袋、饮料瓶、快餐盒、泡沫塑料等废弃包装品的无公害化。

（三）发展轻量化高端金属包装制品

金属包装制品由于具有优异的阻隔性、良好的金属光泽等一系列优点而被认为是高端包装制品的理想选择。然而，由于我国金属资源紧缺，能够用于包装上的金属资源份额非常有限，要发展更多的高端金属包装制品，必须实现轻量化。因此，在"十三五"时期，需大力倡导以薄壁金属制造包装制品，通过结构设计提高金属包装制品的强度，从而提高金属包装材料的资源利用率；针对金属包装制品生产过程中耗能大等现象，要积极探索新型节能技术在金属包装制品生产和加工中的应用，充分降低生产能耗；卷边技术是金属包装中的一项常用技术，在满足应用性能的基础上，要大力研发和推广新型微型卷边技术，减少金属包装材料的浪费；为了提升金属包装容器的抗腐蚀和环保性能，应支持大规模应用覆膜铁、覆膜铝等新型材料生产包装容器。

（四）兼顾发展部分玻璃和陶瓷高端包装制品

玻璃和陶瓷包装制品因具有极好的阻隔性、化学稳定性、强度高等性能而成为现代包装工业中重要的包装制品，虽然其市场占有份额低于纸、塑料和金属包装制品，但仍然是市场上不可或缺的重要包装材料或容器。然而我国现有的玻璃与陶瓷包装制品仍存在生产耗能高、制品质量不高等缺陷。随着设计技术、纳米技术、信息技术的发展和广泛渗透，发展满足更高包装要求的高端玻璃及陶瓷包装制品已经成为发展趋势。为此，应大力推广节能环保型窑炉和配方设计技术，提高熔化质量和产品品质；积极发展轻量化、功能化和智能化玻璃包装制品，着重发展高韧性、个性化、定制化陶瓷包装制品，有效降低铅、镉、铬、砷等有害物质溶出量。

五、实施"包装装备智能化工程"

装备智能化是推动制造业转型升级的重要途径，是提升生产效率和产品质量的有效方式。《中国制造2025》明确提出：加快发展智能制造装备和产品，组织研发具有深度感知、智慧决策、自动执行功能的高档数控机床、工业机器人、增材制造装备等智能制造装备以及智能化生产线，突破新型传感器、智能测量仪表、工业控制系统、伺服电机及驱动器和减速器等智能核心装置，推进工程化和产业化①。加快机械、航空、船舶、汽车、轻工、纺织、食品、电子等行业生产设备的智能化改造，提高精准制造、敏捷制造能力②。国家"十三五"规划纲要明确提出实施智能制造工程，加快发展智能制造关键技术装备，强化智能制造标准、工业电子设备、核心支撑软件等基础，鼓励建立智能制造产业联盟③。

包装装备是包装产业的重要组成部分，是生产包装制品的主要工具。提升包装装备的智能化水平有助于加速包装企业的生产，使生产工艺更精确、产品质量得到提高、节省劳动成本。然而，我国包装产业目前的装备智能化程度不高，少数包装企业实现了全自动化，大多数包装企业的生产设备还处于半自动化，甚至是手工为主的状态，包装产业智能化的任务还很艰巨。

为促进包装产业转型升级，必须加快推进包装装备智能化，《指导意见》明确指出：要实施包装装备智能化工程，主要从推进传统设备升级，推进关键设备国产化，加强新型智能设备的研发，提高包装设备的整体智能化水平等方面实施。

（一）推进传统设备升级换代

中国包装企业目前使用的设备中90%还属于传统设备，自动化、信息化、数字化程度还很低，但要全部淘汰也很难实现。可行的方案是在企业能够承受的范围内，鼓励企业将信息技术、自动控制技术等与传统包装设备进行融合，引导企业以小投入、低成本等方式促进传统设备技术改造，并与小批量、多品种的包装生产方式相匹配；同时，为了延长包装装备的使用时间，应大力推广新型的防锈防腐蚀技术，从而提高国内传统包装装备的防护

---

① 《国务院关于印发〈中国制造2025〉的通知》，国发〔2015〕28号。
② 王菲：《智能制造之国家政策归纳》，《智慧工厂》2016年第2期。
③ 凌纪伟：《详解"十三五"实施智能制造工程奠定"制造强国"基础》，新华网，2016年7月27日。

水平。

(二) 促进关键装备国产化

现在国内很多关键包装装备主要依赖进口，严重制约了我国包装产业的发展，因此，"十三五"期间，应鼓励我国包装装备生产企业努力攻关，对包装关键装备的设计、制造等技术进行深层次的研发，促进系列关键包装装备的国产化，提高我国包装装备的竞争力，为制造高质量的包装产品提供保障。

(三) 加强新型智能化装备研发

包装的主要工序包含供送、计量、清洗、裹包、灌装、封合、堆码等诸多环节，为提高包装装备的工作效率，应加强供送、计量、清洗、裹包、灌装、封合、堆码等主要包装工序自动化关键技术的研究，重点开发网络化、智能化、柔性化成套装备，提高包装装备的智能化水平。同时还应该加强包装机器人等的研发和推广。

(四) 组织实施高端包装装备重大专项

为促进我国包装装备的智能化，仅仅依靠引导和企业的自发行为是不够的，相关部门应该设立专项资金，组织实施高端包装装备研发重大专项，通过重大专项的实施，推动包装智能工厂／数字化车间的建设、应用和示范；同时，要通过重大专项的实施，促进高端包装装备关键技术产业化与工程化瓶颈的突破，从而开发一批在国际上具有影响力的标志性包装装备。力争到 2020 年，我国在高端智能包装装备市场自主知识产权占有率大幅度提升，依赖国外的核心技术明显减少，基础设施配套能力明显增强，部分装备可以媲美国际先进水平[1]。

---

[1] 《国务院关于印发〈中国制造 2025〉的通知》，国发〔2015〕28 号。

六、实施"包装印刷数字化工程"

包装印刷是包装行业的重要组成部分，是包装产品生产中的一个重要环节。许多传统的包装印刷过程中往往需要使用溶剂型油墨，溶剂挥发造成了严重的环境污染，引起了人们的重视。减少有机溶剂挥发、研发和推广使用环保型油墨、环保型印刷技术和工艺是包装产业转型升级的主要方向，实施包装印刷数字化工程是促进包装印刷转型升级的重要途径。

包装印刷企业应围绕包装印刷的印前设计、印刷过程及印后加工等关键工序，开展传统印刷与数字化印刷集成的技术创新，相关部门应联合相关企业实施包装印刷数字化重大专项和工程示范。要积极引导包装印刷企业突破高速喷码、数字化工作流程、云端色彩管理及印刷品质量数字化测控、数字印后等关键技术，构建先进包装印刷数字化体系。同时，要鼓励包装印刷企业充分利用互联网技术，深化互联网技术在包装印刷企业的应用，促进包装印刷企业利用大数据、人工智能等技术，开发网络印刷、云印刷、合版印刷及个性化包装印刷等新型印刷方式。

七、实施"军民融合一体化工程"

军民融合式发展涉及军地两大系统和多方利益关系，是一项长期复杂的系统工程，依赖国家通过长期战略规划来强力推进。实施军民融合一体化工程是推动包装产业加快实现军民融合的重要途径，军民融合一体化工程的主要实施内容应包括：开展军民通用包装技术研究、推动军品包装特种技术创新、建立军民融合包装产业基地。

（一）开展军民通用包装技术研究

积极引导和鼓励包装企业瞄准军地物流包装建设一体化关键技术进行研发，突破系列关键技术，使我国包装企业的技术能够满足和支撑军用包装的发展。重点解决环保、低碳、节能、循环利用等包装新技术、新材料、新工艺、新产品的军民共用需求瓶颈。

（二）推动军品包装特种技术创新

军品包装的要求往往高于普通产品的包装，其所需的技术也往往更先进、工艺更复杂，因此，我国包装企业应立足建制部队各类装备物资的特殊包装需求，全力解决联合投送、多式联运等大型装备防护包装、应急物资软包装和特殊功能性包装的关键技术问题，从而促进军品包装特种技术的不断创新。

（三）建立军民融合包装产业基地

促进军民融合发展，相关部门应根据我国包装企业的实际情况，组建一定数量的军民融合包装产业基地，建立军民通用技术研究中心和军民共用技术转换平台，重点开展建制部队装备物资联合投送、多式联运所需的通用包装手段、包装装备设施及其运输网络工程的创新研究和技术推广。

第七章 转型升级目标与包装产业
发展的新征程

2017 年 2 月 2 日《人民日报》刊文指出：2016 年中国经济增速为 6.7%，对全球经济增长的贡献率高达 33.2%。作为全球第二大经济体，中国从投资、出口驱动转向消费驱动特别是服务消费驱动的"新常态"已经取得重要进展，中国仍是全球经济的引擎。

包装产业是与国计民生密切相关的服务型制造业，也是我国国民经济重要的基础性战略性支柱产业。包装作为商品的重要组成部分，其基本功能主要体现在对内装物的外观美化、安全保护、仓运便利以及价格增值等方面，在我们的日常生产与生活中，无论是日用品、消费品，还是工业品、军需品，只要有产品就会有包装，因此，可以说，作为一种配套性服务产业，包装产业是我国经济发展引擎的重要动力组件，产业发展状态在较大程度上能集中反映出上下游产业的发展动态，工业增速指标也在一定程度上成为国民经济增速的动态"晴雨表"。

当前，随着以互联网、云计算和大数据为代表的新一轮技术革命带来的深刻变化，我国传统制造业正在力推转型升级，特别是《中国制造2025》计划的深入实施，更为制造业转型发展提出了重大任务、带来了全新机遇、形成了巨大动力。包装产业作为一种服务型制造业和中国制造体系的重要组成部分，如何突破发展瓶颈，如何实现转型升级，如何提升产业品质，如何增强在国民经济与社会发展中的支撑度和贡献度，是摆在我们面前的一个重要课题。由工信部、商务部发布的《指导意见》对此提出了战略性框架和原则性意见，形成了助推包装产业创新发展的顶层设计。

第一节　包装产业转型升级的紧迫形势

一、国际经济环境要求包装产业转型升级

(一) 包装产业的市场竞争日趋激烈

从国际市场布局调整来分析，尽管近年来国际经济呈现出低增长、低贸易流动、低通货膨胀率、低投资和低利率以及高股价、高债务水平的"五低两高"特点[1]，但包装产业作为配套性服务业，始终具有十分广阔的发展前景。有权威分析认为，至"十三五"末，全球包装市场需求规模预计突破1万亿美元，包装工业年平均增速将达到4%左右。面对如此广阔的市场需求，目前，世界上的包装强国均通过"再工业化"和"制造业回归"战略，全力推进包装产业领域的技术革命，一些发展中国家也在工业化进程中不断提升包装产业的市场占有率和国际竞争力，我国包装工业发展正面临高端回流和中低端分流的"双向挤压"。特别是随着全球经济增长模式的深度调整，世界经济"南北"格局的逐步改变和全球经济重心的东向移动，全球包装产业中心正转向亚洲特别是中国，我国未来将成为全球最大的包装消费市场和主要商品、服务、技术供给基地，同时也成为世界包装大国和强国觊觎的主体市场，在这种竞争态势面前，我国的包装产业必须尽快实现转型升级，才能有效守住国内市场，不断拓展国际市场，在巩固世界包装大国地位的同时，提升包装强国的建设实力。

---

[1]　联合国经济和社会事务部：《2015年世界经济形势与展望》。

（二）制造产业的技术革命方兴未艾

从国际科技发展走向分析，全球新一轮科技革命和产业变革正在孕育兴起，世界主要经济体都在加强战略部署，通过技术变革促进传统产业改造和新型产业生长，尤其是一些发达国家将制造业作为经济发展的命脉，推出了一系列制造强国的建设举措，如德国在 2013 年实施"工业 4.0"战略后，又于 2014 年提出了"智能服务世界"，美国自 2007 年国际金融危机后至今已连续 3 次发布《创新战略》，在特朗普政府提出的"让美国再次伟大"施政策略中，振兴制造业是未来美国经济发展的重中之重。从全球制造产业的转型升级走向不难看出，新型材料、信息技术、节能环保、智能制造等已经成为发达国家支撑制造业发展的颠覆性技术，因此，我国包装产业必须尽快适应技术变革的新要求，按照先进制造业的发展要求，依靠创新驱动，瞄准国际标准加强技术攻关，瞄准全球价值链高端加快转型升级，实现从跟跑—并跑—领跑的发展跨越。

（三）产品包装的需求结构深度调整

从国际包装产业发展趋向来分析，未来的产品包装将重点关注六大发展新方向：

一是以材料可降解、资源可复用、生产可循环、无害无毒为特征的绿色生态型包装；

二是信息可追溯、内容物能透视的简约化包装；

三是与移动手机技术深度结合、包装设计可实现近场通信技术感应的智能包装；

四是具有可塑性、易变性的软体包装；

五是适应模数要求又呈现多样性、情境性特征的包装；

六是近距离亲密接近消费者、能为品牌产品提供个性化服务的数字包装印刷技术。

这六大发展趋势既涉及新产品的开发，又涉及新技术的应用，同时更涉及包装新理念的建立，我国包装产业的转型升级，必须关注以上六大趋势，围绕"绿色、安全、智能"三大方向进行新的时代变革。

二、内在发展短板倒逼包装产业转型升级

经过数代包装人的励精图治，我国包装产业在不断进行格局调整的基础上，业已成为新兴独立的工业门类，在国民经济与社会发展中形成了举足轻重的地位。据中国包装联合会沿引国家统计局的数据，2017年三季度，我国的纸、塑料、金属、玻璃、木制品包装累计完成主营业务收入9041.74亿元，同比增长6.07%；累计完成利润总额512.50亿元，同比增长8.24%，产业呈现出市场不断扩大、产值规模与利润总额稳步增长的总体趋势。但我们也必须清醒地认识到，在取得可喜发展成就的同时，我国包装产业发展仍存在诸多不适应因素和瓶颈性问题，转型升级任务十分艰巨，主要表现在：

（一）生产模式难以适应国家绿色发展要求

"十二五"期间，我国围绕生态文明建设出台了一系列支持和引导产业实现绿色、环保和集约发展的刚性约束制度和柔性支持政策，比如，财政部印发的《资源综合利用产品和劳务增值税优惠目录》，发改委借助"互联网＋"推动的再生回收新模式，以及国家已经普遍推行的锅炉强制煤改燃、挥发性有机化合物（VOCs）排放收费、环境违法按日计罚等。尽管"十二五"以来我国的包装产业在推进清洁生产、节能减排以及资源循环利用等方面进行了不懈努力，包装行业单位工业增加值综合能耗以及主要污染物排放量均有不同程度下降，但客观地说，全行业高投入、高消耗、高排放的粗放生产模式依然较为普遍，绿色化生产方式与体系尚未有效形成，与国家绿色发展的总体要求和现代化强国的建设目标还存在较大差距。

（二）技术水平整体处于世界包装产业链低端

我国的包装产业近十年来尤其是"十二五"以来在规模扩张、品种研发、市场拓展等方面取得了长足进展，但核心技术与关键设备的自主创新率较低、包装制造过程的两化融合水平较低、产业核心竞争力较低等问题十分突出，代表包装技术前沿的中高端包装基础材料、包装机械（食品饮料包装、塑料薄膜等）等仍为欧美、日本等发达国家垄断。以包装机械为例，目前我国包装机械品种约 1300 种，除了钢带打包机、气动打包机和一些小型全自动（半自动）打包机为自主研制或仿制国外产品外，其他大型包装机械和成套包装生产线主要依赖进口，具有自主知识产权的产品微乎其微。究其原因，主要在于中小企业和民营企业占比较大，企业作为创新主体的研发意识严重缺乏，技术研发投入严重不足，在研发平台、研发队伍、研发体系建设上很多处于空白状态。包装机械目前已成为我国机械工业的十大行业之一，但全行业研发经费仅占销售额的 1%，与世界包装产业发达国家 8%—10% 相比，差距巨大。我国包装机械年出口额不足总产值的 5%，而进口额却与总产值基本齐平，这种进出口严重倒挂的现象，对为我国包装机械进军国际高端市场形成了巨大制约，更使包装机械行业的发展在很大程度上受制于人。

（三）结构性矛盾导致产业综合竞争力薄弱

目前，我国包装产业的结构性矛盾主要表现在六个方面：

一是产业定位不够清晰，没有整体纳入中国制造产业体系，导致产业未能有机对接《中国制造 2025》和智能制造行动计划；

二是产业区域发展不平衡、不协调，企业散、小、乱现象严重，产业集中度较低，主业突出、实力雄厚、影响广泛的包装企业集团不多；

三是低档次、同质化产品生产企业重复建设问题突出，低端产能、过剩产能得不到主动化解；

四是我国包装工业的制高点为世界包装强国的国际资本所控制，大量高技术包装装备和高性能包装材料主要依赖进口，产品包装难以适应国际技术标准、环境标准和一些发达国家的非关税技术壁垒；

五是包装制品成本较高，尤其是食品、药品和日化产品等低值消费商品，包装成本在商品成本中的占比高达30%—70%，严重影响了商品的市场竞争能力；

六是尽管逐步形成了"中国制造的商品＋中国印制的包装"、"跨国公司在中国制造的产品＋中国印制的包装"、"国际商家直接采购中国包装产品"三种包装出口模式[①]，但从整体上来看，包装企业主动开放意识不强，产品出口与价值上探的通道狭窄，在国际高端市场和高端产业链、价值链中的核心竞争力不足。

要有效解决好这些制约包装产业发展的瓶颈性问题，其根本途径在于围绕供给侧结构性改革，全面推动转型升级。

第二节　包装产业转型升级的模式设计

一、产业转型升级的思路设计

《指导意见》明确了包装产业转型发展的基本原则，基于这些原则和包装产业的发展现状，未来我国包装产业推进转型发展的总体思路应着力于：

（一）政府引导，企业主体

要充分发挥好政府以及行业组织在产业规划布局、政策引导、扶持服务等方面的积极作用，引导产业集聚，推动转型升级，促进提质增效，提

---

① 《中国包装行业出口主要三大模式浅析》，见 www.chinairn.com，2014 年 4 月 21 日。

升产业规模化和集群化发展水平。要尊重市场规律，坚持市场导向，充分发挥市场在资源和要素配置中的决定性作用以及企业在发展决策、市场布局、产品开发、技术创新和生产组织中的主体地位，有效激发市场活力和企业动力。

(二) 壮大龙头，协调发展

要坚持以龙头骨干企业为核心打造完整产业链条，支持龙头骨干企业积极向产业链上下游延伸拓展，通过结构调整、同业联合、协同创新、兼并重组等形式构建国际化企业集团或产业联盟。要发挥好龙头企业的引领带动作用，实行专业化分工和分类施策引导，推动关联企业聚集发展，构建包装产业与制造业、包装上下游产业、军用包装与民用包装、包装企业与科研院所以及包装各子行业之间的协同发展机制。

(三) 创新驱动，高端引领

要加快技术创新体系和创新服务平台建设，引导创新资源集聚；完善自主创新体制机制，激活企业创新主体作用；加强国际技术合作，提升原始创新、集成创新、引进消化吸收再创新能力，提升产业发展的内生动力。要立足绿色、安全、智能方向，围绕包装整体解决方案提供，加快研发高端技术，加紧生产高端产品，引导产业向专业化、高端化、品牌化发展。

(四) 开放合作，集聚发展

要积极实施开放战略，引导和支持企业在"一带一路"战略和国家开放发展格局中，积极参与国际合作竞争，大力开拓海外市场，促进与全球产业链、创新链和价值链的有机对接，提升产业发展新优势。要根据国家区域发展总体战略，科学谋划产业布局，引导企业合理转移产能，引导地方加快产业园区建设，有效汇聚优质产业资源和各类创新要素，增强园区集聚效应和溢出效应，促进产业更高质量、更有效率、更可持续发展。

二、产业转型升级的方向设计

经过连续多年的高速增长，我国包装制造业已经站在了全球制造大国的高位上，但随着产业发展中各种矛盾的长期累积与集中爆发，加上世界经济的持续低迷和中国经济的增速放缓，我国包装产业目前已进入"休养生息"期，从中国包装联合会发布的2017年1—9月行业运行监测数据中可以看出，尽管各细分行业产业规模在不断扩大，但行业利润率总体呈下降趋势，企业亏损面较上年同期没有有效改观，产业主要集聚区发展增速存在严重不平衡现象（见表7-1、图7-1）。这一方面说明包装产业作为一种服务型制造业，始终与国家宏观经济和其他关联产业的发展休戚相关，另一方面说明包装产业发展品质不高，发展后劲乏力。

表 7-1 包装主要细分行业 2017 年 1—9 月主要经济效益指标[①]

指标名称	纸和纸板容器行业		塑料薄膜制造行业		金属包装容器行业	
	1—9 月	上年	1—9 月	上年	1—9 月	上年
主营业务收入增速	13.80	4.94	12.21	5.07	-2.16	2.51
利润总额增速	10.04	1.11	14.06	10.49	-18.06	3.23
利润率	5.38	5.72	5.34	5.78	5.00	6.24
企业亏损面	10.32	11.36	14.08	11.61	18.75	14.92
亏损企业亏损额增速	-2.67	-11.98	15.76	-19.26	6.30	9.31

---

① 综合中国包装联合会网站 www.cpta.org.cn，《2017 年 9 月纸和纸板容器行业经济运行简报》《2017 年 9 月塑料薄膜器制造行业经济运行简报》《2017 年 9 月金属包装容器行业经济运行简报》，访问时间 2017 年 11 月 7 日。

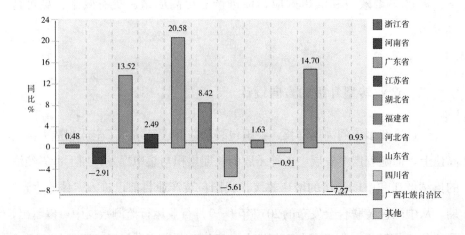

图7-1　2017年1—9月全国瓦楞纸箱行业累计产量主要地区同比增长情况[①]

包装产业的转型升级不是盲目、孤立的，更不是零碎的，转型必须形成一个系统工程，必须置于国家经济大环境和产业发展的总要求中，必须找准自己的转型对接点和着力点，通过化解各种矛盾和沉疾解决好产业发展的动能培育问题，使转型更能提升自身的产业地位，更能凸显自身的产业特征，更能增强自身的发展品质。具体来说，在方向上要体现"三个对接"：

（一）紧密对接国家宏观经济的总体走向

国家统计部门发布的有关经济运行数据显示，2012年以来，我国经济增长总体上呈现下行态势，这其中既有国际经济形势总体复苏较慢的原因，也有我国经济三期叠加压力增大的原因。基于这样的经济环境，中央深改组在"十三五"开局以来，始终坚持稳中求进的工作总基调，积极调整宏观经济政策，全力构建"四梁八柱"的改革体系，尤其是着力推进供给侧结构性

---

① 中国包装联合会网站 www.cpta.org.cn，《2017年9月纸和纸板容器行业经济运行简报》，访问时间2017年11月7日。

改革，引导和支持产业实现"三去一降一补"，改革取得了明显成效。习近平总书记在 2016 年 7 月 8 日的经济形势专家座谈会上，对我国总体经济形势作出了八个判断，概括起来就是"经济发展长期向好的基本面没有变，经济韧性好、潜力足、回旋余地大的基本特征没有变，经济持续增长的良好支撑基础和条件没有变，经济结构调整优化的前进态势没有变"。保持经济中高速增长已经成为我国经济发展的"新常态"。因此，包装产业的转型升级，首先要立足国家经济发展的基本面，主动适应经济发展的新常态，重点从供给侧结构性改革入手，将"推动生产方式转变、供给结构优化、过剩产能化解和增长动力培育"作为重中之重，以保持产业实现中高速增长，迈向中高端水平。

（二）无缝对接《中国制造 2025》的总体要求

2015 年，国务院发布了《中国制造 2025》，其总体思路是：强化工业基础能力，加快两化深度融合，提高综合集成水平，围绕智能制造方向，促进制造业创新发展，推动制造强国建设。《中国制造 2025》的着力点不是片面追求高速增长，而是将提升发展质量与效益放在首位。按照这样一个总体思路设计，未来十年，我国的制造产业必须把握好四个重点：

一是要将创新驱动作为首要任务。要通过激活创新引擎，促进关键与核心技术的自主研发，以此推动生产率的持续提高和产品性能的不断提升，要以新材料、新产品、新设备、新技术为主攻方向，实现制造产业的全面转型升级。

二是要将质量建设作为发展内核。随着社会消费水平的稳定提高和国民经济的持续发展，我国的生产性消费已呈现出从数量消费向质量消费过渡的时代特征，《中国制造 2025》提出制造业尤其是服务型制造业必须把质量作为建设制造强国的生命线，全面夯实产品质量基础，坚持以质量为先、以品牌取胜。

三是要将绿色制造作为引领方向。党的十八大报告首次并行提出绿色发展、循环发展、低碳发展理念,《国民经济和社会发展第十三个五年规划纲要》明确提出要"坚决反对过度包装",以此倡导简约适度、绿色低碳的生活方式。《中国制造2025》则明确要求制造产业坚持减量化、再利用、资源化原则,全面构建绿色制造体系,形成有利于节约资源、能源和保护生态环境的产业结构、增长方式与消费模式。未来,通过绿色制造模式破解资源、能源、环境的瓶颈制约,既是实现制造业可持续发展的必由之路,也是我国实现"两个一百年"奋斗目标的必然要求。

四是要将结构调整作为关键手段。坚持稳增长、促改革、调结构、惠民生、防风险,是我国"十二五"以来经济改革与发展的突出重点,也是制造产业发展的重大任务。《中国制造2025》提出要推进现代制造业的结构优化,通过行业、技术、组织、空间以及产品与市场等多维结构调整实现提质增效,特别是要注重培育世界级的跨国大企业、"专精特新"的中小企业和国际化的特色制造集群。中央深改组在多次会议上提出要进一步深化供给侧结构性改革,加快发展先进制造业,推动现代信息技术和智能技术与现代制造业的深度融合,培育具有世界先进水平的制造业集群。包装产业作为现代服务型制造业,在转型发展过程中,必须根据制造业发展的总体要求和改革方向,高度重视结构调整在产业优化升级中的突出作用。

(三) 深度对接包装强国建设的总体目标

我国于2005年提出"包装强国"的建设设想,十余年来,包装产业实现了强劲发展,无论是产业规模还是产值规模,均实现了历史性的重大跨越。但是,必须清醒地认识到,我国包装产业依然"大而不强",究其原因,就是产业和行业本身对一些瓶颈性问题很难实现自我消化和有效突破,必须依靠政府之手扭转产业之短。《指导意见》以政府之手力促产业转型发展,可谓是适逢其时。包装行业贯彻和落实好《指导意见》,必须站在"包装强国"建设的宏伟目标和主体任务的高度,从三个方面提升产业转型发展的能力和水平:

一是要有效提升包装工业的创新力。要围绕绿色包装、安全包装、智能包装和军民通用包装，鼓励企业瞄准瓶颈问题，制定关键技术系统性解决方案，促进重大科技成果的孵化、应用与推广，培育一批具有国际竞争力的创新型领军企业。[①]

二是要有效提升包装工业的竞争力。要围绕绿色转型发展和消费品工业"三品"专项行动，瞄准国际同行业标杆，强力推动绿色生产制造、产品升级换代、传统产业改造和产业链协同发展，在主要包装材料、包装装备、包装制品的制造工艺及质量标准、军民通用标准、节能减排、产出效益等方面达到或接近国际先进水平。

三是要有效提升包装工业的贡献力。要围绕绿色生产体系构建和产业跨界融合，进一步构建科技含量高、资源消耗低、环境污染少的产业结构，大力拓展包装工业与国民经济各支柱产业融合发展的广度和深度，推动科技创新、模式创新、市场创新、产品创新、业态创新、管理创新，不断提升包装工业对国民经济和社会发展的支撑能力。

三、产业转型升级的目标设计

《指导意见》首次将包装产业定位为服务型制造业，并结合服务型制造业的特征，明确了产业转型发展的指导思想和基本路径，设定了"保持产业发展增速与国民经济增速同步，产业发展规模与配套服务需求相适应"的总目标和产业规模、自主创新、两化融合、节能减排、军民融合、标准建设六大分项目标。实现这些目标，包装行业首先要深入研究服务型制造业的基本特征和发展走向，在此基础上，制定产业的转型技术路线图。

所谓"服务型制造"，是指通过促进制造与服务相结合，实现基于生产

---

① 《中国包装工业发展规划（2016—2020年）》，中国包联综字［2016]61号。

的产品经济和基于消费的服务经济一体融合的制造模式。发展服务型制造业，要求生产企业突出主业生产、强化研发和营销、重视全程供应链打造。包装产业具有产业链长、配套性强、服务领域广、跨界关联度高等产业特征，服务型制造属性十分明显，因此，和其他产业相比较，其转型发展的终极目标应着眼于实现"三个转变"：

（一）着眼于实现由被动适应向主动服务的转变

"服务型制造是知识资本、人力资本和产业资本的聚合物"[①]，这种制造模式与其他各类制造的不同之处主要体现在：

1.由传统的产品制造为核心转向为顾客提供具有丰富服务内涵的产品和整体解决方案；

2.由以产品为中心转向以人为中心，在作业方式上实现个性化生产和服务；

3.注重顾客、服务企业、制造企业等不同类型主体在制造网络中的动态协作，自发形成资源优化配置方案和结构稳定的制造系统；

4.主动发现顾客需求，主动开展针对性服务，主动将上下游客户引进产品制造和应用服务过程，通过主动服务模式凝聚服务对象力量，协同创造产品价值[②]。

基于此，我国包装产业在未来的转型之路上，必须主动适应消费多样化需求，重视服务对象的价值感知，主动构建互联网时代的新兴服务模式、上下游产业协同发展模式、"生产＋服务"的现代制造模式，实现由单一的传统产品制造服务转向以包装整体解决方案提供为重点的全程化、多样化、个性化服务，特别是要围绕工信部、国家发改委和中国工程院共同发布的《发展服务型制造专项行动指南》，以价值链为主线，将服务贯穿于生产制造的

---

① 孙林岩：《21 世纪的先进制造模式——服务型制造》，《中国机械工程》2007 年第 19 期。
② 孙林岩：《21 世纪的先进制造模式——服务型制造》，《中国机械工程》2007 年第 19 期。

始终。

(二) 着眼于实现由要素驱动向创新驱动的转变

截至"十二五"末,我国的包装企业总计达25万余家,但其中规模以上企业只有3万余家,包装产业中小微企业数量多,民营企业占比大,家庭作坊式生产模式仍普遍存在。在几十年的历程中,产业主要依靠劳动力、资本、资源三大传统要素维持发展,因此,劳动密集型、资本依托型、资源消耗型成为包装产业难以抹去的"标签",随着劳动力成本的不断提升、投资回报的边际效应递减和资源能源消耗的严格管控,包装产业发展面临的问题也就越来越突出,以资源、环境、人口、投资为主体驱动要素的发展模式正遭遇前所未有的挑战。习近平总书记多次指出:从要素驱动、投资驱动转向创新驱动,是我国经济新常态的主要特征之一。这意味着,包括包装产业在内的所有产业,今后必须将人力资本和技术创新作为主要的驱动力和产业发展的新引擎,以增强自主创新能力为基点,增加产业转型和提质增效的技术供给,提高全要素生产率。

(三) 着眼于实现由传统生产向绿色生产的转变

总体来说,我国的包装产业目前仍属于资源与能源消耗型产业,采用的是以资源、能源和环境为代价的传统生产模式。以VOCs排放总量为例,在包装产业的子行业中,包装印刷业占总排放量的60%左右,其他子行业占40%左右,经测算,2016年,包装工业VOCs排放总量约为210万吨,其中包装印刷业约占125万吨,其他子行业总计约85万吨,排放强度远远高于国民经济主要工业门类的平均水平。

当前,绿色发展已经成为产业发展的主旋律,如日本政府的"环境与能源革新技术开发计划"已经实施8年,五大绿色技术成为绿色产业的核心技术;欧盟采用技术研发和市场机制并举的方式,大力推进绿色产业和低碳化发展;美国的《制造业创新网络计划》采取各种税收激励措施鼓励企业和个人使用可再生能源；我国也正在实施最严格的环境保护制度和工业污染源全面达标排放计划，作为"一带一路"倡议中走出去的重要产业和国民经济的基础性产业，我国的包装产业必须在设计、研发、生产、使用和再生循环的全生命周期中，全面落实绿色发展理念，坚决反对过度包装，以环境友好、资源节约为核心要素，加快低害、无害材料与产品以及节能、降耗工艺与技术的研发，尽快实现从传统生产和向绿色生产的转型，实现从减材制造、非智能制造向新型材料集约利用、生产效率大幅提升的增材制造、智能制造转变，打好企业循环式生产、产业循环式组合、园区循环式改造的"组合拳"①。

四、产业转型升级的策略设计

《指导意见》提出的包装产业转型发展框架，是一个关联全产业链的系统工程，涉及所有子行业和包装企业，这种转型对产业链而言，是一个内在闭环体系，对关联产业而言，是一个协同创新体系，那么，在这个庞大的体系面前，产业转型升级的策略设计应该突出四个重点，并通过这四个重点突破实现全面带动。

（一）区域协调化

实现区域协调化是包装产业区域结构转型的必由之路。包装产业覆盖人民生活和社会经济的各个领域，与其他产业密切关联，紧密衔接。但目前，我国的包装产业分布极不均衡，主要集中在长三角、珠三角和渤海湾地区，其中广东、浙江、江苏、福建四省为包装产业集中省份，市场占比达53%，而中部地区产业分散，西部地区比较落后。以包装印刷行业为例，陕西、甘肃、宁夏、青海、内蒙古、新疆等省区包装印刷总产值仅占全国的5%左

---

① 唐未兵：《立足转型发展的顶层设计与前瞻战略》，见 www.doc88.com，访问时间 2017 年 2 月 12 日。

右。综合分析中国包装联合会发布的 2017 年包装产业主营业务收入和累计利润总额数据（见图 7-2、7-3、7-4、7-5），可以发现，包装产业空间布局亟待调整。

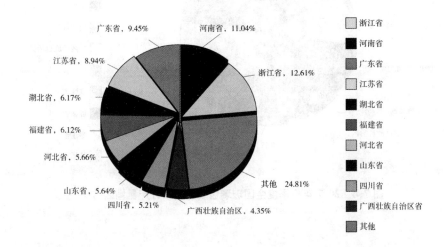

图 7-2　2017 年三季度全国瓦楞纸箱行业累计产量地区占比①

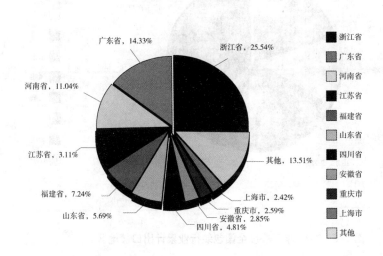

图 7-3　2017 年三季度全国塑料薄膜行业累计产量地区占比②

---

① 《2017 年 3 季度包装行业运行报告》，中国包装联合会 2017 年理事会报告。

② 《2017 年 3 季度包装行业运行报告》，中国包装联合会 2017 年理事会报告。

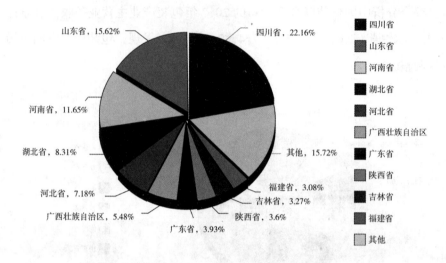

图 7-4　2017 年三季度全国玻璃包装行业累计产量地区占比①

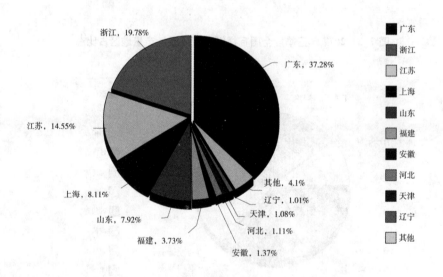

图 7-5　2017 年三季度全国包装行业累计出口额地区占比②

①　《2017 年 3 季度包装行业运行报告》，中国包装联合会 2017 年理事会报告。

②　《2017 年 3 季度包装行业运行报告》，中国包装联合会 2017 年理事会报告。

调整包装产业的空间布局，推进区域间协调发展，要重点对接国家"东部率先、中部崛起、西部开发、东北振兴"的区域发展总战略，以及"一带一路"倡议、长江经济带发展、中原经济区发展、京津冀协同发展等重大战略举措，利用东部地区产业集中、技术领先的优势，重点建设产业示范引领区，形成总部经济基地和亚洲包装中心；利用中部地区独特的地理区位优势和经济迅速崛起的发展机遇，尤其是长江经济带和中原经济区覆盖省份正在推进的"制造强省"战略，重点建设包装产业新兴集聚区；利用西部地区、东北地区相对低廉的土地、人力成本和资源环境承载能力，引导包装企业优化市场配置，合理承接转移产能，重点建设产能转移示范区；利用"一带一路"沿线国家包装产业大多相对滞后的发展空间，加快推进产业"走出去"战略，鼓励有条件的骨干企业推动装备、技术、标准、服务走出国门，通过直接投资、参股并购等方式搭建国际产能和装备制造合作服务平台，在境外设立研发、制造、生产基地和营销网络，加强海外布局设计，扩大国际市场份额。

(二) 产业集群化

我国包装产业"大行业、小公司"特征明显，大型企业较少，中小微企业比例达近90%，产业集中度较低、集群发展能力不强、龙头企业的市场份额严重不足、中型包装企业生存空间受挤。以纸包装行业为例，目前澳大利亚、美国、我国台湾地区的产业集中度分别为90%、70%、50%，而我国内地仅为1%，上市公司大多数营收规模仅在20亿元左右，最大企业市场份额不足1%，相对于万亿市场总量来说，体量很小。因此，我国包装产业实现转型升级，很有必要从产业的组织结构上进行优化调整，调整的总体策略是推动产业集群化发展。

产业集群，是指集中于一定区域内，特定产业的众多具有分工合作关系的不同规模等级企业与其发展有关的各种机构、组织等行为为主体，通过纵横交错的网络关系紧密联系在一起的空间积聚体，代表着介于市场和等级制之间的一种新的空间经济组织形式①。

加快产业集群发展是《中国制造 2025》战略背景下包装产业发展升级的必由之路，也是世界产业经济发展的主流。目前，我国基本形成了上海、江苏、浙江、广东、北京五大包装产业中心，从地域分布上，包装产业集群主要分布在东部沿海地区，其区域分布和集群化水平均难以适应国民经济和区域总体发展战略的时代要求，因此，必须在现有发展基础上调整集群化发展战略，其重点主要是：

1.按照东部重点建设产业示范引领区、中部重点建设产业新兴集聚区、西部和东北重点建设产业转移承接区的区域差异化发展思路，对产业集群进行规划布局和功能定位，根据资源禀赋、经济基础和市场需求培育一批布局合理、协作紧密、结构优化、特色鲜明的新型产业园区，打造包装产业新的增长极。

2.鼓励和引导骨干企业发展核心产品，带动相关配套企业的发展，充分发挥园区的示范、辐射、带动作用，通过政府引导和市场主导，重点推动园区企业集聚、资源整合、上下游产业协同以及各类创新要素聚合，构建以大型企业为龙头、中型企业为骨干、小微企业为重要补充的产业发展联盟，以领军企业为核心打造具有强大竞争力的产业"航母群"。

3.引导中小企业与龙头企业开展形式多样的经济技术合作，支持具有自主创新能力的科技型中小型企业建立主导产品突出、专项服务卓越的发展体系，培育一批主营业务突出、竞争力强、成长性好、专注于细分市场的"瞪羚企业"，形成产业集群中供、产、销协作配套链。

4.加快产业延链、补链、强链，依托龙头企业推动关联产业项目，着力促进包装文化创意产业、包装电子商务产业、资源循环利用产业、现代包装物流产业等新兴业态发展，推动产业跨界融合，在包装产业的前端与后端延

---

① 李琳：《我国包装产业集群化发展趋势和政府应给与的政策引导》，《中国包装》2014 年第 3 期。

伸产业链、提升价值链。

（三）生产绿色化

包装在人类生产、生活中扮演着重要角色，包装产业也成为国民经济的重要支撑，但由于产业长期处于粗放式发展状态，其对环境造成的不良影响历来为社会所诟病。包装产业对环境的影响主要表现在四个方面：

一是采用大量竹木材料直接作为包装材料或用于造纸，对自然生态的破坏性较强；

二是包装材料直接与内装物，特别是食品、药品、化妆品等接触，材料中的一些有毒有害物质容易直接迁移到产品中，对使用者造成不良后果；

三是包装生产过程绿色化程度不高，单位工业增加值能源消耗、单位工业增加值用水量、工业二氧化碳等排放强度较高，对生态环境造成较大污染；

四是包装废弃物回收利用体系不完善，回收责任不明确，大量包装废弃物尤其是一些不可降解包装材料对人们的生活环境造成不良影响。

表7–2 《中国制造2025》绿色发展指标要求[1]

指　标	2015年	2020年	2025年
规模以上单位工业增加值能耗下降幅度	—	比2015年下降18%	比2015年下降34%
单位工业增加值二氧化碳排放量下降幅度	—	比2015年下降22%	比2015年下降40%
单位工业增加值用水量下降幅度	—	比2015年下降23%	比2015年下降41%
工业固体废物综合利用率（%）	65	73	79

[1] 《中国制造2025》。

表 7-3 纸品包装与塑料包装对环境的影响分析（食品包装盒）①

污染物类型		单 位	纸品包装盒	发泡基苯乙烯盒
每 1000 个容器的重量		千克	21.9	4.40
能源消耗	重油	千克	3.14	1.75
	轻油	千克	0.60	0.48
	电力	千瓦时	31.52	5.61
	蒸汽	千克	—	13.8
	煤	千克	1.53	—
	黑液	千克	6.00	—
	折算为合计能量	千卡	145.4	47.0
大气污染物	CO_2	千克	43.6	15.0
	NO_x	千克	0.11	0.04
	SO_x	千克	0.08	0.08
水质污浊物	BOD	克	101	很少
	COD	克	300	很少
	SS	克	101	很少
	污泥	克	1500	—
固态废物	加工废屑等	克	197	194

  推行包装产业绿色化生产，是落实"创新、协调、绿色、开放、共享"理念的需要，是适应《国民经济和社会发展第十三个五年规划纲要》中提出的"坚决反对过度包装"要求的需要，更是包装产业实现可持续发展和有效提升国际竞争力的需要。开展包装产业的绿色化生产，关键是要抓好两个层

---

① 中国产业信息网，《2014—2019 年中国塑料包装产业竞争态势及投资前景分析报告》，访问时间 2017 年 3 月 10 日。

面的工作：

1.政府层面。政府要加强宏观调控和政策支持，为绿色包装产业的发展创设有利条件和约束机制，主要包括：在全社会倡导简约包装、适度包装理念，引导人们形成有利于环境友好的生活方式和消费方式，使绿色包装深入人心；建立绿色包装产业发展引导基金，在市场准入、项目扶持、绿色补贴、资源回收等方面进行政策性倾斜；充分发挥税收的调节作用，对使用绿色包装材料、生产绿色包装产品、实行绿色包装生产的企业进行减税或免税；建立健全与国际接轨的《包装废弃物管理办法》《包装回收再生利用法》等法律法规，以降低环境污染、减少资源消耗为目标，强化包装产业上下游企业及包装使用者在生产、流通、消费等环节中对包装废弃物强制回收的相应责任，等等。

2.企业层面。《指导意见》引导的包装产业转型，说到底，核心就是产业的绿色转型。实现产业绿色转型的主体在企业，责任也在企业。包装企业推进绿色转型需要抓住三个关键：一是从源头抓起，也就是从包装设计的环节上抓起，要深化"简约化、减量化、复用化、精细化"包装设计理念，按照国际通用的包装模数要求，合理构建各类产品的包装设计方案，使设计实现产品增值和包装适度的有机统一。二是从材料抓起，要主动采用环保型包装材料和易于循环利用的单一材料，减少材料的源头污染和分离难度；要加强新型包装材料的研发和应用，发展一系列与内装物相容性好的高性能、可降解、绿色化包装材料，突破绿色包装材料的应用及产业化瓶颈，提升资源节约、环境友好型包装材料的自主研发与生产水平。三是从过程抓起，要优化生产工艺，加快传统设备与技术的改造，加大绿色包装关键技术、装备、工艺的研发力度，尤其是要突破先进节能和低碳环保技术，比如：无溶剂、水性胶复合技术，废塑料改性再造技术，复合材料分离技术，废纸（金属、塑料等）包装废弃物循环利用技术，低（无）VOCs排放先进印刷技术，等等，通过技术提升促进包装生产过程绿色化。

（四）模式多元化

包装产业的转型包括投入结构、排放结构、产业结构、区域结构、需求结构等方方面面，其中产业的发展模式也是转型的题中之义。包装产业的主体构成要素是企业，因此，只有不断优化企业发展模式，才能构建具有活力与特色的多元化产业发展体系。包装企业在转型进程中，应根据现有基础、主导方向、技术力量和目标市场，建立适应于自身特征和市场需求，并与高端产业链、价值链相匹配的发展模式。《指导意见》在转型的主要任务第五部分中有这样一段表述：支持混合所有制经济发展，推动大中型企业的股权分置改革和细分市场的产业链整合，推动龙头企业采取联合、并购、控股等方式实施企业间、企业与科研院所间的资产重组，形成一批上下游一体发展的企业集团。组建以大型企业为龙头、中型企业为骨干、小微企业为重要补充的产业发展联盟，建立产业联盟示范区，逐步解决包装企业小、散、乱问题。发挥中小企业特色鲜明、机制灵活等特点，重点培育包装工业领域主导产品突出、专项服务卓越、竞争优势明显的专业化"小巨人"企业，形成大中小企业分工协作、互利共赢的产业组织结构。鼓励包装工业单项冠军企业树立"十年磨一剑"精神，长期专注于企业擅长领域，走"专特优精"发展道路。这段关于"协调发展格局"的表述，归纳起来，就是要引导包装行业和企业在多样化发展模式上进行精准定位和科学抉择。

第一种模式是联盟模式。该模式实际上就是一种合纵连横的发展之道，众所周知，包装行业中小企业多、民营企业多、家族式企业多，单靠自身的力量难以形成强大的核心竞争力，难以与一些大型企业集团尤其是国际上的强大竞争对手抗衡，也难以适应和满足日益多元化的需求结构，因此，必须通过建立战略联盟的形式拓展发展空间，提升发展品质，增强发展后劲。这种联盟包括多种形式，可以采取抱团取暖的形式建立中小企业间的联合发展体，可以采用配套企业的形式加盟大型企业集团，也可以采用跨界融合的形式与上游产业或终端客户结成利益共同体，形成 1+1 ＞ 2 的协同发展效应。另外，现有的包装龙头企业或企业集团要不断提升国际竞争力，扩大高端国际市场份额，也必须完善和延长产业链，增强全链发展能力，这势必需要吸引和吸纳关联企业加入集团，形成集聚发展效应、品牌溢出效应和市场垄断效应。

第二种模式是专一模式。"并兵一向，千里杀将"，这是《孙子兵法》中关于集中优势兵力攻城略地的战略论述，对包装企业来说，也具有很好的借鉴作用。目前，我国的中小型包装企业占到包装产业规模的90%左右，其中，由于缺乏整体战略思维或出于商人逐利的短视，有相当比例的中小型企业在进行多向经营、多面出击，这种"小而全"的发展格局既造成了企业的资源严重分散，更造成整个产业的低端产能严重过剩。"专一模式"是指企业集中优势资源、瞄准专项服务、形成产品与服务专业化和品牌化的发展模式，如：美国国民罐头公司为打造罐头行业的卓越专业服务体系，卖掉了与罐头生产无关的所有业务，10年内资产由1.8亿美元增长到10亿美元。我国的包装企业尤其是中小型企业必须借鉴这种发展理念，坚持"有所为有所不为"，专注于细分市场和单一产品，精心选择目标市场和特定顾客群进行集中经营和专业服务，形成自己的"拳头"产品。

第三种模式是特色模式。特色模式是指实行差异化战略，也就是企业根据自身特点和市场需求，开展与众不同的产品生产和特色服务。这种模式在网络化、个性化、定制化时代，具有十分广阔的发展前景。包装产业属于一种服务型制造业，面对的是形形色色的产品和多样化的市场需求，其中，差异化需求是包装消费市场的一大突出特征，这种来源于市场和消费群体的差异化需求，为包装企业的特色发展提供了无限可能。比如，随着电子商务的日益发达，我国快递包装业务量不断攀升，据国家邮政局统计数据显示，2017年，中国快递服务企业累计完成业务量401亿件，同比增长28%，市场规模继续稳居世界第一，但目前快递包装主要以纸包装、塑料包装为主，包装的方式也是"里三层外三层"，绿色化、安全化和标准化水平较低，有55.6%的消费者在拿到快递后将包装丢弃，纸板和塑料的实际回收率不到10%，与一些发达国家45%左右的回收率相比，存在巨大差距。为了改变这一现状，国家邮政局2016年9月出台了《推进快递业绿色包装工作实施方案》，并明确提出，到 2020 年，基本淘汰有毒有害物质超标的包装物料，基本建成社会化的快件包装物回收体系。因此，面对快递行业急需的专业化、特色化、标准化、绿色化设计、生产与服务需求，如果我们的包装企业能够及时分析需求、发现市场、把握商机，针对快递包装的物流需求和快件包装物回收体系进行特异性包装设计与生产，必将具有巨大市场并形成特色品牌。

第三节　包装产业转型升级的技术路线

《指导意见》根据我国包装产业的发展现状和包装强国建设的迫切需求，从七个方面明确了产业转型的主体任务及其转型的技术路线（见表 7-4）。

表 7-4　《指导意见》确定的包装产业转型发展任务表[①]

序号	主体任务	技术路线
1	实施"三品"战略，集聚产业发展优势	增加包装产品品种
		提升包装产品品质
		培育包装产品品牌
2	加强技术创新，增强核心竞争能力	构建创新体系
		突破关键技术
		强化示范应用
3	推动两化融合，提升智能制造水平	加快信息化建设进程
		提升包装智能化水平

---

① 《关于加快我国包装产业转型发展的指导意见》，工信部联消费［2016］397 号。

序号	主体任务	技术路线
4	加强标准建设，推动国际对标管理	促进包装标准体系建设
		推动包装标准国际接轨
5	优化产业结构，形成协调发展格局	调整产业组织结构
		促进产业协调发展
6	培育新型业态，拓展产业发展空间	促进新型业态生长
		促进军民包装融合
7	开展绿色生产，构建循环发展体系	强化绿色发展理念
		发展绿色包装材料
		推广绿色包装技术

解读《指导意见》的转型技术路线图，不难发现，国家引导包装产业转型，是全方位的，也是全覆盖的，突出了点线面的有机结合，实现了大产业与子行业的紧密链接。因此，深入分析和把握产业转型的重心、支点和政策的关键所在，对落实《指导意见》的目标任务，至关重要。

一、产业转型升级的发力重点

《指导意见》指出：加快推进转型发展，是引领包装产业由被动适应向主动服务、要素驱动向创新驱动、传统生产向绿色生产转变，全面提升产业整体发展水平，推进包装强国建设进程的重大举措。实现上述"三大转变"，对服务型制造业而言，涉及产前、产中和产后三大环节，但纵观全局、抽丝剥茧，包装产业应注重从四个重点上集中发力。

（一）生产方式转变

包装产业和其他制造业一样，在全球经济处于第五次经济周期低谷时期，正遭遇投资增长下行压力增大、过剩产能化解缓慢、利润空间严重受限以及融资难、用工难、出口难等一系列困难，特别是包装企业中小企业占比较大，抗压力和防风险的能力普遍不高，部分企业已处于亏损状态或难以为继。究其原因，根本在于生产方式落后、恶性竞争严重、高端产品研发能力和产业化能力较弱，因此，必须尽快通过调整生产结构和转变生产方式，创造新的市场需求，形成新的动力源。

转变生产方式，我们必须看到当前包装产业粗放型发展模式中存在的突出问题，过去，众多包装企业包括一些大型企业集团始终跳不出劳动密集型或资本密集型的圈子，尽管也取得了一些发展成果，但直接的后果是导致了产业竞争力后劲总体严重不足，特别是在土地资源紧张、人口红利消失、环境约束机制日益完善的今天，发展的可持续性正在日益萎缩。那么，包装产业转变生产方式的出路在哪里？结合国家发布和实施的"中国制造2025"、《信息化和工业化深度融合专项行动计划》以及《发展服务型制造专项行动指南》，综合分析产业现状，可以将包装产业的生产方式转变之道归结为"三化"，也就是绿色化、数字化、智能化。

关于绿色化，我们已在前述的"生产绿色化"中进行过专节论述，在此不再赘述。

关于数字化，国家《信息化和工业化深度融合专项行动计划》要求：至2018年，重点行业大中型企业处于集成提升阶段以上的企业要达到80%；中小企业应用信息技术开展研发、管理和生产控制的比例要达到55%，应用电子商务开展采购、销售等业务的比例要达到50%。但目前包装行业两化融合的水平与之相差甚远。解决这一问题需要加强四个方面的建设：

1.要加快建设包装产业的大数据体系，运用云计算、大数据、电子商务系统服务产业发展；

2.要促进互联网、物联网技术在包装产业发展中的推广与应用，发展基于互联网的数据驱动、众包设计、云制造等包装生产服务模式，推动形成基于消费需求动态感知的产业经营方式；

3. 要大力推广商品包装的箱码，推动全球统一编码标识（GS1）作为商品生产和流通的"身份证"与"通行证"，实现与国际信息数据的接轨；

4. 要利用物联网等信息技术，建设以包装为载体的产品可追溯系统，推进追溯体系对接和信息互通共享，提升包装在追溯体系中的综合服务功能。

（二）关键技术突破

我国包装产业长期累积的问题，说到底，主要是理念和技术两个方面的问题，其中，技术问题是制约产业发展的致命瓶颈。形成技术制约的因素主要包括：企业研发投入少，行业研发平台少；企业自主研发主动性不足，关键技术和核心技术进口依赖性强；高水平科技创新团队建设滞后，产学研合作机制尚未全面有效形成；全行业缺乏技术超前意识，跟跑现象普遍，难以形成国际领先技术和重大产业化成果[①]。包装产业要按照《指导意见》实现有效转型，关键技术的突破和创新是永恒的战略支撑。从目前的整体技术水平和未来的技术发展方向来分析，在转型过程中，包装产业必须瞄准六项技术重点进行攻关，形成系统性技术解决方案。

1. 包装设计技术。主动适应互联网思维下的新消费理念和适度包装要求，加快发展简约化、减量化、复用化及精细化包装设计技术，倡导在设计过程中采用相同材质的材料，减少使用难以分类回收的复合材料。加速包装云设计数据库的建立，深化互联网、信息技术在包装设计中的应用，积极应用环境感应新材料，实现包装微环境的智能调控。

---

① 《中国包装工业发展规划（2016—2020年）》，中国包联综字〔2016〕61号。

2.包装安全技术。重点发展易识别、难仿制、低成本的生物型、电子信息型等综合防伪技术，加快培植应用人工智能、生物工程、纳米材料、信息技术等领域的最新研究成果。大力发展商品储运环境变化跟踪和预警技术、生产过程在线检测与监控技术和满足包装全产业链、全寿命周期、全溯源链的计量测试技术，构建重要工业品包装储运安全实时监控网络平台。重点突破食品药品包装中有害物质识别和迁移检测等技术瓶颈，显著提升食品、药品及军品包装安全保障能力。

3.包装材料技术。加速推进绿色化、高性能包装材料的自主研发进程，推动绿色包装材料科技成果转化，推行使用低（无）VOCs含量的包装原辅材料，逐步推进包装全生命周期无毒无害。要以可降解、可循环等材料为基材，发展系列与内装物相容性好的食品药品环保包装材料，提高食品药品包装安全性。突破工业品和军需品包装材料低碳制备技术，推广综合防护性能优异、可再生复用的包装新材料，增强工业品和军需品的包装可靠性和材料绿色化水平。

4.包装防护技术。优先发展战备物资、易燃易爆及有毒产品包装安全防护技术，提高军品、危险品和有毒产品的包装安全防护性能。重点发展防震缓冲、表面处理、气相防锈等技术，减少包装件在流通过程中的破损、泄漏、腐蚀等现象的发生，增强包装防护可靠性。

5.数字印刷技术。加大无溶剂复合、无胶复合、冷 UV 固化、UVLED固化、冷烫印等节能与环保技术的应用与推广，加快研发高清柔印、高速喷印、印刷电子、3D 印刷、气味印刷、生物印刷、纳米印刷等前沿技术，倡导使用柔板印刷等低（无）VOCs排放的先进印刷工艺，提升包装印刷品质。

6.循环利用技术。围绕包装废弃物的再次高效利用开展技术攻关，重点开发、推广废塑料改性再造、废（碎）玻璃回收再利用、纸铝塑等复合材料分离，以及废纸（金属、塑料等）自动识别、分拣、脱墨等包装废弃物循环利用技术，采用先进节能和低碳环保技术改造传统产业。

（三）高端产品研发

高端包装产品是指设计个性化、制造精细化、使用智能化的高技术含量产品，发展高端包装产品，是我国包装产业抢占国际高端市场和融入全球高端价值链的必然选择，也是产业转型发展成果的最直接体现。

目前，我国包装产业从整体上来说，产品的类型较丰富，基本消费和产品配套的供给能力较强，部分创意包装企业高端包装产品的生产能力、科技含量和创新能力也得到了明显提升。但是，随着国内社会消费水平的提高、市场需求结构的变化以及国际包装市场的普遍走高，我国高端包装产品的生产制造水平已经难以适应形势发展的需要，据统计，2011 年我国高端包装制品销售收入突破 500 亿元，之后的五年一直保持着每年 20% 以上的速度增长①。

发展高端包装制品，我国的包装产业应围绕国务院发布的《关于开展消费品工业"三品"专项行动营造良好市场环境的若干意见》，着力实施增品种、提品质、创品牌的"三品"战略，从供给侧和需求侧两端发力，提高有效供给能力和水平②，其重点是：

1. 重点发展生产质量品质高、资源能源消耗低、对人体健康和环境影响小、便于回收利用的绿色包装材料，突出包装材料研发、制备和使役全过程的环境友好性。特别是要通过自主创新有效提高绿色包装材料的国产化率和包装企业对绿色包装材料的选用率。

2. 大力发展功能化、个性化、定制化的中高端产品。在纸包装领域，重点发展高端纸浆模塑、微型瓦楞、可折叠纸蜂窝等包装制品；在塑料包装领域，重点发展以天然材料、生物基材料、可降解材料和环保型助剂等为原料的可定制环境友好型包装制品；在金属包装领域，重点发展应用覆膜铁、覆

---

① 《国内包装企业瞄准高端包装市场》，2015 年 5 月 28 日，见 www.mmysbz.com。

② 《关于开展消费品工业"三品"专项行动营造良好市场环境的若干意见》，国办发 [2016] 40 号。

膜铝等新型材料的包装容器；在陶瓷、玻璃包装领域，重点发展轻量、无害、高质、具有个性特色的包装制品。

3.加快发展智能化包装产品和成套包装装备。重点开发具有商品真伪鉴别、食品变质预警、居家用药提醒、儿童安全保障等功能的智慧型包装制品；着力推进蜂窝纸板及纸浆模塑制品、注拉吹印塑料制瓶、印铁制罐等高速包装生产线及各类先进检测设备的国产化攻关工程；重点攻关食品药品自动包装生产线、包装印刷集成制造装备、现代物流全自动包装系统等重大智能制造成套装备；加快研发高性能包装机械手、包装机器人等智能装备及生产线技术。

（四）服务体系完善

《指导意见》在保障措施中强调，要充分发挥行业组织作用，搭建多元化、全链式的服务平台。中国包装联合会针对《指导意见》确立了"十三五"期间的《落实〈指导意见〉行动计划》，将重点建设好以推进包装产品研发设计、生产流通、两化融合与军民共享为目标的"网络信息服务平台"；以推进科技成果孵化、鉴定、推广、应用、奖励紧密衔接为目标的"科技创新服务平台"；以推进包装学科建设与发展、包装人才培养与使用需求配套为目标的"人才培养综合服务平台"；以推进政策对接、委托管理、服务购买等职能一体融通为目标的"面向政府的服务平台"；以推进服务于企业项目衔接、投资洽谈、技术引进、产品展销、资源共享为目标的"国际交流合作平台"[1]。

以上"五大服务平台"是包装产业转型发展的发动机，从目前的服务体系构建情况分析，未来，"五大服务平台"的建设应抓住关键，突出重点，形成产业发展的强劲支撑。

---

[1] 《适应改革新要求　培养发展新动力　全力推进世界包装强国建设进程》，中国包装联合会会长徐斌在中国包装联合会八届三次理事会上的报告。

1."网络信息服务平台"的建设重点是：建立包装行业数据统计体系，完善包装经济运行监测体系，建成集数据收集、整理、分析、利用等功能于一体的包装数据库和数据服务平台；推广商品包装的箱码，推动全球统一编码标识（GS1），实现与国际信息数据的接轨。

2."科技创新服务平台"的建设重点是：完善"中国包联科学技术奖"的评审机制，创新评奖组织方式，扩大行业奖励影响、提高科技创新实力。落实"双创"行动，建设包装行业"创客空间"，引导包装企业构建创新创业融合孵化平台。建设一批面向产业前沿共性技术的技术创新联盟、协同创新中心、科技成果孵化基地以及成果推广与应用、公共技术服务、技术和知识产权交易等平台。

3."人才培养综合服务平台"的建设重点是：大力推动包装教育委员会成员学校联合建设包装学科，力争纳入"双一流"建设和培育项目。有效推进包装行业指导委员会"包装技术与设计专业"国家职业教育教学资源库建设和《高等职业教育创新发展行动计划》的实施。进一步建设好中国包装网络教育学院，充分发挥其在包装产业人才培养和人力资源发展中的平台支撑作用。

4."面向政府的服务平台"的建设重点是：落实好《指导意见》中需要由行业组织承担的规划、方案、政策、制度、体系等建设任务。有效落实由行业组织牵头实施的重大建设项目和应用示范工程。履行好政府委托行业组织行使的相关职能，参与国家产业政策、制度体系的建设，搭建行业企业联系沟通政府的桥梁，培育、推荐或共建重大项目与奖励。

5."国际交流合作平台"的建设重点是：深化与世界包装组织、亚洲包联以及其他国际包装组织的交流与合作关系，增强国际话语权。实施包装企业"走出去"战略，扶持包装企业深度融入"一带一路"和国家开放发展格局，搭建国际产能和装备制造合作服务平台，深度融入全球高端产业链、价值链和物流链，有效提升国际竞争力，增强国际话语权。

二、产业转型升级的支点选择

客观地说，要按照《指导意见》设计的总体思路实现我国包装产业的转型发展，无论是对行业还是对企业，都是一个巨大的挑战。面对庞大的产业体系和千头万绪的转型任务，只有选择好发展支点，才能做到有的放矢，事半功倍。

（一）工业强基

尽管包装产业企业多、体量大、发展快，但毋庸置疑，产业发展基础依然比较薄弱，和世界包装强国相比还存在较大差距，主要体现在：生产工艺、技术水平、智能化程度均比较落后，生产的产品大多处于低端水平，具有自主知识产权和广泛国际影响的产业品牌不多，包装标准的国际采标率和对标率较低，总而言之，产业发展的后劲严重不足，综合实力和核心竞争力不强。夯实包装产业的现有基础，必须深度对接《中国制造2025》和消费品"三品"战略，切实推进"工业强基"工程建设。

1. 提升工业基础能力。《中国制造2025》提出的"工业强基工程"，着重从核心基础零部件（元器件）、关键基础材料、先进基础工艺和产业技术基础四大领域（以下简称"四基"）明确了创新研发、自主保障和推广应用的具体目标，工信部2016年实施了"工业强基专项行动"，在"2016中国工业强基战略推进论坛"上又进一步确定了2017年"工业强基"的五大着力点。包装产业应在中国包装联合会的主导下，准确把握"工业强基"工程的基本要求、目标任务和重大举措，深入分析产业基础上存在的薄弱环节和主要短板，明确"四基"强化的重点方向，组织龙头企业、高校和科研院所编制包装工业基础能力发展推进计划，细化重点产品或技术的关键指标和实施目标，实施一批工业强基示范工程，建设一批产业技术基础示范服务平台，研发一批关键共性技术和包装信息化应用软件，使包装工业基础数据建设与应用能力、关键基础材料保障能力大幅提升，加快形成有效协调的"四基"产业链。

2.提升产业标准水平。我国的包装标准由包装基础标准、包装专业标准和产品包装标准三大类组成，现已制定涉及建材、机械、电工、轻工、医疗机械、仪器仪表、中西药、食品、农畜水产、邮电、军工等14个大类的各类包装国家标准500余项，从标准的覆盖面来看，形成了比较完善的标准化体系，满足了包装及相关行业对标准的需求。但中国包装联合会副会长杨伟民坦言：目前，我国包装标准的国际采标率只有50%左右，中国要成为真正的全球包装产业中心，必须提高在世界包装界的话语权和规则制定权。就现有的包装标准体系而言，需要解决的关键问题有三个：一是尽快建设重点领域标准推进联盟和标准创新研究基地，加强国家标准、行业标准、企业标准"三位一体"的标准化体系优化，重点解决标准体系不完整、标准互相矛盾、标准水平滞后、可操作性不强等突出问题，形成相关性、集合性、操作性强的包装标准体系。二是完善包装标准推广应用机制，推进包装基础、方法、安全、卫生、管理、产品、检测、成套装备技术、资源综合利用等强制性标准实施，有效强化包装企业的标准管理意识以及通过标准化建设实现降本增效的能力。三是组织企业、高校和科研院所参与国际标准的制定，提高我国在国际包装界的话语权和在规则制定中的参与权，着力提高国际标准的采标率和转化率。

3.提升金融服务能力。包装企业中小企业多，融资难度大，发展资金受限在很大程度上影响了产业基础建设。各级政府、行业组织应该想方设法搭建好金融服务平台，形成适应产业特征、助力产业转型的金融服务体系，增强金融服务实体经济能力。一是推动金融机构设立专营机构，组建专业团队，围绕支持包装产业集群建设及"走出去"战略的实施提供全方位、专业化金融支撑服务。引导融资性担保公司、小额贷款公司优先对包装产业中小企业提供担保增信和贷款服务，在额度、期限以及利率等方面予以倾斜。二是依托产业集群和人民银行中征系统，大力推广应收账款融资服务平台"供应链"融资模式,通过核心企业确认,为关联企业提供批发式信用贷款,开办金融超市,推介、辅导应收账款、仓单、专利权等新型金融产品和服务。三是积极对接多层次资本市场,加强分层分类培养,强化产业集群企业上市后备资源的培育,开辟企业改制上市"快捷通道",推动场外资本市场挂牌融资,支持企业通过上市公司再融资、债券、票据、信托、基金、私募股权等多种方式多种渠道直接融资。

(二)自主创新

《指导意见》对包装企业创新驱动的总要求是"切实提高企业的原始创新、集成创新、引进消化吸收再创新能力",这是解决包装企业技术瓶颈的关键,也是包装产业转型发展的动力。从宏观上,包装产业的技术创新就是要制定系统性技术解决方案,提高自主知识产权拥有率,促进重大科技成果的孵化、应用与推广。从中观上,就是要着力构建自主创新体系和协同创新机制,重点解决好研发投入、创新团队、主导产品、核心技术等方面的突出问题。从微观上,就是要立足国际产业技术前沿,找准技术薄弱点、攻关突破点和应用示范点,打造一系列能够领跑产业的技术品牌。

1. 加快创新体系的构建。完善以企业为主体、市场为导向、产学研用相结合的技术创新机制,尊重和突出企业的创新主体地位,引导企业加大研发投入,引导创新资源向企业集聚。大力推进科研组织模式创新,组织企业间联合组建技术研发联盟,鼓励企业与高校及科研机构合作建立协同创新战略联盟,共同进行科技攻关,共享成果收益,打造催化产业技术变革、加速创新驱动的策源地。通过核心专利抢占高端产品和技术创新制高点。健全以增加知识价值为导向的利益分配政策,加快建立市场导向、社会资本参与、多要素深度融合的成果应用转化机制,大力提升产业自主创新能力。

2. 加快创新平台的建设。加快建成一批国家、行业和省部级技术创新中心、工程技术中心、重点实验室和协同研发平台，围绕主导产品，瞄准国际前沿，以核心装备、系统软件、关键材料、集成技术等为重点，紧紧围绕未来产业发展制高点和重大需求，攻克一批先进制造、节能环保、绿色低碳等领域的核心技术。面向高校和企业建立一批"中国包装工业重点实验室"，围绕包装行业领域在科技发展中存在的难题，开展基础研究和应用基础、重大关键技术、产业共性技术的创新性研究。

3.加快创新人才的汇聚。构建"四基"领域高端领军人才、顶尖技能人才引进培育机制，鼓励和吸引国内外包装产业高层次、创新型人才聚集，逐步壮大领军团队规模。推动创新团队支持行动，加强一流技师队伍建设和"工匠精神"培养，强化高层次人才的支撑引领作用，着力培育人才聚集、结构合理、优势突出的全产业链创新团队，促进一流团队和一流成果转化为一流的产业发展资源。建立包装产业高端智库，为区域、行业、产业发展决策提供科学依据和咨询服务。完善包装人才培养体系和校企合作人才培养机制，加强包装相关专业博士点、博士后科研流动站（工作站）建设，为高层次创新型人才培养与成长提供重要平台和有力支撑。

（三）应用示范

我国已成为全球发展最快、规模最大、最具潜力的包装市场，包装产业涵盖材料、制品、装备三大类别和纸包装、塑料包装、金属包装、玻璃包装、竹木包装五大子行业。推动产业转型发展，既要注重整体推动，又要做到重点突出，既要重视技术创新，又要注重应用示范。2016年，工信部、财政部、国土部、环保部和商务部联合印发了《关于深入推进新型工业化产业示范基地建设的指导意见》，提出将建设规模效益突出的"大而优"的优势产业示范基地，和专业化细分领域竞争力强的"小而美"的特色产业示范基地，包装产业要瞄准国家产业示范基地的建设契机，加速培育一批引领性强、辐射作用大、竞争优势明显的重点企业、大型企业集团和产业集群。与此同时，要围绕产业转型，在行业内开展产学研用示范基地、绿色生产示范基地、转型发展示范基地、产业转移示范基地、两化融合示范基地和包装标准化示范基地六类基地建设，形成一批产业发展的标杆集群、园区和企业，充分发挥好基地的示范、引领、辐射作用，带动产业发展水平的全面提升。要围绕《指导意见》推动实施的"包装材料绿色化工程"、"食品药品包装安全化工程"、"包装制品高端化工程"、"包装印刷数字化工程"、"包装产业信息化工程"和"包装装备智能化工程"，建立产业示范项目清单，着力推进绿色包装、安全包装、智能包装和军民通用包装等前沿关键技术创新和成果应用示范，形成产业发展的全新动能和核心支撑。

三、产业转型升级的政策运用

产业转型升级是产业从价值链的中低端上升到中高端的过程，制造产业是我国产业体系的主体，也是产业经济的灵魂，但长期以来，我国的制造产业普遍存在关键技术进口依存度高、自主创新能力不足、产能严重过剩、要素成本偏高、中小企业经营困难等共性突出问题，因此，党的十八届五中全会明确提出："必须把发展基点放在创新上，形成促进创新的体制架构，塑造更多依靠创新驱动、更多发挥先发优势的引领型发展"。近年来，国家及有关部委出台了一系列促进制造业发展的重大战略、专项计划和行动方案，明确了一系列推动制造业转型的利好政策，包装产业应以此为契机，深入研究政策，紧密对接政策，用足用好用活政策，在政策引导与扶持中加速转型发展进程。

（一）国家产业发展政策的盘点

综合国家正在实施的《中国制造2025》、"互联网+"行动、消费品"三品"战略，以及近年发布的《发展服务型制造业专项指南》、《关于深入推进新型工业化产业示范基地建设的指导意见》等，中共中央、国务院密集出台了对制造产业的诸多支持政策，归纳起来，主要集中在 10 个方面（见表 7-5）。这些政策，将为包装产业的结构优化、品质提升、模式创新和转型升级形成难得的历史机遇。

表 7-5　国家支持制造产业发展的主要政策

序　号	支持领域	政策措施
1	技术创新	①在传统制造业、战略性新兴产业、现代服务业等重点领域开展创新设计示范，全面推广应用以绿色、智能、协同为特征的先进设计技术。 ②深化科技计划（专项、基金等）管理改革，支持制造业重点领域科技研制和示范应用，促进制造业技术创新、转型升级和结构布局调整。 ③落实和完善使用首台（套）重大技术装备等鼓励政策，健全研制、使用单位在产品创新、增值服务和示范应用等环节的激励约束机制。
2	应用示范	①开展智能制造试点示范，加快推动云计算、物联网、智能工业机器人、增材制造等技术在生产过程中的应用，推进生产装备智能化升级、工艺流程改造和基础数据共享。 ②充分发挥互联网开放创新优势，支持创新工场、创客空间、社会实验室、智慧小企业创业基地等新"双创"示范基地。 ③开展消费品工业"三品"战略示范试点，引导地方各级政府因地制宜完善产业政策，促进消费品供给侧结构性改革。 ④培育 50 家服务能力强、行业影响大的服务型制造示范企业；支持 100 项服务水平高、带动作用好的示范项目；建设 50 个功能完备、运转高效的公共服务平台。
3	两化融合	鼓励大型互联网企业和基础电信企业利用技术优势和产业整合能力，向小微企业和创业团队开放平台入口、数据信息、计算能力等资源，提供研发工具、经营管理和市场营销等方面的支持和服务，提高小微企业信息化应用水平。

序　号	支持领域	政策措施
4	智能制造	①大力发展智能制造、网络协同制造、个性化定制和电子商务，鼓励构建以企业为主导，产学研用合作的"互联网＋"产业创新网络或产业技术创新联盟。 ②鼓励企业基于互联网开展故障预警、远程维护、质量诊断、远程过程优化等在线增值服务，拓展产品价值空间，实现从制造向"制造＋服务"的转型升级。
5	绿色生产	①推行节能量、碳排放权、排污权、水权交易制度改革，加快资源税从价计征，推动环境保护费改税。 ②完善消费品原料配料含量、原产地、特殊人群适用性等信息披露标签标识全覆盖制度，推行消费品能效标识、绿色标识等认证制度。
6	服务平台	①创建一批面向制造业的专业服务平台，瞄准价值链高端环节，完善研发设计、产业技术基础、协同制造、定制化服务、供应链管理、全生命周期管理、信息增值服务和融资租赁等领域的公共服务，支撑制造业企业提升服务创新能力。 ②搭建多层次服务型制造国际交流平台，支持有条件的制造业企业在国外布局研发设计中心和分支机构，建立面向全球的开放式制造服务网络。 ③强化产业认证认可计量测试服务体系建设，发展面向制造全过程的认证认可计量检测等服务，推进认证认可计量检测国际互认，支持装备和服务走出去发展。
7	财政支持	①支持战略性重大项目和高端装备实施技术改造的政策方向，稳定中央技术改造引导资金规模，通过贴息等方式，建立支持企业技术改造的长效机制。 ②落实和完善支持小微企业发展的财税优惠政策，加快设立国家中小企业发展基金。 ③加大中央预算内资金投入力度，引导更多社会资本进入，分步骤组织实施"互联网＋"重大工程，重点促进以移动互联网、云计算、大数据、物联网为代表的新一代信息技术与制造、能源、服务、农业等领域的融合创新。 ④利用工业转型升级资金、国家科技计划（专项、基金等）、专项建设基金等，支持企业在创意设计、提高科技含量和性能等方面下大功夫，促进大众消费品创新、增加有效供给。 ⑤落实支持制造业企业进入生产性服务业领域的财政、税收、金融、土地、价格等政策，利用现有资金渠道积极支持服务型制造发展。

序　号	支持领域	政策措施
8	金融服务	①积极发挥政策性金融、开发性金融和商业金融的优势，加大对新一代信息技术、高端装备、新材料等重点领域的支持力度。 ②积极发挥天使投资、风险投资基金等对"互联网+"的投资引领作用。开展股权众筹等互联网金融创新试点，支持小微企业发展。支持国家出资设立的有关基金投向"互联网+"，鼓励社会资本加大对相关创新型企业的投资。 ③建立消费品供给改善信息与金融监管部门及金融机构的共享联动机制，加强对消费品工业的融资支持。
9	经营环境	①深化市场准入制度改革，制定和完善制造业节能节地节水、环保、技术、安全等准入标准，加强对国家强制性标准实施的监督检查，实施行业准入制度和负面清单管理，以市场化手段引导企业进行结构调整和转型升级。 ②加快发展技术市场，健全知识产权创造、运用、管理、保护机制；减轻企业负担，实施涉企收费清单制度，建立全国涉企收费项目库，取缔各种不合理收费和摊派。 ③推进制造业企业信用体系建设，建设中国制造信用数据库，建立健全企业信用动态评价、守信激励和失信惩戒机制。
10	行业组织作用	①支持行业协会指导企业开展品牌创建、培育、宣传活动，鼓励行业协会依托产业集群、国家新型工业化产业示范基地等，指导开展消费品区域品牌创建工作。 ②鼓励地方政府和行业协会培育一批示范性消费品时尚创意设计名城和产业园区。在消费品行业建设一批国家级工业设计中心，培育一批网络化创新设计平台。

（二）《指导意见》扶持政策的对接

《指导意见》作为我国政府出台的第一个支持包装产业发展的系统性文件，不仅明确了产业转型的指导思想、目标任务、技术路线和重点工程，更从政策层面明确了具体的扶持措施，这些政策措施，是基于包装产业转型需求进行的量身定制，更是包装产业实现转型目标的根本保障。包装全行业、各子行业和所有包装企业都应依据政策导向和政策机遇，逐项落实对接任务，坚决克服"等、靠、要"的依赖思想，主动出击、主动担当、主动作为，在国家政府的巨大机遇中开启包装产业发展的新征程。

表7-6 《指导意见》扶持包装产业转型发展的主要政策

序　号	扶持领域	扶持政策
1	技术创新	①积极培育包装行业的国家级技术创新中心，重点建设一批面向产业前沿共性技术的技术创新联盟、协同创新中心、科技成果孵化基地以及成果推广与应用、公共技术服务、技术和知识产权交易等平台，形成系列具有自主知识产权和较强国际竞争力的核心技术群。 ②支持行业建设标准推进联盟和标准创新研究基地，推广包装基础模数（600×400mm）系列。 ③支持建设包装产业技术研发中心、协同创新中心、产学研示范中心（基地）和科技成果孵化中心（基地）等，促进重大科技成果培育、产出与转化。
2	示范工程	①采取项目投入、应用示范、绩效奖励等方式，支持行业组织开展"包装材料绿色化工程"、"食品药品包装安全化工程"、"包装制品高端化工程"、"包装印刷数字化工程"、"包装产业信息化工程"和"包装装备智能化工程"重大示范工程建设。 ②引导包装企业根据区域资源环境承载能力，合理承接转移产能，优化市场配置，设立一批产业转移示范区。 ③开展包装装备及其运输网络的创新研究和军民融合包装示范工程建设，引领军民融合包装技术核心能力聚集。
3	绿色生产	①完善计量、监测、统计等节能减排的基本手段，从原材料来源、生产、废弃物回收处理等全生命周期的资源消耗、能耗、排放等方面开展对包装品的环保综合评估。 ②加强包装绿色制造企业与园区示范工程建设，建设一批绿色转型示范基地。 ③制定《包装行业清洁生产评价指标体系》，开展包装企业清洁生产水平的系统评价，推行包装绿色评估和绿色认证制度。
4	循环利用	①促进设计、生产及使用者在包装全生命周期主动践行绿色发展理念，选择合适品种率先落实生产者责任延伸制度。 ②研究制定包装废弃物回收利用促进政策，依托再生资源回收体系，优化包装废弃物回收利用产业链。
5	财政支持	①支持将绿色包装产业列为国家重点鼓励发展的产业目录，加大对取得绿色包装认证的企业、创新型企业以及低成本、低能耗、近零排污包装工艺与设备研发的政策扶持力度。 ②采取奖励、补助等方式，支持公共服务平台和应用示范项目建设。

序 号	扶持领域	扶持政策
6	金融服务	①引导产业投资、风险投资等基金，支持创新产品研发和创新成果产业化，促进技术研发和成果孵化。 ②支持行业组织搭建包装企业信用平台和金融服务平台，开展多种类型、多种形式的规范融资活动。
7	市场环境	①构建包装行业信用体系，建立包装企业诚信档案、行业信用数据库和企业信用等级评价制度，不断完善行业信用监管体制，创新行业信用评价模式。 ②加大包装知识产权的保护力度，加强对假冒伪劣产品、侵权行为的打击。

包装行业、包装产业要用好用活国家的产业政策和《指导意见》的扶持政策，一是要加强政策的系统研究，深入分析各项政策支持的重点领域、重点方向，有针对性地开展项目设计和项目对接。二是要建立政策衔接的长效机制，保持与国家部委的紧密联系与沟通，密切关注并实时跟踪政策制定与实施的时间节点和具体要求，确保及早谋划、及时对接。三是要注重培养企业把握政策的敏感性和运用政策的主动性，指导、引导企业通过技术研发、平台建设、项目示范等方式积极争资源、求发展。四是要建立运用扶持政策和使用政策资金的绩效评估制度，强化监测与评价手段，充分发挥好各项支持政策对产业转型发展中的推动作用。

制造业是一个国家经济的命脉所在，也是一个国家发达水平的显著标志。包装产业作为我国制造体系的重要组成部分，因配套服务特征明显，其发展水平在一定程度上能客观反映全社会经济发展的指数情况，成为经济发展动态的"晴雨表"。近年来，尤其是"十二五"以来，我国包装产业取得了令人瞩目的发展成就，世界第二包装大国的地位得到了持续巩固，但不容乐观的是，与世界包装产业发达国家相比，与包装强国的建设目标相比，依然存在较大差距。要补齐短板，迎头赶上，提升产业的发展品质、整体水平和核心竞争力是关键所在，而突破这一关键的总开关就在于转型升级、提质增效。

第八章 包装强国建设与包装产业发展的新高度

2004 年，中国包装技术协会原会长石万鹏在"亚洲包装中心建设与中国包装产业发展高层论坛"上作了《求真务实，开拓进取，努力实现我国由世界包装大国向世界包装强国的历史性跨越》的报告，第一次提出了"包装强国"的概念。之后，建设包装强国便成为我国包装业界的持续奋斗目标，包装强国的字眼也经常在各类讲话和文献报道中出现，但是十多年来，国家还没有出台过相关的制度建设和实施方案，包装行业和产业一直处在自我调节、自我约束、自我发展状态。由于缺乏国家的顶层设计和系统引导，包装产业始终大而不强，难以实现有效突破一些瓶颈性问题，依靠政府之手扭转产业之短已经成为促进包装产业持续发展和实现包装强国建设目标的当务之急。

第一节 包装强国建设的主体要素

虽然业界人士普遍认为，美国、德国和日本等包装产业发达国家已经成为当之无愧的世界"包装强国"，但直到现在，国内外却并没有统一的描述和定义去解释"包装强国"的概念、内涵及基本特征。在对这些发达国家包装产业进行一系列研究的基础上，并且对我国包装产业理论知识、产业经营和产业管理等方面的多位专家进行了问卷调查并组织了集体讨论，大家普遍认为，所谓"包装强国"就是指在某些领域上主导整个国际包装领域或包装产业链的、对行业影响力大、引领能力强的国家。

通过对世界各地包装结构、产业规模、技术、品牌等一系列因素的综合分析，可以将目前的世界包装强国分为三方阵：以美国为代表的第一方阵是世界一流包装强国，这些国家在整个国际包装领域具有明显的产业优势，把握着国际市场的话语权。第二方阵是以英国、法国等国家为代表，它们的产业规模、产业结构、产业品牌等综合优势上劣于第一方阵国家，但各项指标都处于世界前列，在相当大的产业细分领域具有定价能力和突出的竞争优势。第三方阵则以瑞士、瑞典、韩国等国家为代表，它们在包装产业没有全面的综合优势，但在局部细分领域的竞争能力非常强，甚至掌握了部分细分领域的定价权。

通过对当今世界包装强国的发展历程与发展现状的系统分析，可以发现，包装大国主要靠规模取胜，而包装强国必须要在技术、品牌、管理、创新等方面具有全面的竞争优势，即必须围绕影响世界包装强国的主体要素系统培育国际竞争优势。

一、现代产业体系

大多数包装强国的包装细分领域及子行业布局合理，整体处于包装产业价值链的前端，包装企业管理体系健全、管理制度先进，包装生产自动化、数字化、智能化程度高，产品创新体系及架构完整，对市场的反馈能力和信息捕捉能力强，产品质量好，抗风险能力强。

二、市场主导能力

一般来说，大型包装企业集团（尤其是跨国包装企业集团）通常具有行业广泛、产品销售范围大、综合竞争力强等特征，而著名包装企业和包装品牌则往往具有很高的知名度、信誉度等特点。显然，对于一个国家来说，大型跨国包装企业集团的数量越多、世界著名包装品牌越多，则其在包装产业链所处的地位就越高，其对市场的主导能力就越强，在世界包装领域的竞争力就越强。因此，要想建设世界包装强国，就必须形成一批具有国际竞争力的大型包装企业集团、著名包装企业和包装品牌。

三、自主创新水平

自主创新是形成包装技术、包装品牌、包装产品质量优势的重要力量，纵观全球包装强国，都高度重视培育和保持其强大的自主创新能力。自主创新能力越强，对包装市场的影响力越大，引导和支配包装产业发展方向的能力就越强。美国之所以能在包装工业领域占据强势主导地位，这与包装设计、包装材料、包装装备等领域层出不穷的重大原始创新是分不开的。

四、先进生产技术

包装工业的生产技术水平在一定意义上象征着包装产业现代化的发展程度，生产技术水平越高，其现代化水平越高，越符合社会发展的趋势。对于包装行业来说，生产技术水平越高，产品精度控制越高，因而合格率和优良品率也往往越高，市场的采纳度就会越高，对市场的影响就会更大，对包装产业的示范作用将会更加明显。

五、产业规模优势

虽然产业规模不是包装强国的决定性因素，但它是迈入包装强国的必要条件。对于包装产业来说，如果规模很小，其出口份额不可能大，进而在全球的影响力也不可能大；相反，如果一个国家的包装产业规模很大，其产品的出口规模可能就越大，其对世界的影响力不可避免地就会增大，在世界上所有国家的包装市场渗透率必将增加，也必将增强。因此，包装产业生产和出口规模优势，是包装强国之所以强大的重要基础。

六、集群发展效应

目前，许多世界包装强国都有强大的产业集聚区，它们通过有计划、有步骤地在其国内和国外建立大量的包装产业基地，充分发挥集群优势，挤垮了一些落后和零散的企业，提高市场竞争力，迅速占领了国内和国际市场，在市场竞争中赢得主动，从而在世界上持续保持其在包装领域的强势地位。

七、绿色生产模式

传统包装产业是高消耗、高排放、高污染、低产出、低循环的特点，给环境造成了严重的污染，不利于可持续发展。世界包装强国早就注意到了包装与环境的问题，纷纷从技术和工艺等各方面进行改进，建立了一个绿色化水平高的绿色生产体系。

八、教育体系支撑

包装教育是培养包装人才的重要途径，从当前的教育现状看，世界各包装强国已经建立了一个完整的包装教育体系，拥有职业教育、高等教育和继续教育等各个环节。美国是世界上第一个开设包装专业的国家，包装教育体系最为完善，涵盖了职业教育、专科、本科、硕士、博士等所有教育环节。1952 年密歇根州立大学农学院首先成立包装工程专业，随后，克莱姆森大学、罗切斯特理工学院等高校也分别在材料系、机械系或食品系设立了包装工程专业。到目前为止，密歇根州立大学包装学院已经成为培养美国高级包装专业技术人才的摇篮，也是世界包装高等教育的一面旗帜，为包装人才的培养、包装技术的发展作出了重要的贡献。

第二节　包装强国建设的评价体系

包装强国反映了一个国家在世界包装行业中影响力的重要性，它是多种因素综合作用的结果，任何单一的指标都无法反映包装强国的真实状况。为实现包装强国的目标，应建立包装强国的科学评价体系，根据包装强国的科学评价体系，进行科学、合理规划包装产业的发展。然而，目前国内外还没有一个关于包装强国的评价体系。为此，必须在充分了解当今世界包装强国的基础上，建立一套较为完整的科学评价体系。通过分析和对比当今世界包装强国发展现状，笔者认为评价包装强国至少应包含五个方面的要素，即产业技术的先进性、产业结构的合理性、产业的可持续发展力、产业的总体经济效率、产业的国际竞争力。根据这五个方面的核心要素，我们选择了与该系列相关的具体指标。

一、包装产业的技术先进性评价

一般来说，反映包装产业技术先进性主要应从包装技术与装备的研发投入、知识产权、新产品等方面进行描述，参照其他产业领域对技术先进性的评价体系，我们将反映包装产业技术先进性方面的指标具体细化为：

（1）技术研发经费占包装产业增加值比重。之所以将技术研发经费列为反映包装产业技术先进性的一个指标，是因为在当今社会，人们的需求日新月异，包装产业作为服务型制造业，必须不断满足人民群众的多样化、功能化和个性化需求，而要满足人们的需求，就必须不断研发新技术。在这种情况下，只有不断加大研发经费的投入，才能保证技术研发工作的正常开展，从而保持技术的发展速度和频率。如果研发经费投入不足，技术难以及时升级和更新，很容易被赶超，是难以维持技术整体先进性的。

（2）每1000人从事包装技术研发人员的比例。在这个行业中，研发人员越多，整体创新能力越强，对先进技术的把握和应用能力就越强。中国传统包装工业的研发人员较少，大多数包装企业是劳动密集型企业，因而虽然成为包装大国，但至今还不能称之为强国。因此，要成为包装强国，必须将劳动密集型企业转型为技术密集、知识密集型企业。要提高包装企业技术研发人员的比例，此外，包装企业技术研发人员的比例越高，包装企业的技术研发能力就会越强，技术先进性的体现将更加充分。

（3）包装产业发明专利的申请量和授权数量。技术先进性的重要体现是发明专利，发明专利的申请数量越高，表明从事包装技术研究和开发活动越多，而授权数量越多，表明专利的创新性越明显。作为包装强国，无论是在发明专利的申请数量还是在授权数量上都应该居于世界前列。

（4）年均包装新产品投放市场率。任何新产品的出现，都需要投入大量的技术研究和开发，而受市场欢迎和认可的新产品，往往在技术上具有一定的先进性。对于一个国家的包装产业而言，如果在技术上没有先进性，其投放市场的有效新产品率必然会很低。因此，年均包装新产品投放市场率也是衡量包装技术先进性的一个关键指标。

（5）包装新产品销售收入占产品销售收入比重。对于一个行业来说，新产品销售收入越高、占所有产品销售收入比例越大，说明市场对新产品的认可度越高，也反映出新产品的设计和技术更先进。

除了上述指标外，反映包装技术先进性的指标还包括人均固定资产净值、技术装备率、固定资产新度系数等指标。

就包装强国而言，应该在上述技术指标上都达到世界先进水平。

二、包装产业的结构合理性评价

包装产业结构涉及的因素较多，经过梳理和分析，可以将反映包装产业结构方面的指标细化为：

（1）包装产业集中度。

（2）包装产业年均生产规模。

（3）包装产业集群数量。

（4）包装企业数字化设计工具普及率。

（5）包装生产关键工艺流程数控化率。

（6）包装产业增加值率。

（7）包装产业自主品牌数量。

（8）国家级包装技术研发中心数量。

（9）包装产品出口占包装产业增加值比例。

（10）包装产业增加值与原材料增加值比例。

（11）高新技术增加值占包装产业增加值的比例。

（12）高新技术包装产品出口占总体包装产品出口的比例。

作为一个包装强国，上述反映包装产业结构方面的指标都应达到世界前列水平。

三、包装产业的可持续发展性评价

从能源和资源的消耗与利用率、污染物的排放、循环回收再利用等方面对包装产业的可持续发展进行评价，具体指标细化为：

（1）每千克能源产生的包装产业增加值。

（2）每吨原材料的利用率。

（3）单位水耗产生的包装产业增加值。

（4）包装产业碳排放强度。

（5）化学需氧量及二氧化硫排放强度。

（6）氨氮及氮氧化物排放强度。

（7）有机溶剂的使用和排放量。

（8）包装工业固体废物综合利用率。

对于一个包装强国来说，上述可持续发展指标方面应走在世界前列。

四、包装产业的总体经济效率评价

反映包装产业总体经济效率方面的指标可细化为：

（1）包装产业领域每个员工每年创造的包装产业增加值。

（2）包装总资产贡献率。

（3）包装工业用地产能。

（4）包装产业经济效益综合指数。

（5）单位劳动报酬支出创造的包装产业增加值。

上述指标越高，表明包装产业的整体经济效率就越高。

五、包装产业的国际竞争力评价

对于产业国际竞争力的评价，目前没有直接的量化指标。经过综合分析，我们将包装产业国际竞争力方面的指标具体细化为：

（1）在世界包装 500 强中包装企业的占有量。

（2）世界包装品牌 500 强中包装品牌占的数量。

（3）包装产品贸易竞争指数。

（4）包装产品在国际市场上的占有率。

（5）国际包装标准的制定数量。

第三节　包装强国建设的推动策略

一、人才发展策略

打造包装强国，首先要做的就是培养和使用大批高素质包装专业人才。我国包装产业之所以落后，最根本的原因就是高层次人才的缺乏，不仅包装技术人才缺乏，包装管理人才也同样缺乏，因此，包装强国建设的第一推动策略应该是包装人才发展战略。要落实包装人才发展战略，主要应从加强包装人才培养和营造人才成长环境等两个方面着手。

1.加强包装人才培养。实践经验证明，人才培养的主要渠道就是教育。因此，要加强包装人才培养，就必须加强包装教育，包括包装高等教育、职业教育、继续教育等多方面。改革开放以来，我国越来越重视包装教育，自20世纪80年代以来，我国包装高等教育、包装职业教育的规模越来越大，受益人数越来越多，现在全国已有70余家高等院校开设了包装专业，其中，湖南工业大学、江南大学、武汉大学、西安理工大学、天津科技大学、暨南大学等高校开设了包装工程、包装设计等本科专业，江南大学、武汉大学、西安理工大学等高校在机械工程等一级学科下设立了包装硕士、博士招生方向，湖南工业大学服务国家特殊需求项目"绿色包装与安全"进一步推动了我国包装博士培养的进程。中山火炬职业技术学院等30余家职业技术学院也开始了包装专业的职业教育，到目前为止，我国的包装专业教育涵盖了职业教育、专科、本科、硕士、博士等环节，已经初步形成了较为完整的人才培养体系。然而，我国当前关于包装的学科建设、教学资源、科研成果、人才培养层次等方面与世界包装强国相比，仍然有较大差距。要想加强包装人才培养，就必须尽快弥补我国包装教育的不足，促使国家相关部门重视包装学科的发展，充分确立包装学科的地位，只有这样，包装教育才能得到快速发展。

2.营造有利于包装人才成长的环境。除了加快发展包装教育，全社会还应该创造一个有利于人才发展的优良环境。在全社会鼓励支持尊重包装科技、尊重包装创新的氛围，不断提高包装技术人员的社会地位，尤其要注重提高为包装科技进步作出较大贡献的专业技术人员的地位；要鼓励追求卓越、求精求实求新，精于设计、善于坚持的工匠创新精神，构筑开放、包容、有利于创新型工程科技人才成长的社会环境[①]；通过人事、分配制度的改革，建立长效的激励机制，激发和调动各类包装专业人才的积极性和创造性；鼓励企业用合法正当的机制去吸引、稳定、留住人才，形成一个人才合理流动机制，防止出现包装企业用不正当不合法手段"挖人"的现象。

二、规模调控策略

包装生产规模越大，出口产品越多，其在国际市场的影响力就可能越大，因此，要实现包装强国的建设目标，最重要的是保持和扩大规模优势。随着我国已经成为世界包装大国，一系列问题随之出现，目前呈现产能过剩现象，因此进一步提高规模优势要避免以往盲目投资、低水平重复建设现象的再次发生，要通过顶层设计、科学规划、合理布局、优化结构等方式有选择性地支持高端包装产业的发展，淘汰落后生产力，防止无序竞争和产能过剩，改变低端包装产业过剩、高端包装产业严重缺乏的局面，大力发展高新技术企业、知识技术密集型企业和创新型企业，促进我国在高附加值产品、高技术产品和全球价值链条高端产品上的飞速发展。

三、创新引领策略

中国包装产业"大而不强"的根源在于自主创新能力较弱，科技创新

---

① "制造强国的主要指标研究"课题组：《制造强国的主要指标》，《中国工程科学》2015 年第 7 期。

对我国包装产业发展的战略支撑不足，因此很难融入高端产业链条。要打造包装强国，就必须大力坚持创新主导策略，按照国家创新驱动战略的要求和部署，坚定不移地进行技术创新、管理创新、销售创新。打破一切阻碍创新的不利机制，精准发力，不断提高自主创新能力，源源不断地增强包装产业发展的内生动力，推动"中国制造"向"中国智造"转变。要不断加强企业在包装技术创新中的主体地位，充分发挥大型企业或企业集团在包装产业创新中的骨干作用，注重发挥中小包装企业在包装创新和产业转型升级中的创新活力，在包装领域真正形成大众创业、万众创新的良好局面。要不断创新产学研协同机制，大力构建包装产业技术创新战略联盟，努力形成由包装企业、包装科研院所等共同构成的"多级火箭助推机制"，使科研技术成果迅速转化为生产力。要对包装基础科学研究的投入不断加大，充分发挥高等院校、科学研究院所，特别是企业在包装基础科学研究中的作用，集中活力攻破一批基础材料、基础零部件（元器件）、基础工艺和产业技术基础等行业共性技术和关键核心技术，解决中国包装产业的发展瓶颈问题[①]。

四、品质提升策略

品质是赢得市场的关键，包装产品质量越好，市场的认可度就越高，占领市场越容易，从而获得发展的广阔空间和巨大机遇。在过去的发展过程中，中国包装产业在数量上有了很大提升，但在质量的提升上面还做得很不够。要实现包装强国的目标，我国包装产业必须加快提升产品质量，将产品品质的提升作为包装发展的重要策略进行实施。要不断推进我国包装产品质量全面升级，在保证原材料品质、制造工艺达标、生产人员认真负责的同时，要推行现代化的先进质量管理体系。要充分利用行业协会等社团组织的

① 苗圩：《努力实现工业强国百年梦想》，《全球化》2014 年第 7 期。

桥梁作用，在包装产业中大力推广先进技术手段和现代质量管理理念方法，广泛开展质量改进、质量攻关、质量比对、质量成本管理、质量管理小组等活动[①]。

要实现包装强国的建设目标，还要不断提高产品增加值率。要建立并高效运转完整的包装产业链，避免由于包装产业链条某个环节的缺失而导致包装产业系统运转失灵以及生产成本急剧增加等现象的发生。要大力推动优势企业兼并重组，培育一批具有很强竞争力的大企业和大集团，提高产业集中度和资源配置效率；还要积极推动产业集聚发展、土地节约使用、资源集约利用和污染集中治理，合理布局和调整优化重大工业项目建设，减少资源、产品跨区域大规模调运，降低工业生产中间消耗。

五、开放合作策略

经济全球化已成为时代潮流，中国产业已与全球经济紧密结合，中国企业与海内外市场合作竞争关系日益频繁。要打造包装强国，我们必须采取更开放的心态，推行更加积极主动的开放战略，提高整合利用全球资源、加强市场的能力和水平。要围绕包装产业转型升级目标和需求，加快国外包装市场的开发力度，促进重大包装技术装备的出口；加快相关产业技术开发中心基地建设进程，创造进入国际市场的条件，采取各种激励措施，遵照国际通行规则，规范市场招投标运行机制，确保我国包装产业在国际上的快速发展。引导有实力的包装企业有序走出去，在"一带一路"等国家战略的指导下，抓住全球包装产业重新布局的重大机遇，在有条件的国家和地区建立海外包装产业园和境外经贸合作区，开展资源和价值链整合，提升国际化经营能力。

---

① 《国务院关于印发质量发展纲要（2011—2020年）的通知》，国发〔2012〕9号。

六、品牌建设策略

品牌意味着高附加值、高利润、高市场占有率，是一种长期的战略资产，主导着市场的购买需求与趋势，是获得竞争优势和效益回报的一个重要来源。打造建设包装强国，走品牌之路非常关键。首先应安排与品牌建设有关的技术改造、质量攻关、标准制修订及检测能力建设项目，强化产品内在质量。通过对先进技术的引进消化吸收、与科研机构合作、行业内资源共享来提高技术水平，并通过建立从售前到售后的服务体系来提升服务水平。同时要针对不同的产品、用户及市场价值链中的不同价值结构，采取灵活多样的手段加强品牌的营销与传播，实施准确的品牌定位、加强品牌的推广、维护和创新，加大宣传力度，从根本上改变中国产品的形象。为了支持我国包装企业实施"走出去"战略，帮助企业按照国际、国内市场的不同特点和消费需求差异，制定实施品牌多元化、系列化发展战略，创建具有国际影响力的世界级品牌。鼓励有实力的企业积极收购国外品牌，支持自主品牌在海外的商标注册，促进自主品牌的国际化。加大自主知识产权产品的保护力度，建设有利于品牌发展的长效机制和良好环境[1]。

七、政府扶持策略

包装产业的快速发展，离不开政府的支持，政府扶持力度越大，包装产业的发展速度越快，越有利于我国包装产业占领国际包装市场的发展先机，因此，要继续坚持政府扶持策略。政府要充分转变职能，减少对微观经济事务的干预，努力为包装产业的健康发展营造良好的环境，政府要最大限度地取消和下放行政审批事项，加强对特定领域的事中事后监管。此外，还要不

---

[1] 《工业产品质量发展"十二五"规划》，中华人民共和国工业和信息化部网站，见 http://www.miit.gov.cn/n1146285/n1146352/n3054355/n3057267/n3057273/c3522142/content.html。

断创新产业管理方式。加强产业发展战略、规划的制定和实施，探索行业规范条件、负面清单、行业自律、企业社会责任等新型治理方式，支持公共技术服务平台、中小企业服务平台等各类第三方平台建设，提升行业公共服务能力和水平。要大力支持行业协会承接行业管理的基础性工作，引导行业协会加强自身能力建设，加强行业自律，推进企业社会责任建设，更好地发挥联系政府、服务企业的桥梁纽带和支撑作用。

关于加快我国包装产业转型发展的指导意见

工信部联消费〔2016〕397号

各省、自治区、直辖市及计划单列市、新疆生产建设兵团工业和信息化、商务主管部门，中国包装联合会，中国轻工业联合会：包装产业是与国计民生密切相关的服务型制造业，在国民经济与社会发展中具有举足轻重的地位。为进一步提升我国包装产业的核心竞争力，巩固世界包装大国地位，推动包装强国建设进程，依据《中华人民共和国国民经济和社会发展第十三个五年规划纲要》、《中国制造2025》（国发〔2015〕28号）和《关于开展消费品工业"三品"专项行动营造良好市场环境的若干意见》（国办发〔2016〕40号）等文件，制定本指导意见。

一、重要意义

经过30多年的建设发展，我国包装产业已建成涵盖设计、生产、检测、流通、回收循环利用等产品全生命周期的较为完善的体系，分为包装材料、包装制品、包装装备三大类别和纸包装、塑料包装、金属包装、玻璃包装、竹木包装五大子行业。2015年，全国包装企业25万余家，包装产业主营业务收入突破1.8万亿元。"十二五"期间，包装产业规模稳步扩大，结构日趋优化，实力不断增强，地位持续跃升，在服务国家战略、适应民生需求、建设制造强国、推动经济发展中的贡献能力显著提升，我国作为世界第二包装大国的地位进一步巩固。目前，包装工业已位列我国 38 个主要工业门类的第 14 位，成为中国制造体系的重要组成部分。

但在快速发展的同时，包装产业仍存在大而不强的问题。行业自主创新能力弱，重大科技创新投入和企业技术研发投入严重不足，高新技术难以实现重大突破，先进装备和关键技术进口依赖度高；企业高投入、高消耗、高排放的粗放生产模式仍然较为普遍，绿色化生产方式与体系尚未有效形成；包装制造过程自动化、信息化、智能化水平有待提高；产业区域发展不平衡、不协调；低档次、同质化产品生产企业重复建设问题突出，无序竞争现象未能得到遏制。

立足现有基础，补齐发展短板，提升品质品牌，必须加强转型发展的全面引导和系统设计。加快推进转型发展，是促进包装产业适应现代制造业发展要求，强化对国民经济支撑地位的必然选择；是解决制约产业发展"瓶颈"，有效增强核心竞争力的根本出路；是引领产业由被动适应向主动服务、要素驱动向创新驱动、传统生产向绿色生产转变，全面提升产业整体发展水平，推进包装强国建设进程的重大举措。

二、总体要求

(一) 指导思想

深入贯彻落实党的十八大和十八届三中、四中、五中、六中全会精神，牢固树立"创新、协调、绿色、开放、共享"的发展理念，以提高发展质量和效益为中心，以推进供给侧结构性改革为主线，以科技创新为动力，对接消费品工业"三品"专项行动，推动生产方式转变和供给结构优化。实施军民融合发展战略，构建军民包装标准通用、产品共用、技术互通的发展格局。产业保持中高速发展，迈向中高端水平，逐步实现由包装大国向包装强国转变。

（二）基本原则

坚持市场主导，政府引导。强化企业市场主体地位，充分发挥市场在配置资源中的决定性作用，更好发挥政府规划和政策支持作用，优化市场秩序，完善监管体系。

坚持创新驱动，品牌引领。加快科技创新体系与服务平台建设，提升关键技术的创新能力。加快传统产品升级换代，大力培育包装品牌。

坚持协调发展，重点突破。构建包装产业与制造业、包装上下游产业、军用包装与民用包装、包装企业与科研院所以及包装各子行业之间的协同发展机制。加强要素优化配置、发展模式转变和产业集群建设，持续促进产业提质增效。

坚持绿色发展，适度包装。构建覆盖生产、流通、消费、回收与资源循环再利用的包装全生命周期绿色化网络体系。反对过度包装，采用设计合理、用材节约、回收便利、经济适用的包装整体解决方案，引导全社会树立适度包装理念。

（三）发展目标

保持产业发展增速与国民经济增速同步，产业发展规模与配套服务需求相适应。到2020年，实现以下目标：

产业规模。包装产业年主营业务收入达到2.5万亿元，形成15家以上年产值超过50亿元的企业或集团，上市公司和高新技术企业大幅增加。积极培育包装产业特色突出的新型工业化产业示范基地，形成一批具有较强影响力的知名品牌。

自主创新。行业研发投入不断增大，规模以上企业科技研发经费支出明显增加。着力推动集成创新、协同创新和创新成果产业化，部分包装材料达到国际先进水平。

两化融合。大中型包装企业两化融合水平处于集成提升阶段以上的超过80%，中小企业应用信息技术开展研发、管理和生产控制的比例由目前30%提高到55%以上。数字化、网络化设计制造模式广泛推广，以数字化、柔性化及系统集成技术为核心的智能制造装备取得较大突破。

节能减排。全行业单位工业增加值能源消耗、二氧化碳排放强度、单位工业增加值用水量均下降20%以上，主要污染物排放总量明显下降。初步建立包装废弃物循环再利用体系。

军民融合。军民通用包装数量和质量显著提升，标准达到国际先进水平，逐步形成体系完善、创新引领、高端聚集、高效增长的发展态势。建成一批军民融合包装基地，包装技术军民通用水平显著提升。

标准建设。深入开展包装基础标准、包装专业标准以及产品包装标准的研究，形成相关性、集合性、操作性强的包装标准体系。建设全国包装标准推进联盟和包装标准信息化专业网站，建成5个以上包装标准创新研究基地，遴选一批标准化示范试点企业。

三、主要任务

（一）实施"三品"战略，集聚产业发展优势

增加包装产品品种。围绕包装产业供给侧结构性改革，在优化传统产品结构、扩大主导产品优势的基础上，主动适应智能制造模式和消费多样化需求，增强为消费升级配套服务的能力。通过创新设计方式、生产工艺以及技术手段等，大力研发包装新材料、新产品、新装备，推动产品品种增加和供给服务能力提升。重点发展绿色化、可复用、高性能包装材料，加快发展网络化、智能化、柔性化成套包装装备，大力发展功能化、个性化、定制化的中高端产品，通过丰富产品品种、优化产品结构拉动需求、驱动消费。

提升包装产品品质。引导企业从设计、选材、生产、检测、管理等各环节全面提升包装产品品质。积极采用低成本和绿色生产技术，发展低克重、

高强度、功能化纸包装制品，增强纸制品防水、防潮、抗菌、阻燃等性能，拓展纸包装的应用范围；鼓励采用环保型原料和助剂发展可定制的环境友好型塑料包装制品，应用高阻隔、选择透过、环境感知以及宽幅制备等新技术，增强塑料包装制品防护、保质和智能属性；倡导以薄壁金属和覆膜铁、覆膜铝等新型材料生产金属包装制品，提升金属包装材料的利用率和抗腐蚀性能；创新包装计量、检验与检测技术，加快发展各类先进检测设备，不断完善质量检测体系与手段，有效强化包装产品的品质保障。

培育包装产品品牌。以绿色包装材料、智能包装装备、高端包装制品的研发为重点，加强品牌培育、评价、服务与引导，构建定位、设计、生产、营销、传播、保护一体化的品牌发展格局，打造一批具有较高国内市场占有率和较强国际市场竞争力的包装材料、包装装备和包装制品品牌。推进包装企业国际化战略的实施，支持有条件的企业推动装备、技术、标准以及服务走出国门，在境外设立研发、生产基地和营销网络，深度融入全球产业链、价值链和物流链，重点培植一批具有较强创新能力和国际竞争力的品牌企业。

（二）加强技术创新，增强核心竞争能力

构建创新体系。围绕国家战略，重点实施包装产业创新能力提升计划，引导企业建立研发资金投入机制，加强技术中心、创新团队和众创空间建设，着力落实"双创"行动，鼓励包装企业构建创新创业融合孵化的平台与机制，切实提高企业的原始创新、集成创新、引进消化吸收再创新能力。优化科技资源配置，积极培育包装行业的国家级技术创新中心，重点建设一批面向产业前沿共性技术的技术创新联盟、协同创新中心、科技成果孵化基地以及成果推广与应用、公共技术服务、技术和知识产权交易等平台，形成系列具有自主知识产权和较强国际竞争力的核心技术群。加大领军人才和国家级创新团队的协同培养，强化创新人才的成长扶持，通过建立产业链上下游科技协作体、产业协同创新中心以及产学研合作示范基地，形成创新人才共育、共享机制。

突破关键技术。围绕绿色包装、安全包装、智能包装领域的关键技术，制定系统性技术解决方案，促进重大科技成果的孵化、应用与推广。加快建立包装云设计数据库，重点推行减量和生态设计，着力加强包装废弃物综合循环利用技术的研发与应用，全面提升绿色包装应用与创新水平。积极发展新型保质保鲜、包装防伪以及生产过程在线检测与监控等技术，重点突破食品药品包装中有害物质识别和迁移检测等技术瓶颈，显著提升食品、药品及军品包装安全保障能力。注重包装设计与信息技术的结合，积极应用环境感应新材料，实现包装微环境的智能调控，推进生产过程智能化，重点开展前瞻性的计量测试技术研究，满足包装产业全产业链、全寿命周期、全溯源链的计量测试需求。

强化示范应用。采取项目投入、应用示范、绩效奖励等方式，支持行业组织开展重大示范工程建设，主要包括：实施食品药品包装安全化工程，启动食品药品包装清洁安全生产和质量检测监管等重大专项，大力提升现有食品药品包装检测机构的技术水平，创建一批食品药品包装质量检测中心，建设食品药品质量包装安全追溯管理网络信息平台。实施包装制品高端化工程，在适度包装理念的指导下，组织一批包装制品设计创新、工艺优化和产业化重大专项，积极发展轻质高强纸、生物基高阻隔塑料、抗腐蚀超薄金属、轻量节能玻璃等材料，重点开发个性化、定制化、精细化、智能化的高端包装制品。实施包装印刷数字化工程，构建先进包装印刷数字化体系，利用互联网、大数据和人工智能等技术，发展云印刷、合版印刷、网络印刷及个性化印刷等新型包装印刷方式。实施包装产业信息化工程，启动包装大数据和工业云等重大专项，推广智能标签和智能终端等包装信息化关键技术，开展新一代包装信息化与工业化深度融合的集成创新和工程应用示范。实施包装装备智能化工程，组织开展高端包装装备关键技术及集成技术攻关，重点开发食品药品自动包装生产线、包装印刷集成制造装备以及现代物流全自动包装系统等重大智能制造成套装备，着力推动包装智能工厂/数字化车间应用示范。

(三) 推动两化融合，提升智能制造水平

加快信息化建设进程。加强包装企业两化融合管理体系系列标准建设和推广，推进信息技术向设计、生产、流通以及回收循环利用等环节渗透。依托互联网和物联网技术，加强包装电子商务、工业云和大数据等平台的构建，发展基于互联网的数据驱动、网络化协同制造、个性化定制、服务型制造、众包设计、云制造等包装生产服务模式，推动形成基于消费需求动态感知的产业经营方式，促进包装企业形成新的生产、制造、服务及商业模式。推广商品包装的箱码，推动全球统一编码标识（GS1）作为商品生产和流通的"身份证"与"通行证"，实现与国际信息数据的接轨。

提升包装智能化水平。以互联网和物联网技术为核心，建立设计、制造、技术与标准的开放共享机制，推动生产方式向柔性、智能、精细转变，大力推广集协同制造、虚拟制造及网络化制造等为一体的先进制造模式，构造智能包装生态链。大力开发网络化、智能化、柔性化成套装备和高性能包装机械手、包装机器人等智能装备，加快智能化包装设备及生产线技术标准研制，自主攻克优化设计、智能检测、在线计量和协同控制等包装成套装备共性技术，积极应用具有传感、判断与执行动作的智能端，研发包装专业软件和嵌入式系统，着力提高主要包装工序自动化程度和高速包装生产线及各类先进检测设备的制造水平。重点开发具有商品真伪鉴别、食品变质预警、居家用药提醒及儿童安全保障等功能的智慧型包装制品。

(四) 加强标准建设，推动国际对标管理

促进包装标准体系建设。深入研究标准规范，完善国家、行业、企业等多层次包装标准体系，推广包装基础模数（600×400mm）系列，以包装标准化推动包装的减量化和循环利用。支持行业建设标准推进联盟和标准创新研究基地，围绕反过度包装行动，对现已制定的建材、机械、电工、轻工、

医疗机械、仪器仪表、中西药、食品、农畜水产、邮电、军工等 14 大类包装标准进行系统优化和水平提升，解决标准体系不完整、标准互相矛盾、标准水平滞后、可操作性不强等突出问题。

推动包装标准国际接轨。支持企业、高校和科研院所参与国际标准的制定，增强我国在国际包装界的话语权和在规则制定中的参与权。着力提高国际标准的采标率和转化率，完善包装标准推广应用机制，支持行业开展标准化试点示范，推进包装标准在产业发展中的应用与实施。加强标准化重大政策和重点工作的普及性宣传，有效强化包装企业的标准管理意识以及通过标准化建设实现降本增效的能力。

（五）优化产业结构，形成协调发展格局

调整产业组织结构。大力拓展包装工业与国民经济各产业融合发展的广度和深度，推动技术、模式、产品、业态以及管理等各领域的创新，增强产业跨界融合发展能力。支持混合所有制经济发展，推动大中型企业的股权分置改革和细分市场的产业链整合，推动龙头企业采取联合、并购、控股等方式实施企业间、企业与科研院所间的资产重组，形成一批上下游一体发展的企业集团。组建以大型企业为龙头、中型企业为骨干、小微企业为重要补充的产业发展联盟，建立产业联盟示范区，逐步解决包装企业小、散、乱问题。发挥中小企业特色鲜明、机制灵活等特点，重点培育包装工业领域主导产品突出、专项服务卓越、竞争优势明显的专业化"小巨人"企业，形成大中小企业分工协作、互利共赢的产业组织结构。鼓励包装工业单项冠军企业树立"十年磨一剑"精神，长期专注于企业擅长领域，走"专特优精"发展道路。

促进产业协调发展。适应国家制定的东部地区率先发展战略，进一步发挥包装产业在本区域集聚度高、发展步伐快、辐射带动作用强的先发优势，遴选一批科技型、创新型中小企业和龙头骨干企业（集团），建设具有示范性的国际化研发中心、总部基地和包装制造产业园区。利用中部地区崛起、

东北地区振兴和西部地区大开发契机，立足区位优势和区域发展需要，引导包装企业根据区域资源环境承载能力，合理承接转移产能，优化市场配置，设立一批产业转移示范区。扶持包装企业深度融入"一带一路"战略和国家开放发展格局，搭建国际产能和装备制造合作服务平台，加强国际市场拓展和产能国际合作。

（六）培育新型业态，拓展产业发展空间

促进新型业态生长。大力发展服务型制造，利用现代信息网络技术，引导企业重塑生产方式与制造模式，重构与用户、市场之间的关系，拓展产业领域，延伸服务链条。对接上下游产业与终端需求，引导企业由传统包装制造商向包装整体解决方案提供商转型，推动企业由生产型制造向服务型制造转变。加快推动包装产业与生态农业、快速消费品业以及远程物流配送业等领域的跨界融合，发展现代物流包装产业。创新企业经营模式，构建网络营销平台和系统解决方案，积极发展包装电子商务产业。积极推进产业集聚，着力打造包装创意文化等特色产业集群，增强集群的资源集约效应、产业品牌效应、资本溢出效应以及技术共享效应，拉长产业链。

促进军民包装融合。统筹考虑产业发展需要和国防建设需求，从顶层设计、力量布局、技术创新、标准体系、监督评估等方面构建军民融合包装产业发展格局，提升包装产业军民通用化水平。加快军地协调、需求对接、信息互通、资源共享以及技术共用等体系建设，实现包装产业军民融合发展体制机制上的横向衔接和纵向贯通。促进军民融合的科研、生产与服务保障体系建设，重点推进包装产业军民信息与资源共享、技术开发与成果转化、知识产权保护与技术交易等工作。加强军地协同创新，增强军民通用技术转换能力，重点解决联合投送、多式联运等大型装备防护包装、应急物资软包装和特殊功能性包装的关键技术问题。开展包装装备及其运输网络的创新研究和军民融合包装示范工程建设，引领军民融合包装技术核心能力聚集，显著提升遂行多样化军事任务的防护包装保障水平。

（七）开展绿色生产，构建循环发展体系

强化绿色发展理念。充分发挥包装企业在推广适度包装、倡行理性消费中的桥梁、纽带和引导作用，促进设计、生产及使用者在包装全生命周期主动践行绿色发展理念，选择合适品种率先落实生产者责任延伸制度。落实国家循环发展引领计划和能源、资源消耗等总量与强度双控行动，完善计量、监测、统计等节能减排的基本手段，从原材料来源、生产、废弃物回收处理等全生命周期的资源消耗、能耗、排放等方面开展对包装品的环保综合评估。研究制定包装废弃物回收利用促进政策，依托再生资源回收体系，利用互联网、大数据和云计算等现代信息技术和手段，优化包装废弃物回收利用产业链。鼓励有条件的企业与上游生产商、销售商合作，利用现有物流体系，尝试构建包装废弃物逆向物流体系。

发展绿色包装材料。加速推进绿色化、高性能包装材料的自主研发进程，研发一批填补国内空白的关键材料，突破绿色和高性能包装材料的应用及产业化瓶颈。研究制定绿色包装材料相关标准，建立包装材料选用的环保评价体系，重视包装材料研发、制备和使役全过程的环境友好性，推动绿色包装材料科技成果转化，推行使用低（无）VOCs含量的包装原辅材料，逐步推进包装全生命周期无毒无害。倡导包装品采用相同材质的材料，减少使用难以分类回收的复合材料。以可降解、可循环等材料为基材，发展系列与内装物相容性好的食品药品环保包装材料，提高食品药品包装安全性。突破工业品包装材料低碳制备技术，推广综合防护性能优异、可再生复用的包装新材料，增强工业品包装可靠性。促进包装材料产业军民深度融合，推动特殊领域包装材料绿色化提升。

推广绿色包装技术。推行简约化、减量化、复用化及精细化包装设计技术，扶持包装企业开展生态（绿色）设计，积极应用生产质量品质高、资源能源消耗低、对人体健康和环境影响小、便于回收利用的绿色包装材料，提升覆盖包装全生命周期的科学设计能力。加大绿色包装关键材料、技术、装备、工艺及产品的研发力度，支持企业围绕包装废弃物的再次高效利用开展技术攻关。大力推广应用无溶剂、水性胶等环境友好型复合技术，倡导使用柔板印刷等低（无）VOCs 排放的先进印刷工艺。重点开发和推广废塑料改性再造、废（碎）玻璃回收再利用、纸铝塑等复合材料分离，以及废纸（金属、塑料等）自动识别、分拣、脱墨等包装废弃物循环利用技术，采用先进节能和低碳环保技术改造传统产业，加强节能环保技术、工艺及装备的推广应用，推行企业循环式生产、产业循环式组合、园区循环式改造，推动企业生产方式绿色化。加强包装绿色制造企业与园区示范工程建设，建设一批绿色转型示范基地，形成一批引领性强、辐射作用大、竞争优势明显的重点企业、大型企业集团和产业集群。

四、保障措施

（一）完善包装管理体系

完善包装法律制度，从市场秩序、技术标准、信用体系等方面规范包装企业的生产经营行为，健全商品包装的生产、流通、销售、回收、利用等体系。推进以"节能减排，环境友好"为核心的绿色包装制度与法规建设，制定《包装行业清洁生产评价指标体系》，开展包装企业清洁生产水平的系统评价，推行包装绿色评估和绿色认证制度。加强包装企业和包装产品市场规范管理。加大包装知识产权的保护力度，加强对假冒伪劣产品、侵权行为的打击，协同上下游产业完善市场治理体系、优化产业发展环境，确保包装产业稳定、健康、可持续发展。

（二）加大政策支持力度

研究制定包装分类回收利用支持政策，支持将绿色包装产业列为国家重点鼓励发展的产业目录，加大对取得绿色包装认证的企业、创新型企业以及低成本、低能耗、近零排污包装工艺与设备研发的政策扶持力度，强化对核心技术的支持和品牌产品的推广，提高包装循环利用率。采取奖励、补助等方式，支持公共服务平台和应用示范项目建设。引导产业投资、风险投资等基金，支持创新产品研发和创新成果产业化，促进技术研发和成果孵化。支持行业组织搭建包装企业信用平台和金融服务平台，开展多种类型、多种形式的规范融资活动。

（三）强化教育科技支撑

推动包装教育体系的不断完善，加快包装产学研合作战略联盟建设，分类引导包装高等教育、职业教育、终身教育的有序发展，不断创新校企合作人才培养模式，扩大具有国际视野的高层次、复合型创新人才培养规模，加大应用型、军地两用型人才培养力度，加快技能型人才培养步伐，实现人才培养与行业发展的对接与匹配。支持建设包装产业技术研发中心、协同创新中心、产学研示范中心（基地）和科技成果孵化中心（基地）等，促进重大科技成果培育、产出与转化，为包装产业的转型发展提供强劲支撑。

（四）发挥行业组织作用

推动行业组织建设网络信息服务、科技创新服务、人才培养综合服务、面向政府的服务、国际交流合作等多元化、全链式的服务平台，建立包装行业数据库和信息共享机制，引导包装产业信息化示范区建设，提升行业组织的综合服务效能。加快构建以行业组织为主体、第三方机构为支撑、企业广泛参与、政府指导推动、社会监督协作的"五位一体"行业信用体系，建立包装企业诚信档案、行业信用数据库和企业信用等级评价制度，不断完善行业信用监管体制，创新行业信用评价模式。支持行业组织实施品牌战略，加快包装品牌的培育与推广。

五、组织实施

各地工业和信息化主管部门、商务部门要加强组织协调，可依据本指导意见，研究制定适合当地包装产业转型发展的具体实施方案或配套政策措施。各地行业组织要按照本指导意见，加强调查研究、协调沟通，围绕转型发展，编制包装产业发展规划，并加强规划的组织领导和有效实施，确保任务落实、措施到位。各企业要切实承担起落实本指导意见确定的各项任务的主体责任，结合企业实际细化落实，增强改善供给责任意识和主体作用，激发活力和创造力，推动包装产业转型升级、健康发展。

附录二

中国包装工业发展规划（2016—2020 年）

中国包联综字［2016］61 号

包装工业作为服务型制造业，是国民经济与社会发展的重要支撑。随着我国制造业规模的不断扩大和创新体系的日益完善，包装工业在服务国家战略、适应民生需求、建设制造强国、推动经济发展等方面，将发挥越来越重要的作用和影响。

"十三五"时期是我国全面建成小康社会的决胜阶段，也是包装工业发展的重要战略机遇期，为加快包装产业转型升级，推进现代包装强国建设进程，充分发挥包装工业对稳增长、促改革、调结构、惠民生、防风险的重要作用，显著提升包装工业对我国小康社会建设的服务能力与贡献水平，根据《中华人民共和国国民经济和社会发展第十三个五年规划纲要》《国家中长期科学和技术发展规划纲要（2006—2020 年）》《中国制造 2025》以及工业和信息化部、商务部联合发布的《关于加快我国包装产业转型发展的指导意见》等文件，特制定本规划，规划期为 2016—2020 年。

一、产业现状与发展环境

（一）发展成就

"十二五"期间，我国包装工业主动适应经济发展新常态，不断推动产业结构优化、发展动力转换和发展方式转变，总体保持了健康、快速、可持续发展的势头，服务国民经济与社会发展的能力得到了进一步增强，世界第二包装大国地位得到了进一步巩固，为"十三五"建设与发展奠定了坚实基础。

1. 产业地位不断凸显

国家《国民经济和社会发展第十二个五年规划纲要》首次将包装列入"重点产业"，明确了"加快发展先进包装装备、包装新材料和高端包装制品"的产业发展重点。"十二五"期间，财政部支持包装行业单列了高新技术研发专项资金，支持创新项目专项资金累计 4.2 亿元。包装产业规模稳步扩大，对国民经济的支撑能力显著提升，截至"十二五"末，全国包装企业已发展到 25 万余家，其中规模以上企业 3 万余家。2015 年包装工业主营业务收入突破 1.8 万亿元，位列全国 38 个主要工业门类的第 14 位，其中包装印刷 8764.62 亿元、纸和纸板容器 3303.38 亿元、塑料包装箱及容器 1717.57 亿元、塑料包装薄膜 1031.8 亿元、金属包装容器 1341.56 亿元、玻璃包装容器 752.22 亿元。

2. 产业格局逐步优化

"十二五"期间，我国进一步完善了涵盖设计、生产、检测、流通、回收循环利用等产品全生命周期的包装产业链体系，形成了包装材料、包装制品、包装装备三个产品大类和纸包装、塑料包装、金属包装、玻璃包装、竹木包装五大子行业。长江三角洲、珠江三角洲、环渤海湾地区的包装产业得到快速发展，产值占全国包装工业总产值的 60% 以上。中部地区、西部地区、东北地区包装产值占全国包装工业总产值的比重逐步扩大，分别提高到 20%、13%、6% 左右。小微企业活力不断增强，规模以上企业实力日益壮大，具有较强国际竞争力的优势企业茁壮成长，逐步形成了以龙头企业（企业集团）为引领，大、中、小、微型企业互生共长的组织格局。

3. 科技水平明显提升

"十二五"期间，全行业承担了一批国家 863 计划、国家科技支撑计划、国家火炬计划、国家发展和改革委战略性新兴产业计划、财政部重大科技成果转化、国家重点新产品等重大科研项目。建立了一批国家、省部及行业的工程（技术）中心、科技研发中心、产业孵化中心，科技创新和成果转化能力不断增强。通过自主创新攻克了一批包装材料、装备、工艺、制品等领域的重大关键技术，自主知识产权拥有率和国际、国家专利授权数量较"十一五"期间有较大增长，培育了上百个"中国包装优秀品牌"。包装人才培养体系不断完善，全国开展包装人才培养的高校发展到近300所，建立了一批博士点、博士后科研流动站（工作站）、2011协同创新中心、省部级重点实验室等创新团队与平台，为产业技术水平的提升提供了有力支撑。

4.循环发展初见成效

陆续修订并实施了《包装与包装废弃物》《限制商品过度包装要求》等一系列促进包装循环经济发展的国家标准及法规。全行业绿色发展理念不断增强，环保型材料使用范围日益扩大，清洁生产、节能减排以及资源循环利用新技术得到逐步推广，包装行业单位工业增加值综合能耗以及主要污染物排放量均有不同程度下降。以清洁生产为目标的企业"小循环"，以淘汰落后产能为目标的产业"中循环"，以再生资源回收利用体系建设为目标的区域"大循环"发展模式正在逐步形成。

5.贡献能力显著增强

"十二五"期间，包装工业配套服务能力不断增强，累计为110万亿元国内商品和9.98万亿美元出口商品提供了配套服务，配套商品附加值达10%以上。在国民经济中的贡献能力不断提升，2015年全国包装工业完成利税总额3407亿元，上缴税收1180亿元，完成进出口总额498亿美元。原辅材料与包装装备的国产化率、节能降耗水平、就业消化能力、生态文明贡献度等较"十一五"均有不同幅度的提高，包装工业在推动社会发展中的作用越来越显著。

（二）主要问题

我国包装工业在取得突出成就的同时，也存在诸多制约自身发展的问题，主要表现在：

1. 自主创新能力有待进一步增强

适度包装、绿色包装理念需要大力普及和深化，节能环保技术、工艺、装备尚未得到系统研发和广泛应用，企业高投入、高消耗、高排放的粗放生产模式仍然较为普遍，绿色化生产方式与体系尚未有效形成，环境友好程度不高。高新技术难以实现重大突破，先进装备和关键技术进口依赖性强，原始创新、集成创新、引进消化吸收再创新的能力欠缺，产业整体自动化程度还有较大提升空间。行业重大科技创新投入和企业技术研发投入严重不足，自主研发能力亟待提升，科技成果转化的成熟机制和培育新兴业态的创新服务平台比较缺乏，具有全球竞争力的品牌数量不多。行业高层次人才比例较低，创新领军人才严重短缺，创新团队的培育机制有待完善，创新体系尚不健全。

2. 协调发展机制有待进一步完善

产业区域发展不平衡、不协调，中部、西部、东北的发展空间未能得到一体化的统筹开拓。中小微企业的成长支持体系不健全，成本压力大，融资难度高，抗风险能力不强。低档次、同质化产品生产企业重复建设问题突出，产能严重过剩，供需平衡处于低水平状态，无序竞争现象未能有效遏制。上下游产业之间、产业链之间、企业与高等院校和科研院所之间对接意识不强，资源、技术、信息和人才得不到有效共享，尚未形成紧密的联盟型发展模式和深度的产学研合作机制。军民融合协调机制不健全、政策法规与技术标准体系不完善、信息交流与成果共享渠道不顺畅、科技创新与激励措施不到位。包装科技、工程、经营和军地两用等专门人才的培养难以有效适应企业用人标准、产业快速发展和建设包装强国的需求。行业组织的管理激励与规范能力较弱，对企业间协同创新与发展的引领功能没有得到充分发挥。

3.产业信息化水平有待进一步提升

包装制造过程自动化、信息化、智能化水平有待提高，数字化、网络化设计制造模式尚未普遍采用，基于互联网技术促进产业变革和企业创新的能力不强。包装行业缺乏工业化与信息化深度融合（以下简称"两化融合"）的整体规划以及系统翔实的工业基础数据库与产业运行统计数据等信息共享平台。包装企业采用云计算、大数据、物联网等现代信息技术改造原有产品、转变生产方式、创建电子商务整体解决方案等方面的能力不足。包装产品信息跟踪、质量安全溯源及其流通的实时监测系统仍不健全。

（三）发展环境

"十三五"期间，我国包装工业将迎来全新的发展机遇，但也面临着更为严峻的发展挑战。

1.包装工业前景广阔，国际竞争压力巨大

至"十三五"末，全球包装市场需求规模预计突破1万亿美元，包装工业年平均增速将达到4%左右，我国作为未来最大的包装消费市场和包装产品生产国，包装工业增速将高于全球平均水平2.5%以上，发展空间广阔。但随着全球经济增长模式的深度调整和国际产业格局的重塑，发达国家正在推动"再工业化"和"制造业回归"，其他发展中国家竞相加快推进工业化进程，同时，美、欧等发达经济体力推跨太平洋战略经济伙伴关系协议（TPP）、跨大西洋贸易与投资伙伴关系协定（TTIP）等高标准自由贸易协定谈判，我国包装工业发展正面临高端回流和中低端分流的"双向挤压"，在新一轮科技革命和产业变革中，形势严峻，压力巨大。

2.政策红利不断释放，转型发展任务艰巨

党的十八大以来，我国陆续推出了"创新驱动发展战略"、"中国制造2025"、"互联网＋"行动计划等，包装工业将在两化深度融合、创新驱动发展、绿色体系构建、制造强国建设和军民融合深度发展中形成转型升级的强劲动力。国家正在实施的"西部开发、东北振兴、中部崛起和东部率先"区域发展总体战略，将为包装工业的转型发展释放更多政策红利。但与此同时，包装工业发展也面临劳动力等生产要素成本不断上升、资源和环境约束不断强化等挑战，特别是国家围绕清洁生产和绿色发展，已经出台了增加企业排污费、强制实施锅炉煤改燃、挥发性有机化合物（VOCs）排放收费、环境违法按日计罚等一系列重大的环保举措，正在实施最严格的环境保护制度和工业污染源全面达标排放计划，在这种倒逼机制下，我国包装工业将面临转型发展的重大任务。

3."一带一路"机遇凸显，战略思维亟待调整

2015 年，国家发布《推动共建丝绸之路经济带和 21 世纪海上丝绸之路的愿景与行动》。"一带一路"国内覆盖的地区除上海、福建、广东、浙江之外，其他 14 个省区均为包装产业欠发达省区，而以亚洲为核心的沿线国家多为发展中国家，包装工业发展相对滞后，"一带一路"形成的陆海内外联动、东西双向开放新格局为中国包装产业配套延伸、产能转移和市场拓展提供了重大机遇。但由于我国包装产业长期累积的各种问题较多，特别是囿于传统发展的思维惯性，行业企业在理念、战略、技术、方法等方面对把握新机遇的准备不足，在新形势下必须尽快树立发展新思维，主动适应经济新常态，从对接国内、国际两个市场的高度进行系统、全面的发展战略调整。

二、总体思路与发展目标

（四）指导思想

深入贯彻落实党的十八大和十八届三中、四中、五中、六中全会精神和习近平总书记系列重要讲话精神，按照"五位一体"总体布局和"四个全面"战略布局要求，牢固树立"创新、协调、绿色、开放、共享"的发展理念，立足服务型制造业特征，以提高发展质量和效益为中心，以转型发展为先导，以科技创新为动力，着力推进供给侧结构性改革，有效转变生产方式，

优化供给结构，化解过剩产能，培育增长动力。重点发展绿色包装、安全包装、智能包装，大力倡导适度包装，深入推进军民通用包装，全力构建资源节约、环境友好、循环利用、持续发展的新型产业格局，有效夯实产业发展基础。实施"创新驱动战略"，深度对接消费品工业"三品"专项行动，不断增强自主创新能力，显著提高两化融合水平，着力加强包装品牌培育，大力促进新型业态成长。通过转型升级和提质增效，增强全产业链在市场需求结构变化中的供给能力，提升在"中国制造"体系中的支撑力和在国民经济建设中的贡献力，促进产业保持中高速增长，迈向中高端水平，逐步实现我国由"包装大国"向"包装强国"的转变。

（五）基本原则

市场主导，政府扶持。尊重市场规律，促进供需衔接，强化企业的市场主体地位，充分发挥市场配置资源的决定性作用，优化供给侧结构性改革和企业兼并重组的市场环境，有效集合资源要素，激发市场活力和企业创造力。依托政府的制度体系和产业政策，强化行业协会在产业发展中的组织、沟通、协调、服务作用，加强产业整合，推动转型升级，促进提质增效，提升产业规模化和集群化发展水平，确保产业规模、结构、质量、效益协调发展。

统筹兼顾，突出重点。立足重大需求和民生服务，围绕绿色转型，统筹推进产业结构优化、发展方式转变、体制机制创新，整体提高包装工业的内生动力、发展水平和贡献能力。围绕发展重点，分类引导、分层推动包装工业发展基础、转型升级能力和核心竞争力建设，形成龙头企业的长效培育机制、大中小微企业协同发展机制、军民包装深度融合机制，促进包装产业与国民经济支柱产业、战略性新兴产业的无缝对接。

创新驱动，品牌引领。加快科技创新体系和服务平台建设，强化企业创新主体地位和主导作用，切实推动协同创新和关键技术创新能力提升，有效提高包装制造过程的自动化、信息化、智能化水平。围绕研发创新、生产制造、质量管理和营销服务全过程，引导企业实施品牌战略，增强技术品牌、产品品牌、企业品牌的引领能力和竞争优势，培育以技术、标准、品牌、质量、服务为核心的经济新优势。

深化改革，扶优扶强。破除一切不利于科学发展的障碍，从发展方式转变、发展动力转换、发展模式构建等方面进行大胆创新，加快形成适应经济发展新常态的体制机制，为包装工业发展提供持续动力。通过结构调整、同业联合、协同创新、项目拉动、品牌培育等手段扶优扶强，着力推动产业集群建设，重点扶持龙头、骨干、优势企业的发展以及创新型中小微企业的成长，做优做强一批"小巨人"企业和"拳头"产品，增强包装产业的整体合力与发展后劲。

(六) 发展目标

1. 总体目标

提升包装工业的创新力。围绕绿色包装、安全包装、智能包装和军民通用包装，实施一批重大工程，建设一批研发基地，突破一批关键技术。鼓励企业瞄准瓶颈问题，制定系统性技术解决方案，开展基础性前沿性创新研究，支持颠覆性技术创新。强化创新支持服务体系建设，促进重大科技成果的孵化、应用与推广，培育一批具有国际竞争力的创新型领军企业。

提升包装工业的竞争力。围绕转型发展和"三品"行动，强力推动绿色生产制造、产品升级换代、传统产业改造和产业链协同发展，提升两化深度融合、技术自主创新和军民融合包装发展水平，进一步优化供给结构，增强发展动能。开展质量品牌提升行动，支持企业瞄准国际同行业标杆推进技术改造，全面提高产品技术、工艺装备、能效环保等水平。在主要包装材料、包装装备、包装制品的制造工艺及质量标准、军民通用标准、节能减排、产出效益等方面达到或接近国际先进水平。

提升包装工业的贡献力。围绕绿色生产体系构建和产业跨界融合，进一步构建科技含量高、资源消耗低、环境污染少的产业结构，推动清洁生产、节能降耗、循环利用，加快发展绿色包装产业，提升包装工业在绿色制造体系和美丽中国建设中的贡献能力。大力拓展包装工业与国民经济各支柱产业融合发展的广度和深度，推动科技创新、模式创新、市场创新、产品创新、业态创新、管理创新，不断提升包装工业对国民经济和社会发展的支撑能力。

2. 具体目标

（1）产业规模

"十三五"期间，全国包装工业年均增速保持与国民经济增速同步，到"十三五"末，包装工业年收入达到 2.5 万亿元，包装产品贸易出口总额较"十二五"期间增长 20% 以上，全球市场占有率不低于 20%。做大做强优势企业，形成年产值超过 50 亿元的企业或集团 15 家以上，上市公司和高新技术企业实现大幅增加。在促进大中小微企业协调发展的同时，着力培育一批世界级包装企业和品牌，形成具有较强国际影响力的品牌 10 个以上，国内知名品牌或著名商标 100 个以上。

（2）自主创新

大力引进和培养创新领军人才，着力解决高端科技人才缺乏和企业技术骨干不足等突出问题，规模以上企业专业技术人才比重提高到 15% 以上。加大行业研发投入，规模以上企业科技研发经费支出占主营收入比重不低于 1.6%、全员劳动生产率年增长不低于 7.5%。在企业和高校布局一批国家或行业产业协同创新中心、重点实验室、工程技术中心、产学研合作示范基地等高端平台，建设一批包装行业的智能制造、绿色转型、军民融合等示范工程。着力推动集成创新、协同创新和创新成果产业化，新型包装材料与重要包装装备国产化率分别提高到 60%、75%，专利授权总量比"十二五"期间增长 50%，科技成果转化率达到或接近 25%。

（3）两化融合

依据《信息化和工业化深度融合专项行动计划（2013—2018 年）》确定

的两化融合发展水平指数,至"十三五"末,包装行业重点大中型企业两化融合水平逐级提升,处于集成提升阶段以上的企业超过 80%,中小企业应用信息技术开展研发、管理和生产控制的比例达到 55% 以上。应用电子商务、工业云、大数据等构建包装关键领域上下游产业链及区域包装经济产业带,企业间电子商务交易额突破 5000 亿元。数字化、网络化设计制造模式广泛推广,以数字化、柔性化及系统集成技术为核心的智能制造装备取得重大突破,规模以上企业装备数控化率不低于 70%。遴选 60 家企业作为行业两化深度融合贯标试点企业。

(4)军民融合

推进军民融合深度发展战略的实施,加强军民融合机制、体系、平台和基地建设,建立一批军民共用技术研究中心、军民科技共享资源平台、军民共用技术转换平台和军民融合包装产业基地,形成体系完善、创新引领、高端集聚、高效增长的军民融合包装产业形态。至"十三五"末,建成军民融合包装基地 60 个以上,50% 以上的包装技术实现军民通用,30% 以上具有发展前景的先进包装防护技术进入军品包装领域。军民通用包装种类数量和包装产品质量显著提升,标准达到国际先进水平。

(5)节能减排

与 2015 年相比,"十三五"末全行业单位工业增加值能源消耗降低 20%,工业二氧化碳排放强度下降 20%,单位工业增加值用水量降低 25%,主要污染物排放总量减少 10%,其中高、中、低毒害 VOCs 排放量分别控制在 5mg/m³、20mg/m³、20mg/m³ 以内。初步建立包装。

废弃物循环再利用体系,按其重量计算,废弃包装物的回收率不低于 50%,主要包装材料再循环率不低于 15%,再利用包装废弃物总量不低于 2500 万吨。

(6)标准建设

组织开展包装基础标准、包装专业标准以及产品包装标准的系统研究,修订和完善国家、行业、企业多元化包装标准,形成相关性、集合性、操作性强的标准体系。建设全国包装标准推进联盟和包装标准信息化专业网站，建成 5 个以上包装标准创新研究基地，遴选一批标准化试点示范企业。

专栏一 "十三五"包装工业发展的主要指标			
类　别	指　　标	2020 年	指标属性
产业规模	包装工业年收入（万亿元）	2.5	预期性
	出口总额增长（%）	> 20	预期性
	全球市场占有率（%）	≥ 20	预期性
	年产值 50 亿元以上企业（个）	≥ 15	约束性
	新增国际品牌（个）	> 10	预期性
创新能力	规模以上企业专业技术人才比重（%）	> 15	约束性
	规模以上企业全员劳动生产率年增长率（%）	≥ 7.5	约束性
	规模以上企业研发投入与主营收入比（%）	≥ 1.6	约束性
	国家级创新平台建设（个）	30	预期性
	重要包装装备国产化率（%）	75	预期性
	专利授权总量增长率（%）	50	约束性
	科技成果转化率（%）	25	预期性
两化融合	处于集成提升阶段以上的企业（%）	> 80	约束性
	中小企业应用信息技术比例（%）	> 55	约束性
	企业间电子商务交易额（亿元）	≥ 5000	预期性
	规模以上企业装备数控化率（%）	≥ 70	约束性
军民融合	民品包装技术用于军品包装的比例（%）	> 50	约束性
	先进包装防护技术进入军品包装领域（%）	> 30	约束性
	军民融合包装产业基地（个）	≥ 60	预期性

专栏一 "十三五"包装工业发展的主要指标			
节能减排	单位工业增加值能源消耗下降（%）	20	约束性
	工业二氧化碳排放强度下降（%）	20	约束性
	单位工业增加值用水量下降（%）	25	约束性
	主要污染物排放总量下降（%）	10	约束性
	主要包装材料再循环率（%）	≥ 15	约束性
	再利用包装废弃物总量（万吨）	≥ 2500	约束性
标准建设	全国包装标准推进联盟	建成	约束性
	包装标准信息化专业网站	建成	约束性
	包装标准创新研究基地（个）	≥ 5	约束性

注：指标属性分为预期性和约束性两类。预期性指标是指期望完成的指标，约束性指标是指必须完成的指标。

（七）主要任务

将自主创新作为行业发展的战略基点和转型升级的主要支撑，围绕自主创新能力、两化深度融合、军民融合包装、产业发展基础、新兴业态培育、包装标准建设、包装品牌塑造等主要任务，全面推动包装产业绿色转型，不断夯实"包装强国"的建设基础。

1. 增强自主创新能力

构建产业技术创新体系。实施"包装产业创新能力提升计划"，引导企业建立研发资金投入机制，加强技术中心和创新团队建设，切实提高企业的原始创新、集成创新、引进消化吸收再创新能力。激活企业创新主引擎，推动大众创业、万众创新和"众创空间"建设。积极培育包装行业的国家级技术创新中心，支持企业参与国家科技计划和重大工程项目，形成若干具有强大带动力的创新型企业和创新型产业集团。重点建设一批面向产业前沿共性技术的技术创新联盟、协同创新中心、科技成果孵化基地以及成果推广与应用、公共技术服务、技术和知识产权交易等平台。着力推进绿色包装、安全包装、智能包装和军民通用包装等前沿关键技术的研发以及创新示范，推广新型孵化模式，推动重大科技成果产业化。

建立创新团队培育机制。加快培养和吸引产业发展急需的专业技术人才、经营管理人才、技能人才，推动"人口红利"向"人才红利"转变。加大领军人才和国家级创新团队的协同培养，强化创新人才的成长扶持，通过建立产业链上下游科技协作体、产业协同创新中心、产学研合作示范基地，形成创新人才共育、共享机制。完善包装人才培养体系和校企合作人才培养机制，加强包装相关专业博士点、博士后科研流动站（工作站）建设，为高层次创新型人才培养与成长提供重要平台和有力支撑。拓展国际合作领域，搭建科技协作的国际桥梁，立足科技前沿培育国际化创新团队。

2. 提高两化融合水平

推进信息化建设进程。加强"包装企业两化融合管理体系"系列标准建设和推广，促进信息技术向设计、生产、流通、回收、循环利用等环节渗透，促进包装企业形成新的生产方式、制造方式、服务模式、商业模式。实施智能制造工程，构建新型制造体系，引导包装制造业朝着分工细化、协作紧密方向发展，推动生产方式向柔性、智能、精细转变，引导并推广集协同制造、虚拟制造、网络化制造等为一体的先进制造模式。推广商品包装的箱码，推动全球统一编码标识（GS1）作为商品生产和流通的"身份证"与"通行证"，实现与国际信息数据的接轨。

打造"互联网+"包装产业链。促进互联网、物联网技术在包装产业发展中的推广与应用，发展基于互联网的数据驱动、众包设计、云制造等包装生产服务模式，推动形成基于消费需求动态感知的产业经营方式，建立优势互补、合作共赢的开放型包装生产体系。实现包装设计、材料供应、生产制造与客户订单的最优匹配，提供快速便捷、低价优质的一体化服务，助力包装企业向综合服务商转变。以食品、药品以及重要商品为重点，利用物联网等信息技术，建设以包装为载体的产品可追溯系统，推进追溯体系对接和信息互通共享，提升包装在追溯体系中的综合服务功能。

3. 强化军民融合包装

构建军民融合深度发展体系。按照国家军民融合发展战略要求，聚焦军民融合包装建设重点，加快军地协调、需求对接、信息互通、资源共享、技术共用等体系建设，实现军民融合包装发展在体制机制上的横向衔接和纵向贯通。统筹考虑产业发展需要和国防建设需求，从顶层设计、力量布局、技术创新、标准体系、监督评估等方面构建军地一体、需求对接、资源共享、技术互通的军民融合包装产业发展格局。切实提高包装领域军民融合通用技术的军事、社会、经济和环境效益，显著增强包装行业对现代国防和军队建设的支撑与服务能力。

创新军民融合深度发展模式。加强军民融合、平战结合的军品包装服务保障系统和军队建设与包装产业的供需预警系统建设，有效构建军民通用包装的管理运营、技术服务、生产供应、技术标准、质量监督等深度融合模式，形成衔接配套、创新引领、高端集聚、高效增长的军民融合包装产业形态。促进军民融合的科研、生产与服务保障体系建设，重点推进包装产业军民信息与资源共享、技术开发与成果转化、知识产权保护与技术交易等工作。建立军民通用技术研究中心，加强军地协同创新，重点开展军民通用包装技术、包装装备及其运输网络工程的创新研究和技术推广，增强军民通用技术转换能力，显著提升军地遂行多样化应急任务的防护包装保障能力。建立军民融合包装产业基地，开展军民融合包装示范工程建设，引领军民融合包装技术核心能力聚集与军民包装产业化进程。

4. 夯实产业发展基础

巩固包装工业的技术基础。围绕《中国制造2025》的"四基工程"，组织龙头企业、高校和科研院所编制包装工业基础能力发展推进计划，突破包装工业技术基础中的瓶颈。组织实施一批工业强基示范工程，建设一批产业技术基础示范服务平台，研发一批关键共性技术和包装信息化应用软件，建设包装行业数据库和信息共享平台。至"十三五"末，使我国包装工业基础数据建设与应用能力、关键基础材料保障能力大幅提升，产业技术基础支撑服务体系较为完善。

强化包装工业的发展基础。树立"创新、协调、绿色、开放、共享"的发展理念，引领企业主动融入"一带一路"等国家战略，转变生产方式和发展模式，实现从被动适应向主动服务、传统生产向绿色生产、要素驱动向创新驱动的转型发展。加强现代企业制度建设，促进企业建立适应于产业价值链的精益管理模式。支持混合所有制经济发展，推动大中型企业的股权分置改革和细分市场的产业链整合，构建以大型企业为龙头、中型企业为骨干、小微企业为重要补充的产业发展联盟。支持具有自主创新能力的科技型中小型企业建立主导产品突出、专项服务卓越的发展体系，培育一批主营业务突出、竞争力强、成长性好、专注于细分市场的专业化"小巨人"企业。

5. 推动绿色转型进程

全面落实绿色发展理念。充分发挥包装企业在推广适度包装、倡行理性消费中的桥梁、纽带和引导作用，促进设计、生产及使用者在包装生命全周期主动落实绿色发展理念。深入实施反过度包装行动，引导包装用户和包装企业围绕减量、回收、循环等绿色包装的核心要素，积极采用用材节约、易于回收、科学合理的适度包装解决方案。落实国家循环发展引领计划和能源、资源消耗等总量与强度双控行动，完善计量、监测、统计等节能减排的基本手段，从原材料来源、生产、废弃物回收处理等全生命周期的资源消耗、能耗、排放等方面开展对包装品的环保综合评估，选择合适品种率先落实生产者责任延伸制度。

有效构建循环利用体系。研究制定包装废弃物回收利用促进政策，依托再生资源回收体系，利用互联网、大数据和云计算等现代信息技术和手段，优化包装废弃物回收利用产业链。鼓励有条件的企业与上游生产商、销售商合作，利用现有物流体系，尝试构建包装废弃物逆向物流体系。推进以"节能减排，环境友好"为核心的绿色包装制度与法规建设，制定《包装行业清洁生产评价指标体系》，开展包装企业清洁生产水平的系统评价，推行包装绿色评估制度和绿色认证制度。利用绿色发展倒逼机制，构建包装绿色化生产、流通、消费、回收与资源循环利用网络体系，明确包装产业上下游企业及包装使用者在生产、流通、消费等环节中对包装废弃物强制回收的相应责任。

大力推广绿色包装技术。大力推行简约化、减量化、复用化、精细化包装设计技术，提升覆盖包装全生命周期的科学设计能力，坚决抵制过度包装。加大绿色包装关键材料、技术、装备、工艺、产品的研发力度，采用先进节能和低碳环保技术改造传统产业，推动企业生产方式绿色化，加速落后产能淘汰，从根本上摆脱高投入、高消耗、高排放的粗放模式，形成科技含量高、资源消耗低、环境污染少的产业结构。组织实施绿色材料、清洁生产、循环利用等技术改造项目，加强节能环保技术、工艺、装备的推广应用，推行企业循环式生产、产业循环式组合、园区循环式改造。推动包装绿色制造企业与园区示范工程建设，建设一批绿色转型示范基地，形成一批引领性强、辐射作用大、竞争优势明显的重点企业、大型企业集团和产业集群。

6. 支持新型业态成长

延伸传统包装产业服务链。落实"互联网+"行动，对接上下游产业与终端需求，引导企业围绕包装全生命周期提供一体化制造、一站式服务包装解决方案。依托国家包装废弃物回收体系，促进企业实现包装废弃物资源化与综合利用，大力发展资源循环产业。加快推动包装产业与生态农业、快速消费品业、远程物流配送业等领域实现跨界融合，形成全方位共享机制，发展现代物流包装产业。创新企业经营模式，构建网络营销平台和系统解决方案，积极发展包装电子商务产业。以健康食品、安全药品为切入口，培育智能包装健康产业。

打造包装文化创意产业圈。利用现代信息网络技术，引导企业重塑生产方式，重构用户关系，拓展产业领域，延伸服务链条，以增强产业创造力为核心，以提升产业附加值为导向，促进包装产业与主体文化、传统艺术、现代传媒等多向交互融合发展。加强包装传统文化传承，推动非物质文化遗产、中华老字号、百年老店等产品的包装创新。加大资本、技术、人才投入，创新金融模式，运用互联网金融等手段支持包装文化创意产业的发展。建设一批包装文化创意、创新、创业产业集聚区，形成包装创新设计、技术研发、高附加值产品生产制造的集群基地，着力打造包装创意文化产业圈，增强集群的资源集约效应、产业品牌效应、资本溢出效应以及技术共享效应。

7.加强包装标准建设

深入研究标准体系。落实反过度包装行动，推广包装基础模数（600×400mm）系列，以包装标准化推动包装的减量化和循环利用。组织对现已制定的建材、机械、电工、轻工、医疗机械、仪器仪表、中西药、食品、农畜水产、邮电、军工等 14 大类包装标准进行系统优化和水平提升，解决标准体系不完整、标准互相矛盾、标准水平滞后、可操作性不强等突出问题。支持建设重点领域标准推进联盟和标准创新研究基地，利用行业组织网络平台和公共管理服务平台，建设统一规范的标准信息化专业网站。

着力推动对标管理。加强标准化重大政策和重点工作的普及性宣传，组织行业、企业开展大型宣讲、系统培训、技术讲座等，全面推动包装标准的宣传贯彻。完善包装标准推广应用机制，推进包装基础、方法、安全、卫生、管理、产品、检测、成套装备技术、资源综合利用等强制性标准实施，有效强化包装企业的标准管理意识以及通过标准化建设实现降本增效的能力。支持企业、高校和科研院所参与国际标准的制定，提高我国在国际包装界的话语权和在规则制定中的参与权，着力提高国际标准的采标率和转化率。

8.重视包装品牌培育

培育包装技术品牌。立足包装产业科技前沿，制定重点领域技术创新路线图，通过自主创新、协同创新，重点发展绿色包装设计、包装装备集成、安全包装防护、包装循环利用、军民通用包装等技术，形成一批拥有自主知识产权的关键核心技术品牌，营造技术密集型产业新优势，提高我国包装产业在全球产业链、价值链中的地位，增强包装工业整体发展水平和国际化能力。

塑造包装产品品牌。通过创新设计方式、结构形式、生产工艺以及技术手段等途径，大力研发包装新产品、新材料、新装备，丰富包装产品品种，优化产品供给结构。以绿色包装材料、智能包装装备、高端包装制品的研发为重点，实施包装产品品牌培育计划，引导企业围绕主导产品，构建"定位、设计、生产、营销、传播、保护"一体化的品牌发展格局，打造一批具有较高国内市场占有率和较强国际市场竞争力的包装材料、包装装备、包装制品品牌。大力推动包装计量、检验与检测技术的创新，加快发展各类先进检测设备，通过不断完善质量检测体系与手段，强化包装产品的品质保障。

树立包装企业品牌。支持大企业大集团采取联合、并购、控股等方式实施企业间、企业与科研院所间的资产重组，推动产业联盟建设，提升高端国际市场的拓展能力。鼓励有条件的骨干企业推动装备、技术、标准、服务走出国门，深度融入"一带一路"战略和国家开放发展格局，通过直接投资、参股并购等方式在境外设立研发、制造、生产基地和营销网络，加快向跨国公司发展。搭建国际产能和装备制造合作服务平台，重点培植一批具有较强创新能力和国际竞争力的跨国领军企业，使其在产品开发、技术创新、市场开拓和经营管理上逐步达到国际先进水平。鼓励包装工业单项冠军企业树立"十年磨一剑"精神，长期专注于企业擅长领域，走"专特优精"发展道路。

（八）发展重点

面向建设包装强国的战略任务，坚持自主创新，突破关键技术，全面推进绿色包装、安全包装、智能包装一体化发展，有效提升包装制品、包装装备、包装印刷等关键领域的综合竞争力。

1.推动绿色包装持续发展

围绕减量、回收、循环等绿色包装的核心要素，加速发展生态包装设计、绿色包装材料和循环利用技术。

切实推进绿色包装设计。主动适应互联网思维下的新消费理念和适度包装要求，加快发展简约化、减量化、复用化及精细化包装设计技术，扶持企业积极应用生产质量品质高、资源能源消耗低、对人体健康和环境影响小、便于回收利用的绿色包装材料，开展生态（绿色）设计，增强覆盖包装全生命周期的科学设计能力，提升包装产品附加值。支持建立包装云设计数据库，深化互联网和先进设计技术在包装设计中的应用，促进发展快速消费品绿色包装技术。

大力发展绿色包装材料。建立包装材料选用的环保评价体系，重视包装材料研发、制备和使役全过程的环境友好性，推行使用低（无）VOCs 含量的包装原辅材料，逐步推进包装全生命周期无毒无害。倡导包装品采用相同材质的材料，减少使用难以分类回收的复合材料。支持以可降解、可循环等材料为基材，发展系列与内装物相容性好的食品药品环保包装材料，增强食品药品包装材料智能属性，提高食品药品包装安全性。突破工业品包装材料低碳制备技术，推广综合防护性能优异、可再生复用的包装新材料，增强工业品包装可靠性。促进包装材料产业军民深度融合，推动特殊领域包装材料绿色化提升。

着力开发循环利用技术。牢固树立循环发展理念，大力促进包装废弃物循环利用。加强包装废弃物分类管理，健全包装废弃物回收网络，提高包装制品重复使用率。发展包装废弃物循环利用技术，支持企业围绕包装废弃物的再次高效利用开展技术攻关。重点开发、推广废塑料改性再造、废（碎）玻璃回收再利用、纸铝塑等复合材料分离，以及废纸（金属、塑料等）自动识别、分拣、脱墨等包装废弃物循环利用技术，采用先进节能和低碳环保技术改造传统产业。

> **专栏二　包装材料绿色化工程**
>
> 　　以减少环境污染、提高资源利用为目标，组织实施绿色材料、清洁生产、循环利用等专项技术改造，开展环保材料开发、资源综合利用、节能低碳技术等产业化示范。加速推进绿色化、高性能包装材料的自主研发和国产化进程，研发一批社会发展急需、替代进口的关键材料与技术，突破绿色包装材料的应用及产业化瓶颈，提升资源节约、环境友好包装的自主研发与生产水平。
>
> 　　到 2020 年，绿色化、高性能包装材料国产化率达到 35% 以上，部分包装材料达到国际先进水平，示范工程参与企业对绿色包装材料的生产和使用占到所使用包装材料总量的 50% 以上。

2. 推动安全包装深入发展

加大包装防伪、保质和防护技术的研发力度，强化食品药品包装安全检测和监管。

发展包装防伪技术。重点发展易识别、难仿制、低成本的生物型、电子信息型等综合防伪技术，有效遏制商品假冒伪劣串货等违法行为。鼓励并支持应用人工智能、生物工程、纳米材料、信息技术等领域最新研究成果，开发具有自主知识产权的先进包装防伪材料、工艺和方法，维护公平竞争的市场秩序。

发展包装保质技术。支持开发食品、药品、果蔬保鲜保质新技术。重点研发安全活性包装技术尤其是活性剂可控释放技术，有效延长产品货架寿命。将材料、设计与制造技术相结合，大力研究和开发高阻隔等功能性材料与技术，重点提升包装产品的防潮、防霉、抗菌、抗氧化、阻光等性能，保障食品药品安全和质量。

发展工业品包装防护技术。鼓励创新防护结构与工艺，优化包装防护方案。大力发展跟踪和预警商品储运环境变化的包装技术，构建重要工业品包装储运安全实时监控网络平台。优先发展战备物资、易燃易爆及有毒产品包装安全防护技术，提高军品、危险品和有毒产品的包装安全防护性能。重点发展防震缓冲、表面处理、气相防锈等技术，减少包装件在流通过程中的破损、泄漏、腐蚀等现象的发生，增强包装防护可靠性，实现工业品保值增效。

专栏三　食品药品包装安全化工程

　　围绕新修订的《中华人民共和国食品安全法》，组织实施食品药品包装的清洁安全生产、质量检测监管等重大专项。推动先进防护和分析技术在食品药品及军品包装中的广泛应用，积极发展新型食品药品保质保鲜、包装防伪、生产过程在线检测与监控等技术，重点突破食品药品包装中有害物质识别和迁移检测、包装破损与内装物变质预警等技术，全面提升食品药品包装安全设计与防护水平。强化平台支撑，创建一批企业食品药品包装质量检测中心，重点建设食品药品质量包装安全追溯管理网络信息平台。

　　到 2020 年，实现 60% 以上的食品药品包装生产信息可查询、流向可追踪、责任可追溯、过期可召回。

---

3. 推动智能包装快速发展

　　以智能包装为两化深度融合的主攻方向，推进生产过程智能化，着力发展智能包装产品及其军用化，大力提升包装产业信息化水平。

　　推动包装行业智能工程建设。以互联网和物联网技术为核心，构造智能包装生态链，并以此整合包装行业数据和信息资源，构建一批高质量的包装电子商务、工业云、大数据和军民资源共享等平台。引导各类包装工业云及工业大数据创新应用，通过大数据的分析，为客户提供更为个性化、精细化的服务，建立设计、制造、技术与标准的开放共享机制。

　　促进智能化包装产品发展。将包装设计与信息技术相结合，大力推广具有传感、判断与执行动作的智能终端。积极应用环境感应新材料，实现包装微环境的智能调控，推进生产过程智能化，重点开展前瞻性的计量测试技术研究，满足包装产业全产业链、全寿命周期、全溯源链的计量测试需求。重点开发具有商品真伪鉴别、食品变质预警、居家用药提醒、儿童安全保障等功能的智慧型包装制品。推动智能终端技术与物联网、军民资源共享平台等系统的集成，实现产品溯源、防伪与防盗、军民通用等功能。

专栏四　包装产业信息化工程

　　提升包装产业信息化水平，促进包装系统智能化。推动企业内部信息化建设，加强企业资源计划、订单协同化管理等软件开发和应用。组织实施包装大数据、工业云等重大专项。开展新一代包装信息化与工业化深度融合的集成创新和工程应用示范。加大智慧型包装制品研发力度，积极推广智能标签、智能终端等包装信息化关键技术，支持建设一批包装电子商务平台、公共服务平台和军民资源共享平台，完善包装产业信息化技术基础体系。

　　到 2020 年，形成 48 个以上企业与行业级包装工业数据库或工业云服务平台，试点运行 10 个以上大型包装电子商务交易、公共服务、军民资源共享等平台。

---

4. 推动关键领域突破发展

　　围绕包装产业转型升级，对接《中国制造 2025》，调整产品结构，培育自主品牌，重点发展高端包装制品、智能包装装备、先进包装印刷，着力推进民转军、军转民包装技术的应用。

　　(1) 包装制品

　　发展高端纸包装制品。支持以再生纸为原料，发展低克重、高强度、功能化、个性化、定制化、精细化包装制品，提升纸包装品质。注重利用低成本技术增强纸包装制品性能，为实现包装减量化提供保障。突破纸包装制品防水、防潮、抗菌、阻燃等关键技术，拓展纸制品的应用范围。重视发展纸制展示包装，重点发展高端纸浆模塑、微型瓦楞、可折叠纸蜂窝等包装制品，提升纸包装的应用性能。

　　发展环保塑料包装制品。鼓励以天然材料、生物基材料、可降解材料和环保型助剂等为原料，发展可定制的环境友好型塑料包装制品。加强生物塑料降解时间和周期的调控，降低塑料包装制品对环境的影响。掌握单一品种高阻隔、选择透过、环境感知、宽幅制备等关键技术，增强塑料包装制品防护、保质和智能属性。推广 PETG、PLA 等环保塑料制品及相关绿色生产技术。重点实现购物袋、饮料瓶、快餐盒、泡沫塑料等无公害化。

　　发展轻量金属包装制品。倡导以薄壁金属制造包装制品，有效提高资源利用率。推动节能技术在金属制品生产和加工中的应用，充分降低生产能耗。鼓励采取有力措施，有效减少金属包装产品生产过程中污染物的排放。

加强微型卷边技术的应用，提高制造工艺水平。推动高性能复合材料在金属包装容器中的应用，支持大规模应用覆膜铁、覆膜铝等新型材料生产包装容器，提升金属包装容器的抗腐蚀和环保性能。

兼顾发展其他包装制品。发展轻量化、功能化和智能化玻璃包装制品，推广节能环保型窑炉和配方设计技术，提高熔化质量和产品品质。发展高韧性、个性化、定制化陶瓷包装制品，有效降低铅、镉、铬、砷等有害物质溶出量。发展节材代木新制品，推广竹木加工剩余物等生物质材料综合利用技术，促进生态包装剩余物的再生制造。

专栏五　包装制品高端化工程

推动包装制品向绿色、安全、智能方向发展，大力提升包装制品的防护可靠性、环境友好性、便利易用性、时尚美观性。组织实施一批包装制品设计创新、工艺优化和产业化重大（专项）工程和示范。突破一批包装制品轻量化、高强化、功能化关键技术，积极发展轻质高强纸、生物基高阻隔塑料、抗腐蚀超薄金属、轻量节能玻璃等制品，重点开发个性化、定制化、精细化、智能化的高端包装制品，提升包装制品的价值功能、赢利能力和军民共用水平，增强包装制品的国际竞争力。

到 2020 年，60% 以上的高端包装制品实现自主保障，部分高端包装制品及相关技术达到国际领先水平。

（2）包装装备

推进传统装备改造升级。将绿色制造技术融入包装装备改造的各个环节。以小投入、低成本方式促进传统装备技术改造，提高装备生产效率，匹配小批量、多品种的包装生产模式。大力推广应用新型防腐防锈技术，提高国产包装装备防护水平。以数字信息和自动控制技术提升传统装备性能，降低能耗，延伸产品价值链。

促进关键装备国产化。加快推广应用以绿色、智能、协同为特征的先进设计技术，自主攻克优化设计、智能检测、在线计量和协同控制等包装成套装备共性技术。积极应用具有传感、判断与执行动作的智能端，研发包装专业软件和嵌入式系统，着力提高主要包装工序自动化程度和高速包装生产线及各类先进检测设备的制造水平。

加强智能化装备研发。加强供送、计量、清洗、裹包、灌装、封合、堆码等主要包装工序自动化关键技术创新和集成，重点开发网络化、智能化、柔性化成套装备，加快高性能包装机械手、包装机器人等智能装备及生产线技术标准研制，提升装备整体技术水平、战备响应能力与国际市场竞争力。

专栏六　包装装备智能化工程

组织实施高端包装装备关键技术及集成技术攻关等重大专项，大力推动包装装备智能化。推动包装智能工厂/数字化车间应用示范，突破共性关键技术与工程化、产业化瓶颈，开发一批标志性、带动性强的重点产品和关键装备。重点实施食品药品自动包装生产线、包装印刷集成制造装备、现代物流全自动包装系统等重大智能制造成套装备工程。着力推进蜂窝纸板及纸浆模塑制品、注拉吹印塑料制瓶、印铁制罐等高速包装生产线及各类先进检测设备的国产化攻关工程，提升自主设计水平、系统集成和军民共用能力。

到 2020 年，自主知识产权高端智能包装装备市场占有率大幅提升，核心技术对外依存度明显下降，基础配套能力显著增强，部分装备达到国际先进水平。

（3）包装印刷

发展环保包装印刷。推广使用现代化和数字化的印刷生产设备和数字化印刷工艺流程，提倡使用清洁生产环保原料，鼓励使用通过中国环境标志产品认证的环保型油墨、胶粘剂、清洗剂。加大无溶剂复合、无胶复合、冷UV 固化、UVLED 固化、冷烫印等节能与环保技术应用推广力度。构建基于绿色理念的版基、制版、油墨、工艺、检测等环保印刷产业链，实现包装印刷领域绿色生产全覆盖。

发展功能印刷。支持包装印刷企业依托功能印刷需求形成新的技术工艺体系，鼓励研发及应用印刷电子、3D 印刷、气味印刷、生物印刷、纳米印刷等前沿技术，大力推广无溶剂印刷、高清柔印、高速喷印等先进技术，倡导使用柔板印刷等低（无）VOCs 排放的先进印刷工艺，提升包装印刷品质。

专栏七 包装印刷数字化工程

围绕包装产品印前设计、印刷过程及印后加工等关键工序，开展传统印刷与数字化印刷集成的技术创新重大专项和工程示范。突破高速喷码、数字化工作流程、云端色彩管理及印刷品质量数字化测控、数字印后等关键技术，构建先进包装印刷数字化体系。利用互联网、大数据、人工智能等技术，发展云印刷、合版印刷、网络印刷及个性化包装印刷等新型印刷方式。

到 2020 年，包装印刷数字化关键技术自主研发水平显著提升，市场占有率大幅增加。

（4）军民通用包装

开展军民通用包装技术研究。瞄准军地物流包装建设一体化关键技术，引领包装材料、装备、制品、印刷等领域的技术创新从起点上适应和支撑军民融合深度发展。重点解决环保、低碳、节能、循环利用等包装新技术、新材料、新工艺、新产品的军民共用需求瓶颈，快速提升绿色通用化水平。

推动军品包装特种技术创新。立足建制部队各类装备物资的特殊包装需求，全力解决联合投送、多式联运等大型装备防护包装、应急物资软包装和特殊功能性包装的关键技术问题，显著提升军地遂行多样化应急任务的防护包装保障能力。

专栏八 军民融合包装一体化工程

以满足国家经济建设和国防建设协调发展为目标，建立军民通用技术研究中心和军民共用技术转换平台，重点开展建制部队装备物资联合投送、多式联运所需要的通用包装手段、包装装备设施及其运输网络工程的创新研究和技术推广。建立军民融合包装产业基地，推广军民融合包装示范项目，引导解决军品包装快速实现绿色化和智能化的技术瓶颈问题，显著提升大型武器装备防护包装、军用物资软包装、战时联合投送防护包装、军民通用特种功能包装的技术水平。

到 2020 年，基本形成军民深度融合产业发展格局，建立完善的军民通用技术标准体系，形成军民科技创新互通互补、军地资源优化配置的产业网络。

三、主要政策与保障措施

（九）政策手段

1. 用好用活扶持政策

利用《关于加快我国包装产业转型发展的指导意见》中确定的扶持政策、配套项目和示范工程，加大对取得绿色包装认证的企业、创新型企业以及低成本、低能耗、近零排污包装工艺与设备研发的政策扶持力度，强化对核心技术的支持和品牌产品的推广。用好国家奖补资金，加快公共服务平台和应用示范项目建设。对接"中国制造2025"，加强发改委、财政部、商务部、国资委、科技部、教育部等国家部委对包装工业发展的战略指导，并从政策、资金、项目、平台等方面争取更大支持，强化产业转型发展支撑。

2. 加强法律规范建设

将构建绿色包装、安全包装体系纳入国家和区域性包装法规与管理条例，加强包装产业发展的制度建设，强化转型发展的法治支持。完善国家包装法律法规，从市场秩序、技术标准、准入条件、信用体系等方面规范包装企业的生产经营行为，健全商品包装的生产、流通、销售、回收、利用等规制体系，优化产业发展环境，完善市场治理体系，确保包装产业稳定、健康、可持续发展。加强行业信用体系建设，建立包装企业诚信档案、行业信用数据库和企业信用等级评价制度。全面实施负面清单管理制度，强力推进绿色包装认证工作，创新包装企业与包装产品准入机制。加大包装知识产权的保护力度，加强对假冒伪劣产品、侵权行为的打击力度，协同上下游产业营造公平竞争的市场环境。

3. 完善产业发展政策

全面实施负面清单管理制度，强力推进绿色包装认证工作，创新包装企业与包装产品准入机制，强化资质认证管理工作，积极寻求政府对取得绿色包装认证企业和军民通用技术与产品的各类扶持和优惠政策。制定《包装产业区域转移承接制度规范》，规范企业的生产与市场行为。鼓励龙头企业建立基于产业价值链的全产业链结构，采用合伙、协作、品牌收购等方式进军国际市场，通过自主创新增强核心竞争力，实现国际品牌本土化与国产品牌国际化。坚持帮强、扶优、劣汰原则，鼓励包装企业重组、兼并、扩张和产能合理转移，提高产业集中度。引领军民共用技术发展与创新，形成平战结合的一体化供应保障体系。

4. 构建行业服务平台

夯实行业组织服务基础，着力建设服务企业发展和促进行业进步的五大平台。即推进包装产品研发、设计、生产、流通两化融合与军民共享的"网络信息服务平台"，推进科技成果孵化、鉴定、推广、应用、奖励紧密衔接的"科技创新服务平台"和军民通用转化交易平台，推进包装学科建设与发展、包装人才培养与使用需求配套的"人才培养综合服务平台"，推进政策对接、委托管理、服务购买等职能一体融通的"面向政府的服务平台"，推进服务于企业项目衔接、投资洽谈、技术引进、产品展销、资源共享的"国际交流合作平台"。

（十）保障措施

1. 人才保障

促进包装教育发展。开展包装教育发展战略研究，加强包装基础理论研究，推动包装学科独立设置。加强行业协会与教育主管部门、地方政府、企业之间的沟通协调，从政策支持、条件改善、基地建设、团队培养、经费筹措等各方面构建包装教育发展的系统支持体系，为包装工业发展凝聚合力、增强动力。

加快包装人才培养。分类引导包装高等教育、职业教育、终身教育的有序发展，不断创新校企合作人才培养模式，扩大具有国际视野的高层次、复合型创新人才培养规模，加大应用型、军地两用型人才培养力度，加快技能型人才培养步伐，推动高校与企业建立产学研合作战略联盟，实现人才培养与行业发展的对接与匹配。

2. 制度保障

加强产业发展制度与机制建设。建立涵盖包装产业转型升级、军民融合、创新驱动、跨界融合、产品认证、资源循环利用、现代企业制度建设、大众创业和万众创新等方面的完备制度体系，引导企业科学化、制度化、规范化发展。建立涵盖企业优化生产环境、执行产业标准、减少资源消耗、实行清洁生产等方面的监管机制，推行企业社会责任报告制度，提高企业的社会贡献度和诚信度。

强化行业科技与信息服务支持。委托高校、专业委员会和咨询机构加强产业发展研究，发布产业年度发展报告和阶段性咨询报告，为企业提供战略决策支持。加强军民通用发展研究，为预警机制的建立和实施，提供高效率、高效益的服务和支撑。推动高等院校、科研机构向包装企业派驻科技特派员制度的有效实施，逐步实现行业科技服务全覆盖。依托国家统计局，建立包装行业基本数据统计体系，加强行业数据统计分析，为行业和企业的投资、生产、经营等提供可靠依据。

3. 金融保障

建立产业投融资保障机制。由行业协会牵头，搭建包装企业信用平台和金融服务平台。深化银企合作，协调金融机构加大对企业的支持力度，设立包装企业转型升级、绿色项目和军民融合专项扶持基金与专项贷款，开展多种类、多形式的融资活动。鼓励多渠道建立包装产业转型发展引导基金，加大转型发展的引导与支持。

完善产业金融服务体系。鼓励科技型中小型包装企业积极利用国家科技成果转化引导基金贷款，促进技术研发和成果孵化。构建中小微包装企业项目评估与信用评级机制，解决中小微企业融资难问题。支持和鼓励优势企业、成长性良好的科技型中小企业上市融资，或以优质资产证券化创新融资渠道。发挥包装产业基地、包装园区平台集合效应，开展包装企业保险、租赁业务，构建风险可控的资金供应链融资服务体系。

4. 管理保障

强化行业组织管理功能。健全行业协会建制，理顺行业组织与政府、企业的关系，行业组织从纵向上按照政府授权加强对包装产业发展的规划、监管与指导，从横向上按照产业的内外关系强化统筹、协调与服务职能，全面增强其对包装产业转型发展和推进军民融合深度发展的实际影响。

提升行业组织服务效能。按照"服务政府、服务行业、服务企业"的功能定位，加大行业组织为企业与高校、科研院所牵线搭桥力度，为企业发展提供顶层设计、市场开拓、品牌培育、文化建设和可持续发展的智力支持。立足提升包装国际化水平，拓展包装企业信息收集、项目对接、技术引进、业务采购以及成果展示、交流、共享等渠道，为包装企业提供有效服务。

5. 组织保障

成立"中国包装工业发展规划"实施领导小组，负责研究解决规划实施中的重大问题，统筹、协调、监督规划实施中的具体工作，并指导各地方协会、行业、企业结合自身实际和发展需要，制定发展规划和实施方案。

建立"中国包装工业发展规划"实施评估监督专家委员会，负责对行业企业落实发展规划情况进行评估和监督，并将情况向国家部委反馈，评估情况作为调整负面清单管理目录的重要依据。

立足战略高位　力推转型发展

——解读《关于加快我国包装产业转型发展的指导意见》

★《指导意见》编写组

一、《指导意见》出台的现实背景

众所周知，包装产业是我国国民经济十分重要的组成部分，也是国民经济发展状态的"晴雨表"。经过三十多年的励精图治和创新探索，我国包装产业取得了令人瞩目的发展成就，连续多年稳居世界第二包装大国地位。但是，包装产业在发展过程中，也累积了很多显性问题，有些已经成为发展的瓶颈性障碍，比如产能严重过剩问题、高消耗与高能耗问题、区域发展失衡问题、自主创新能力较弱问题、核心竞争力不强问题，等等。有效解决这些突出问题，必须依靠转型升级，促进提质增效。《指导意见》实际上就是对包装产业发展问题实施"标本兼治"的一个系统性解决方案。领会《指导意见》，我们必须分析其出台的现实背景：

一是《指导意见》全面贯彻了中央全面深化改革的精神，是重大改革举措在包装产业领域的具体落实。中央正在全面深化我国的各项改革，其中，供给侧结构性改革是当前我国经济改革的主线，其目的就是要通过"去产能、去库存、去杠杆、降成本、补短板"，有效化解投资旺盛、供给过剩、需求不足等产业发展的共性问题。《指导意见》坚持"问题导向",在深入分析我国包装产业的发展现状和主要问题的基础上,提出了系统的发展战略和目标任务,其中,"转变生产方式,创新发展模式,优化供给结构,提升发展品质"是引领包装产业转型升级的主线,这条主线,实际上就是包装产业呼应供给侧结构性改革的方向和目标。

二是《指导意见》全面体现了经济新常态下的"五大"发展理念,是包装产业与国家重大战略的有机融合。为适应经济新常态,党中央提出了"创新、协调、绿色、开放、共享"的发展理念,近年来大力实施了"东部率先、中部崛起、西部开发、东北振兴"区域发展总体战略、"一带一路"建设战略、"创新驱动"发展战略、"中国制造2025"行动纲领、"互联网+"行动计划等。五大发展理念以及国家区域发展和产业发展的重大战略,为包装产业的转型升级带来了巨大机遇,也形成了严峻挑战。《指导意见》在指导思想、基本原则、发展目标和主要任务中,始终突出"五大"发展理念的基本要求,紧密围绕国家重大战略的总体走向,科学设计了产业转型发展的目标与路径,可以说,这既是"五大"发展理念在包装产业的具体实践,也是国家重大战略与包装产业的有机对接。

三是《指导意见》全面明确了"包装强国"的建设要求,是"包装大国"走向"包装强国"的行动纲领。我国2005年提出建设"包装强国"的构想,但是十余年来,国家并未出台过相关的建设体系和实施方案,包装行业和产业始终处于自我调节、自我约束、自我发展状态。由于缺乏国家层面的顶层设计和系统引导,包装产业始终大而不强,一些瓶颈性问题很难实现自我消化和有效突破,依靠政府之手扭转产业之短已经成为包装产业发展的当务之急。《指导意见》将建设"包装强国"作为产业转型发展的终极目标,通过转型升级促进包装产业"保持中高速增长,迈入中高端水平",深度融入全球高端产品链、价值链和物流链,最终实现从跟跑、并跑到领跑的重大跨越。因此,我们可以说,《指导意见》不仅是包装产业可持续发展的顶层设计,更是具有长远战略意义的"包装强国"建设的行动纲领。

二、《指导意见》发布的重大意义

《指导意见》的发布，对包装产业来说，可谓是适逢其时、意义重大，用一句话来概括，就是"对包装产业实现更高质量、更有效率、更可持续发展具有十分重大的指导作用和深远的历史影响"。具体来说，主要体现在四个方面：

一是提升了包装产业在国民经济中的地位。我国包装产业从无到有、从小到大，"十二五"期间，在我国38个主要工业门类中已跃居第14位，目前正处于从包装大国向包装强国发展的关键时期，特别需要政府统筹进行总体思路设计，提供系统政策支持和全面发展引导，《指导意见》全面阐明了支持包装产业转型发展的重要意义，从总体要求、主要任务、保障措施等方面明确了转型发展的指导思想、基本原则和技术路径，从而奠定和提升了包装产业在国民经济和社会发展中的地位。

二是明确了包装产业在中国制造体系中的定位。过去，对包装在产业体系中的类属界定模糊，对其制造业属性也没有明确的官方认可。事实上，包装产业包括包装材料、包装装备、包装制品三个大类，无论哪个大类，均以制造为基本特征。《指导意见》首次明确将包装产业定位为"服务型制造业"，并结合《中国制造2025》、智能制造行动计划和工业强基工程，从宏观层面上确定了包装产业转型发展的总体思路和战略布局，解决了长期以来产业属性模糊以及因定位不准导致的发展方向不明等问题，从而更有利于引导包装产业按照制造业的发展方向完善体系、优化布局、提升品质。

三是解决了包装产业在核心竞争力建设上的瓶颈。《指导意见》客观分析了我国包装产业的基本现状，深刻阐述了加快包装产业转型发展的必要性和迫切性，特别是结合《国民经济和社会发展第十三个五年规划纲要》中关于现代制造业的目标任务和"坚决反对过度包装"的具体要求，将"推动生产方式转变、供给结构优化、过剩产能化解和增长动力培育"作为包装产业转型升级的重点，形成了核心竞争力建设的顶层系统设计，从而为突破包装产业长期以来形成的制约性瓶颈指明了方向。

四是构建了包装产业在转型发展上的路径。转型升级，是爬坡过坎关键时期包装产业发展的迫切需求和必然选择。《指导意见》从对接消费品工业"三品"专项行动、落实国家循环发展引领计划、推动创新驱动发展战略实施等方面，提出将树立适度包装理念、构建新型产业格局、提升自主创新能力、推进供给侧结构性改革作为包装产业向中高端转型的主要发力点，科学设计了产业转型发展的创新思路、目标方向和战略任务，特别是系统提出了扶持产业转型的政策措施和保障机制，从而为我国包装产业的转型发展指明了道路。

三、《指导意见》提出的战略构想

包装产业具有产业链长、市场需求量大、与国计民生关系密切、和其他产业关联度高等显著特征，因此，推进包装产业转型发展，对服务国家战略、适应民生需求、建设制造强国、推动经济发展具有十分重要的作用。当前，我国包装产业整体呈现出产业体系较完整，发展基础较厚实，对国民经济的支撑能力较强劲等先发优势，但与建设世界包装强国的目标和要求相比，在产业布局、自主创新、绿色发展、智能制造等方面还存在不少制约性"瓶颈"。《指导意见》基于以上现状，将包装产业作为中国制造体系的重要组成部分，全面、系统、科学地提出了"1234"的战略构想。

一条主线：按照服务型制造业的产业定位，适应供给侧结构性改革要求，以有效解决制约包装产业发展的突出问题、关键技术与应用瓶颈为重点，全面推动包装产业的转型发展与提质增效。

两个目标：一是围绕绿色包装、安全包装、智能包装，构建产业技术创新体系。二是围绕清洁生产和绿色发展，形成覆盖包装全生命周期的绿色生产体系。

三个转变：推动包装产业由被动适应向主动服务转变，由资源驱动向创新驱动转变，由传统生产向绿色生产转变。

四个提升：一是提升产业的绿色发展水平，二是提升产业的智能制造水平，三是提升产业的自主创新能力，四是提升产业的国际竞争能力。

"1234"的总体思路和战略构想，具有很强的系统性、目标性和引领性，从根本上确立了产业转型发展的指导思想和主体目标，清晰地给出了包装产业转型升级的方向和着力点，解决了为什么要转型、向哪里转两个主要问题。尤其值得注意的是，《指导意见》紧密对接《中国制造2025》，既注重包装的产业特征，又突出其服务型制造业属性，构建的是包装产业发展的一种全新格局。

四、《指导意见》设计的发展路径

仔细解读、深入研究，我们会发现，和工信部发布的其他产业发展指导意见不同的是，本《指导意见》不仅从宏观上形成了总体思路，从中观上构架了任务体系，更从微观上确定了发展重点，任何一个包装细分行业，任何一家包装企业，都可以从《指导意见》中找到方向，找到目标，找到发展突破口，《指导意见》的指导价值不仅具有普适性，更具有指向性。

一是明确了三大发展方向。《指导意见》全面贯彻落实"创新、协调、绿色、开放、共享"的发展理念，明确将绿色包装、智能包装和安全包装作为包装产业发展的主攻方向。这一发展方向定位，不仅是《国民经济和社会发展第十二个五年规划纲要》中"加快发展先进包装装备、包装新材料和高端包装制品"定位的全面升级，更是包装产业在"十三五"乃至更长时间内适应国家重大需求、推动产业全球对接、回应民生共同期待的一种战略选择，对包装产业、行业和企业来说，是新的目标，更是新的动力。

二是覆盖了五大发展领域。《指导意见》围绕包装材料、包装制品、包装装备三大类产品和纸包装、塑料包装、金属包装、玻璃包装、竹木包装五大子行业，从产品升级、技术创新、重点突破、品牌培育等几个关键点上分别确定了发展线路图。特别是根据消费品工业"三品"专项行动，着重从包装产业各细分行业如何增加产品品种、提升产品品质、培育产品品牌提出了明确要求，给出了明确方向；根据包装产业长期存在的技术短板和国际前沿技术发展方向，梳理了各领域关键核心技术亟待突破的重点，通过实施"包装产业创新能力提升计划"，形成了转型发展的技术路线图。

三是设置了六大具体目标。《指导意见》从六个方面明确了包装产业转型发展的具体指标，既有定性的，也有定量的。其中，"产业规模"目标重在确保产业保持中高速增长的同时，提升集聚发展能力和品牌培育能力；"自主创新"目标重在加大研发投入，提升关键技术的自主突破能力和国际竞争力；"两化融合"目标重在适应"互联网+"要求，提高产业的信息化、自动化和智能化水平；"节能减排"目标重在摆脱包装产业的高消耗与高能耗，建立和形成绿色生产体系；"军民融合"目标重在引领军民融合包装技术核心能力聚集，提升遂行多样化军事任务的防护包装保障水平；"标准建设"目标重在优化产业标准体系，增强标准管理水平和国际对标率。

四是实施了六大建设工程。《指导意见》提出，在"十三五"期间，全面实施"包装材料绿色化工程"、"食品药品包装安全化工程"、"包装制品高端化工程"、"包装印刷数字化工程"、"包装产业信息化工程"和"包装装备智能化工程"，并着重要求推动先进技术和重大成果的应用示范。这六大工程是确保包装产业发展能力和发展水平全面提升的重要基石，也是确保《指导意见》确定的政府各项产业扶持政策有效落地的重要载体，更是加快包装产业转型发展的一记漂亮的"组合拳"，包装各细分行业、所有包装企业都将从六大工程中获得巨大的发展红利和强劲的发展动力。

五是确定了七大主体任务。《指导意见》的任务设置具有十分明确的指向性和针对性，指向的是"包装强国"建设的迫切需求，针对的是包装产业的突出问题，具体来说：

任务一：实施"三品"战略，集聚产业发展优势。针对的是我国包装产业存在的主导产品优势不明显、产品整体品质亟待快速提升、品牌的国际影响力和话语权不强等问题，旨在解决好如何适应多样需求、强化品质保障、培育国际品牌三大核心问题。

任务二：加强技术创新，增强核心竞争能力。针对的是行业重大科技创新投入严重不足，原始创新、集成创新、引进消化吸收再创新能力欠缺，高新技术难以实现重大突破，先进装备和关键技术进口依赖性强等关键问题。旨在通过构建创新体系、突破关键技术、强化示范应用，切实提升自主创新能力和核心竞争力。

任务三：推动两化融合，提升智能制造水平。针对的是制造过程自动化、信息化、智能化水平亟待提高，基于互联网技术促进产业变革和企业创新的能力不强等问题，旨在通过构建包装电子商务、工业云和大数据等平台，推广集协同制造、虚拟制造及网络化制造等为一体的先进制造模式，大力发展新型生产服务模式和智能工厂、智能装备与智能产品。

任务四：加强标准建设，推动国际对标管理。针对的是标准体系不完整、标准互相矛盾、标准水平滞后、可操作性不强等突出问题，旨在完善包装标准体系和标准推广应用机制，提高国际标准的采标率和转化率。

任务五：优化产业结构，形成协调发展格局。针对的是产业区域发展不协调，中小微企业的成长支持体系不健全，低档次、同质化产品生产企业重复建设现象突出，产能严重过剩等问题，旨在通过引导产能转移、集群发展和海外布局等方式，优化市场配置，调整产业格局。

任务六：培育新型业态，拓展产业发展空间。针对的是上下游产业之间、产业链之间合作发展意识不强，跨界融合能力较弱，军民融合发展基础薄弱等问题，旨在拓展产业领域，延伸产业链条，增强跨界融合能力和协同发展水平。

任务七：开展绿色生产，构建循环发展体系。针对的是产业高投入、高消耗、高排放的粗放生产模式较为普遍，绿色化生产方式与体系尚未有效形成，环境友好程度不高等问题，旨在通过倡行绿色理念、发展绿色材料、推广绿色技术、强化绿色评价，全力构建资源节约、环境友好、循环利用、持续发展的新型产业格局，实现包装产业的绿色转型。

立足转型发展的顶层设计与前瞻战略

——解读《中国包装工业发展规划（2016—2020 年）》

★《中国包装工业发展规划》编写组

经过历时一年半的深入调研和反复论证，《中国包装工业发展规划（2016—2020 年)》（以下简称《规划》）已由中国包装联合会正式发布。应该说，这是我国包装工业史上最为完整、系统的五年规划，也是经济新常态下包装工业发展的总体战略部署，作为全行业的战略引领和行动指南，《规划》的制定与发布具有十分重要的现实意义和深远的历史影响。

对《规划》理解得透不透、把握得准不准、运用得好不好，关系到全行业、所有细分行业以及每一家包装企业的发展走向、总体布局和市场策略，因此，只有深入解读《规划》，才能更好地把握住战略设计的落脚点、政策导向的关键点、产业发展的着重点和改革创新的突破点，才能做到立足现实、放眼未来、运筹帷幄、稳操胜券。

一、理解《规划》，要深入分析顶层设计的"三大背景"

任何规划都是融合历史、现状和未来发展要求的顶层设计，是一种前瞻性的战略选择。我们分析《规划》，不难发现这个顶层系统设计主要基于三大历史背景：

一是政府的《指导意见》。日前，由工信部和商务部联合制定的《关于加快我国包装产业转型发展的指导意见》（以下简称《意见》）正式发布，这是我国政府针对包装产业出台的第一个系统性指导文件，是国家层面引领产业发展的行动纲领。《意见》的出台，不仅进一步提升了包装产业在国民经济中的地位，更明确了产业发展的指导思想、转型要求和主要任务。《规划》从总体上来说，就是对《意见》战略思想的丰富、转型要求的实践和主要任务的分解，既和《意见》一脉相承，又与《意见》互为支撑。

二是《中国制造2025》。《中国制造2025》是我国政府实施制造强国战略的第一个十年行动纲领，是适应全球经济形势、技术深度变革和制造业转型升级的共同宣言。《意见》首次将包装产业定位为"服务型制造业"，并纳入"中国制造"工业体系进行重点扶持，因此，包装产业必须树立一种全新的发展战略思维。《规划》自始至终围绕包装工业的制造属性和服务特征，立足国家重大战略机遇，以实现转型发展为目标，明确了技术路线图，形成了目标任务书，对全产业链构建了清晰的发展方向、发展重点和发展路径，全面凸显了行业规划、产业规划的战略引领作用。

三是供给侧结构性改革。中央深改组正在深入推进的供给侧结构性改革，核心就是要通过优化供给结构、增强供给能力、提高全要素生产率，实现经济发展质量的全面提升。包装产业具有产业链长、配套性强、服务领域广、跨界关联度高等产业特征，但目前，我国的包装产业存在区域发展不协调、同质化竞争现象突出、低端产能严重过剩、自主创新水平不高、核心竞争能力较弱等主要问题，必须尽快推进供给侧结构性改革，实现"三降一补一去"。《规划》在指导思想中明确提出："以转型发展为先导，以科技创新为动力，着力推进供给侧结构性改革，有效转变生产方式，优化供给结构，化解过剩产能，培育增长动力"，并对接消费品工业"三品"专项行动，将供给侧结构性改革理念与思路贯穿于"十三五"发展战略的始终。因此，包装全产业链和全行业必须把握并遵循这条改革主线，才能真正推动产业保持中高速增长，迈向中高端水平。

二、对接《规划》，要牢牢跟紧产业发展的"三大方向"

《规划》围绕"中国制造2025"和"包装强国"建设任务，以创新驱动和转型升级为着力点，设定了"十三五"包装工业发展的两大核心目标：一是不断提升对国民经济和社会发展的支撑能力和贡献能力；二是不断提升品牌影响力和国际竞争力。立足两大既定目标，《规划》从产业现状、市场需求、发展态势和国际环境等各方面进行综合分析与考量，确定了我国包装工业未来发展的"三大方向"。

一是绿色包装。绿色发展，是党的十八届五中全会提出的"五大发展理念"的重要组成部分。对包装工业来说，践行"绿色"理念，就是要落实好《国民经济和社会发展第十三个五年规划纲要》中"坚决反对过度包装"的总体要求以及《意见》中实现"传统生产向绿色生产转变"的具体目标。《规划》针对包装工业高消耗、高能耗、高排放等制约绿色发展的主要瓶颈，从主动落实国家循环发展引领计划和能源、资源消耗等总量与强度双控行动的战略高度，将"切实推进绿色包装设计、大力发展绿色包装材料、着力推广绿色包装技术"作为绿色转型的发力点，将"推行企业循环式生产、产业循环式组合、园区循环式改造"作为绿色发展的组合拳，指明了"绿色包装"的明确方向，设定了绿色发展的具体指标。因此，包装产业、行业和企业要以此为牵引，在自身发展过程中主动落实好绿色生产责任，也要在产业融合发展中发挥好倡导全民践行绿色发展理念的作用。

二是智能包装。在《中国制造2025》中，智能制造被定位为中国制造的主攻方向，2016年12月，工信部发布了《智能制造发展规划（2016—2020年）》，提出"到2020年传统制造业重点领域基本实现数字化制造"。包装产业属于传统制造业，同时又是服务型制造业，理应成为我国智能制造的有生力量。《规划》针对我国包装产业目前存在的制造过程自动化、信息化、智能化水平亟待提高这一突出问题，将智能包装作为提升包装工业发展品质和发展水平的重要标志，从推动两化深度融合、促进军民包装融合发展、构造智能包装生态链等方面进行了系统设计，形成了总体思路。在这个系统设计中，生产过程智能化、包装装备智能化和包装产品智能化，是未来的主攻方向，也是发展重点。

三是安全包装。包装工业既服务于基本民生需求，又服务于国家重大战略需求，确保材料安全、产品安全、运输安全、仓储安全，是包装的立身之本，也是立命之根。随着消费者安全意识的普遍增强、包装内容物安全标准的不断提升以及军品包装的安全要求日益严格，发展安全包装，必须成为包装工业的自觉选择。《规划》从大力研发包装防伪技术、包装保质技术和工业品包装防护技术等领域，明确了发展安全包装的主要技术攻关方向；从强化食品药品包装安全检测和监管、建立包装储运安全实时监控平台、构建包装安全追溯管理网络等支撑手段上，强化了安全包装的主体责任。可以预知，安全包装将成为包装标准建设和包装法制建设的重要内容。

三、实施《规划》，要准确把握技术路线的"三大重点"

《规划》在明确指导思想、基本原则和总体目标的基础上，确立了"十三五"期间包装工业的八大主体任务和四大发展重点，并在主体任务中以专栏形式设置了七大重点工程，我们可以把这个体系简称为"847"战略。推动"847"战略的落地实施，必须准确把握《规划》技术路线中的"三大重点"。

一是创新驱动。《规划》将创新作为实现产业转型的推进器，摆在产业发展的首要位置。按照《意见》中提出的"三个转变"总要求，包装产业要实现由被动适应向主动服务、要素驱动向创新驱动、传统生产向绿色生产转变，必须全面依靠创新驱动这个总引擎。因此，《规划》围绕设计理念创新、生产工艺创新、关键技术创新、制造模式创新等，按照五大子行业的发展需求，分门别类制定了系统性技术解决方案，并从创新体系完善、研发平台构建、两化深度融合、军民技术转换、创新团队建设等维度，制定了技术路线图。全面提升包装工业的自主创新、集成创新和引进消化吸收再创新能力，着力突破共性关键技术瓶颈，既是《规划》确定的战略目标，也是《规划》实施的关键所在。

二是品牌培育。品牌是产业发展品质的集中体现，也是产业的核心竞争力之一。《规划》将品牌培育放在十分显要的位置，从指导思想—具体目标—主体任务—重点工程—保障措施，都将品牌塑造一以贯之，并拟通过实施"包装品牌培育计划"全面提升技术品牌、产品品牌和企业品牌的培育能力，构建"定位、设计、生产、营销、传播、保护"一体化的品牌发展格局，推动包装技术、产品、标准、管理、服务等与全球高端产业链、价值链和物流链的有机接轨。特别值得关注的是，《规划》强调，要重点培植一批具有较强创新能力和国际竞争力的跨国领军企业和主导产品突出、专项服务卓越、竞争优势明显的专业化"小巨人"企业，加快发展产业联盟和产业集群，显著增强在国际市场上的竞争力和在国际产业领域中的话语权，也就是说，从政府层面到行业组织层面，今后"扶优扶强"将成为包装产业政策制定的重要导向。

三是应用示范。无论是《意见》还是《规划》，都特别注重应用示范，将应用示范作为引领产业转型发展的重要手段。《规划》围绕创新驱动和品牌培育，设置了包装材料绿色化工程、食品药品包装安全化工程、包装产业信息化工程、包装制品高端化工程、包装装备智能化工程、包装印刷数字化工程和军民融合包装一体化工程。这七大重点工程，覆盖包装材料、包装制品、包装装备三个产品大类和纸包装、塑料包装、金属包装、玻璃包装、竹木包装五大细分行业，是实现产业发展能力和发展水平全面提升的重要基石，也是落实《意见》与《规划》确定的各项产业扶持政策的重要载体，包装各细分行业、所有企业都应主动参与重点工程建设，争取建立应用示范基地，并从重点工程和应用示范中增强发展动力，厚植发展优势。

后　记

　　党的十八大以来，习近平同志就我国推进经济转型提出了一系列新思想新观点新论断，他多次强调：要深化产业结构调整，推动产业提质增效，构建现代产业发展新体系，将促进产业转型升级作为我国经济转型的重要任务。包装产业作为国民经济的支柱产业之一，正面临着发展理念、发展方式、发展模式的深刻变革，本书通过系统解读工信部、商务部联合发布的《关于加快我国包装产业转型发展的指导意见》，对我国包装产业的转型发展策略进行了一些有益的探索与粗浅的研究。

　　本书是由我提出研究提纲和研究思路的集体研究成果。全书共分为八章，各章撰写人分别为：第一章，张公武；第二章，刘安民；第三章，谭伟；第四章，谢勇；第五章，彭建平；第六章，袁志庆；第七章，唐未兵；第八章，张昌凡。在本书的著述过程中，张昌凡教授在团队组织、研究指导和工作落实上作出了重要贡献。彭建平博士在全书研究视角、逻辑结构、主要内容等的系统梳理、修改和完善上承担了大量工作。书稿最后由我修改、审定。

　　在本书的写作过程中，我们查阅了大量国内外关于包装产业历史、现状与发展走向的数据和资料，以及国家、地方政府、行业组织出台的有关促进产业发展的文件与政策。参阅并吸收了包装业界诸多专家、学者近年来关于国内外包装产业发展的研究成果，我们已在书中注明成果出处，如有遗漏，敬请谅解，与此同时，我们对这些成果的研究者深表敬意与谢忱。

本书从构思到成稿，始终得到了工信部、中国包装联合会的精心指导，得到了中国包装联合会各专业委员会、地方行业协会和重点包装企业的大力支持，得到了中国包装联合会教育委员会各成员学校的密切配合。中国包装联合会徐斌会长高度关心本书编著工作并在百忙之中亲自为本书作序，王跃中副会长、王利副会长、敖雯楠副会长等领导在全程支持的同时提出了很多高屋建瓴的宝贵建议，我国包装学界的王志伟教授、张耀全教授以及湖南省包装经济研究基地的一批教授和博士对本书的思路完善、结构论证、资料收集等提供了大力支持与帮助。在此，我们一并致以诚挚的谢意。

由于作者水平的限制，加上时间比较仓促，书中难免有这样或那样的不足之处，敬请广大读者海涵并批评指正。

唐未兵

2018 年 5 月

责任编辑：姜冬红

图书在版编目（CIP）数据

中国包装产业的新方位／唐未兵 等 著 .—北京：人民出版社，2018.7
ISBN 978 - 7 - 01 - 019466 - 0

I.①中… II.①唐… III.①包装工业－工业发展－研究－中国

Ⅳ.① F426.84

中国版本图书馆 CIP 数据核字（2018）第 134349 号

中国包装产业的新方位
ZHONGGUO BAOZHUANG CHANYE DE XINFANGWEI

唐未兵 等 著

人民出版社 出版发行
（100706 北京市东城区隆福寺街 99 号）

天津文林印务有限公司印刷 新华书店经销

2018 年 7 月第 1 版 2018 年 7 月北京第 1 次印刷
开本：710 毫米 × 1000 毫米 1/16 印张：19
字数：230 千字

ISBN 978 - 7 - 01 - 019466 - 0 定价：54.00 元

邮购地址 100706 北京市东城区隆福寺街 99 号
人民东方图书销售中心 电话（010）65250042 65289539

版权所有·侵权必究
凡购买本社图书，如有印制质量问题，我社负责调换。
服务电话：（010）65250042